〈増補新版〉没後10

高峰秀子

女優・妻・エッセイスト

河出書房新社

カラー口絵　高峰秀子の思い出　1

増補・単行本未収録

イラスト・カット＝高峰秀子
編集協力＝斎藤明美
装幀＝水上英子
カバー写真＝撮影：秋山庄太郎
写真提供：秋山庄太郎写真芸術館

カラー口絵　高峰秀子の思い出

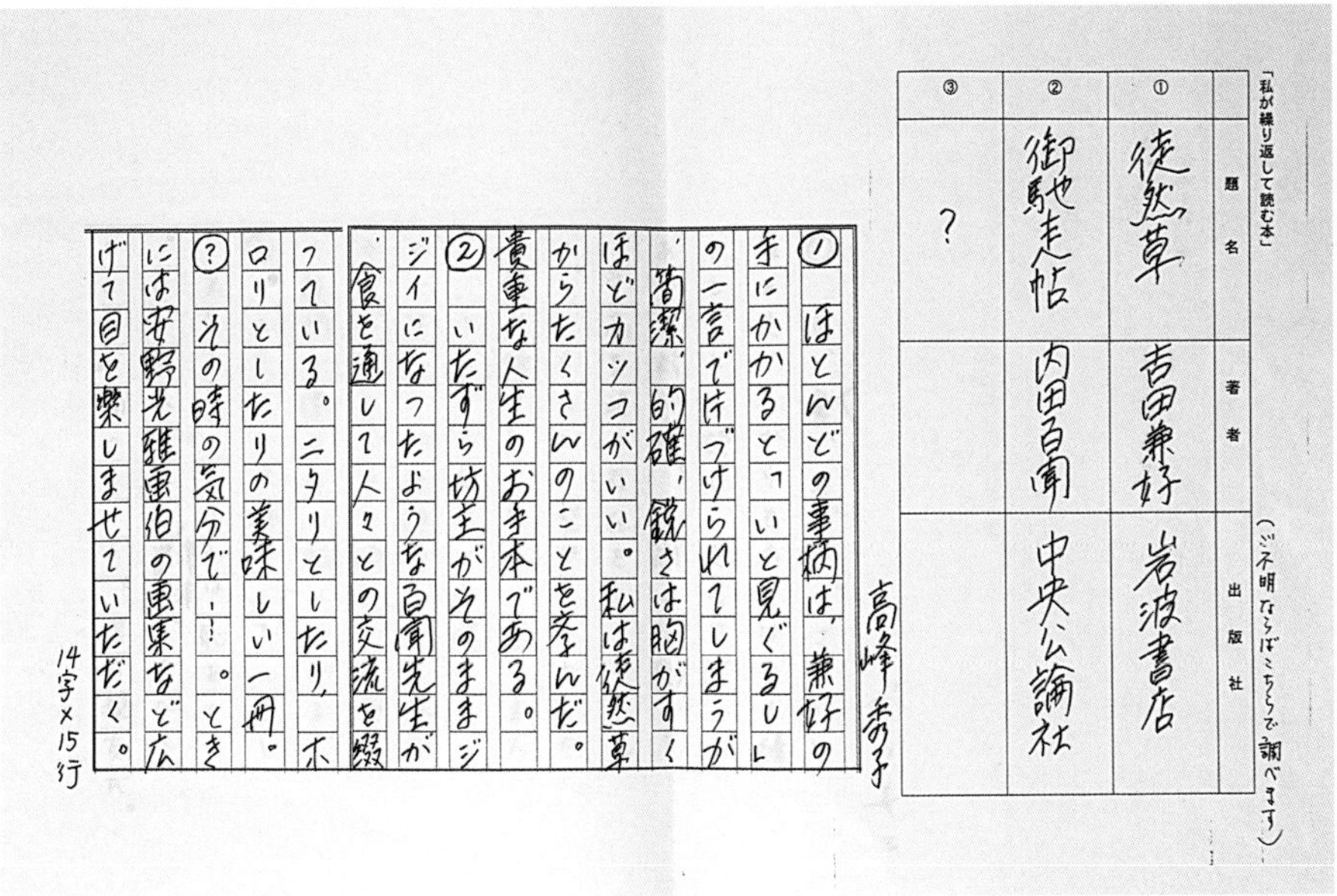

「私が繰り返して読む本」（ご不明ならばこちらで調べます）

	題名	著者	出版社
①	徒然草	吉田兼好	岩波書店
②	御馳走帖	内田百閒	中央公論社
③	？		

高峰秀子

①ほとんどの事柄は、兼好の手にかかると「いと見ぐるし」の一言で片づけられてしまうが"簡潔"、"的確"、"鋭さ"は胸がすくほどカッコがいい。私は徒然草からたくさんのことを学んだ。貴重な人生のお手本である。

②いたずら坊主がそのままジジイになったような百閒先生が食を通して人々との交流を綴っている。ニタリとしたり、ホロリとしたりの美味しい一冊。

③その時の気分で……。ときには安野光雅画伯の画集など広げて目を楽しませていただく。

14字×15行

アンケートに応えた原稿

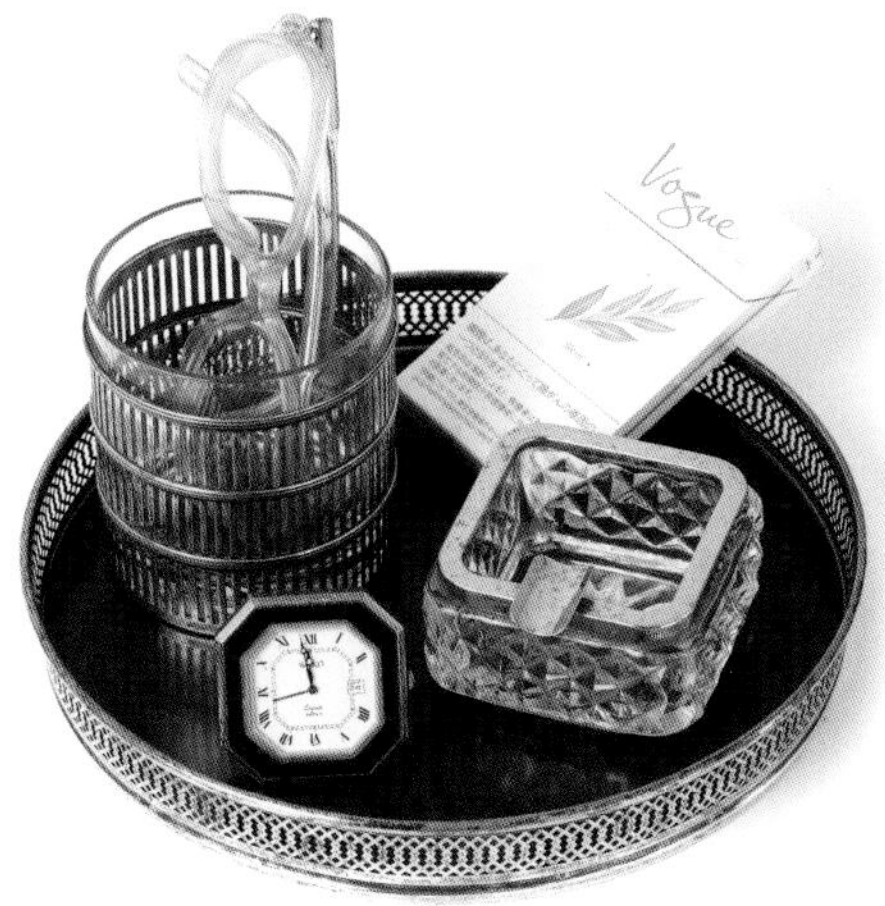

灰皿、時計、眼鏡など

手提げ箪笥に筆記用具など

食器やフライパン

コーヒーカップ

裏に高峰のサイン入り、
映画『放浪記』記念団扇

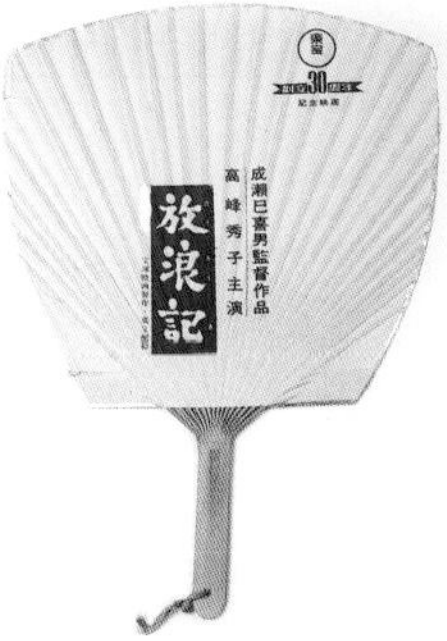

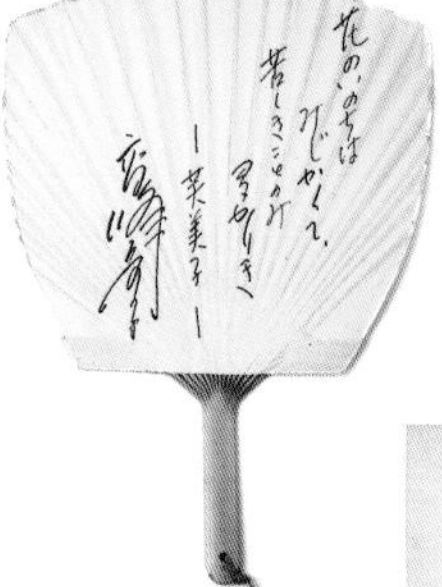

高峰の似顔絵を描いた団扇

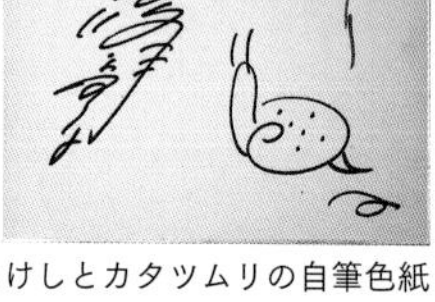

こけしとカタツムリの自筆色紙

高峰秀子の本

高峰秀子が描いた絵

高峰秀子が出演した映画のパンフレット

撮影・清水啓二

＜増補新版＞没後10年

高峰秀子

女優・妻・エッセイスト

1924–2010

●作家のみた高峰秀子

あらえびす

出久根達郎　Dekune Tatsurô

月刊誌「文藝春秋」の平成十三年一月号に、「二十世紀の美女ベスト50」という特集記事がある。

読者アンケートの結果発表である。日本と外国の美女は誰か、というもので、むろん、お遊びの企画である。内外、各五十人の美女が選ばれている。当然といえば当然だが、映画女優が大部分を占める。

この名簿のあとに、高峰秀子さんと川本三郎さん、それに私の鼎談が載っている。読者アンケートを踏まえて、三人の考える「二十世紀美女」を語りあおう、という内容であった。

この鼎談で初めて高峰さんにお目にかかった（川本さんとは旧知である）。正確な日時を知るべく昔の日記を調べたら、平成十二年十一月十一日の夕刻で、場所は赤坂溜池の全日空ホテルだった。

定刻十分前に伺うと、高峰さんはすでに見えられ、編集者と談笑されていた。「お初にお目にかかります」と挨拶すると、高峰さんも丁重に返された。しかし、そのあと、いたずらっぽく笑いながら、「かしこまるのは挨拶だけにしちゃいましょうよ。肩の凝る座談会になっちゃいますから」と言った。私は、「はい」と恐縮した。

高峰さんは茶色のスーツ姿で、男物のような大きな腕時計をつけていた。

川本さんが、「出久根さん、びっくりしたでしょう？　高峰さんが小柄のかたなので」と言った。

私は、どぎまぎした。ご本人を前にして、何と答えてよいか、わからない。まさか、そうですね、驚きました、とは言えない。

すると高峰さんが、「みんな驚くみたい」と、笑いながら、あっけらかんとおっしゃられた。

「映画のマジックなの。画面に映る役者は、誰もが八頭身。そして例外なく美男、美女。騙されちゃうのよ」

「私のような『あらえびす』も、薄衣《うすぎぬ》まとった笛吹き若武者というわけですね」と応じると、「あらえびす、ねえ」と高峰さんが大笑いした。

「あらえびす」談義から、鼎談が始まった。「文藝春秋」に収められた速記も、「それに『あらえびす』の私が加わって美女の話というのも場違いなんですが（笑）」という私の発言が口切りのように構成されている。

高峰さんの座談は、面白かった。何しろ五歳で映画界に入り、常に第一線に立ち、つぶさに内情を見てきたかただから、私などの知らない秘話が、次から次へと飛びだす。俳優さんだけに声色入りの身振り手振りである。どんな些細で短かなエピソードも、卓抜なオチがつく。形容が非凡である。一例が、こうだ。日本の美女の一人、高峰三枝子を語っている。

「あの人はあの顔からは全く想像できないような人です。さっぱりしてて、ガハハなんて豪快に笑って。三枝子さんは顔が間違ってついてるの（笑）」

私たち三人が一致した、「日本一の美女」は、美智子皇后だった。高峰さんが語られた皇后の素顔は、とてもすてきだった。

「まだ、皇太子妃殿下でいらした頃です。お二人とも実に気さくな方で、美智子さまなんて床から両足が上がっちゃうくらい笑ったりなさる（笑）」

こう話された時、高峰さんは実際にその身振りをなさった。速記に（笑）とあるのは、その様が真に迫っていたので、私と川本さんが思わず笑ってしまった、という意味である。

高峰さんは、やはり名優であった。皇后のことを語られる時には、高峰さんが（畏れ多いことだが）皇后その人のようだった。品のある美しさこそ美女の最大条件、と私たちは定義したのだが、その意味では、高峰さんもその一人である。皇后の次は高峰さんだろう。

座談会が終了し、食事になった。話題は、料理や本のあれこれに移った。コーヒー・タイムになった。高峰さんが、「出久根さんは、煙草は吸われないのですか?」と訊《き》いた。

その当時、私は大層なヘビー・スモーカーだった。高峰さんの手前、遠慮していたのである。

「私も吸うのよ」とバッグから外国煙草を取りだした。「よろしかったら、いかが?」と箱を差し出す。「ありがとうございます」と手を伸ばしたが、指先がぷるぷるとふるえて弱った。女性用の細いシガレットである。高峰さんがライターで火をつけてくれた。その手つきが実に美しかった。映画の一シーンだ、そう思ったら、急に恥ずかしくなり、まっ赤になり、みっともなく、むせてしまった。美女とあらえびす、なのだから仕方ない。

その日、私は年上の知人から預かってきたスクラップブックを、高峰さんに見せた。知人は少女時代からの高峰さんのファンで、新聞や雑誌に出た高峰さんの写真を見つけ次第切り抜き、丹念に貼っていた。膨大な量のもので、私は一番古い年代の切り抜き帳を三冊だけ持参したのである。

高峰さんは一ページずつ、めくられた。黙ってお若い時分の写真に見入られた。

翌日、お電話をいただいた。鼎談のお礼を述べられたあと、スクラップの持ちぬしの住所を教えてほしい、と言われた。資料に拝借したいのだろうと推測し、喜んで教えた。もともと余計なお世話を焼いたのは私で、持ちぬしは高峰さんに悪いと尻込みしていたのである。そこはそれ「あらえびす」だから、厚顔にも強引に高峰さんにお見せしてしまった。

二日後、知人から喜びの電話をもらった。

高峰さんが色紙と手紙を下さったというのである。水彩でコケシを描いた、見事な色紙であった。コケシの目鼻は高峰さんにそっくりだった。

(作家)

●作家のみた高峰秀子

高峰秀子の宝物

阿川弘之　Agawa Hiroyuki

歯医者の待合室に置いてある家庭雑誌をぱらぱら繰つてゐたら、珍しくも高峰秀子探訪記が出てゐた。話の引出し役は彼女を敬愛する若い婦人記者、手を替へ品を替へ色んな質問を投げかけるのだが、高峰さんの受け答へはぶつきらぼうそのもの、「インタビューなんかいやだ」、「めんどくさい」、「興味ない」、突きつめればそれを繰返してゐるだけ。にも拘らず、此のインタビュー記事は一種の名品であつた。

松山善三・秀子夫妻とはずゐぶん古いつき合ひだけれど、齢とつてすべてめんどくさいのはお互ひ様、往年の大女優が仕事一切やめて、世間との接触を絶ち、ひつそり暮してゐるのを重々承知のこちらとしては、ここ数年電話で話すのすら避けてゐた。いつぞや、自律神経失調症の善三さんが、「かうやつて便々と長生きしててもつまらない。ハワイの沖で二人一緒に船から海へ飛び込んで終りにしようか」と言つたら、「いやだよ。あなたは泳げるけど私は金槌だもの」、デコが拒否したと聞いて（読んで？）笑つた時も、向ふへは、なつかしいとも何とも伝へてゐない。それが今回、一筆したためたくなつた。平素、人工甘味料のたつぷり入つたやうな文章を読まされることの多い私にとつて、高峰談話の無愛想さ加減は貴重なものに思へたのだ。

「ホノルルの街角で偶然出合つて食事に誘つたり誘はれたり、あれが遠い昔の思ひ出になつてしまつた今頃、都心の歯医者の待合室でお眼にかからうとは――」

さう書き送つたのに対し、折返し葉書が届いて、「御無沙汰してます」のあと、近況がしるしてあつた。

「私は老衰で足もヨレ〳〵になり、旅行もできないので、ハワイのアパートも売ってしまいました。一日の半分はベッドの中で読書という情ないことになっています」

読み返すのがちよつと辛かつたが、これで一つ思ひ出したのは、彼女が子役の頃から大変な読書家だつたことである。仕事の華やかさと似合はぬ渋好みで、長年愛読してゐるのは確か内田百閒、いつか何かで所感を読んだ覚えがあると、本棚を探して、二十一年前の旺文社文庫、平山三郎編『回想の百鬼園先生』（一九八六年刊）を見つけ出した。アンソロジーを構成する四十六人の執筆者（その内略《ほぼ》四十人が今では故人）の一人として高峰秀子が名前を列ねてゐた。

尊敬するもう一人の作家、識り合ふ機縁を持てなかつた室生犀星が昭和三十七年の春亡くなつた時、彼女はつくづく思つたといふ。「人間の生命には限度がある。伝えたい気持は素直に伝え、会いたい人には素直に会っておくこと」――。

だけどそれぢやあ、犀星先生亡きあと、自分が会つておきたい人つて、他に誰だらう。幼少時より映画界で育ち、人ずれしてゐて、場合によつては人の顔見るのもウンザリの自分に、そんな人物がゐるかしらと、考へた揚句思ひあたつたのはやはり「内田百閒というガンコオヤジ」だつたさうだ。

百閒の作品に夢中になつたのは、昭和十三年、百閒原作の東宝映画「頰白先生」に先生の娘役で出演した満十三歳の頃と、文庫本所収の回想記に叙してあり、それ以後の経緯を摘録すれば、「子供のまま年を取ってしまったような、ナイーヴ、ガンコ、ワガママ、イタズラな文章がなんともいえず好き」で、幾つになつてもそれは変らなかつた。

つひに意を決して七十一歳の百閒先生に手紙を書く。長つたらしいファンレターが如何に迷惑なものか、よく分つてゐるから、お眼にかかりたい、お願ひしますと、電報みたいな手紙になつた。二週間ほど待つてゐたら、縦長の封筒に入つた返信が来た。

「あなたとは、以前に一度、どこかの雑誌社から対談をたのまれたことがありました。その対談は、なにかの理由でお流れになりました。そういうこともあったので、私もあなたにお目にかかりたいと思います。しかし、私の机の上にはまだ未整理の手紙が山積みになっており、また、果たしていない約束もあります。これらを整理している内に間もなく春になり、春の次ぎには夏が来て、夏の次ぎには秋が来て、あなたと何月何日にお目にかかる、ということをいまから決めることは出来ません。どうしましょうか。内田栄造」（原文は歴史的仮名遣のはず）。

一冊の家庭雑誌がきつかけで、記憶から消えかけてゐた百閒書簡を十何年ぶりに再読出来て、私は感服した。さながら百鬼園随筆の一場面ではないか。おそらくや少しお酒が入つて御機嫌よろしい時に筆を執られたのだらうが、いたづらつ気満々の文案、一行々々丹念に組立てて何を言はんとしてをられるかといへば、要するに面会お断りなのである。

デコは此の一通を自分の宝物にして、これ以上しつこくはすまいと決めたので、百閒さんとも結局、生涯会はずじまひになつた。

百閒歿して十八年後、福武書店刊行の全集三十三巻が完結するが、これの書簡欄にこの手紙は入つてゐない。したがつて、畸人百鬼園先生の高峰秀子に宛てた稀有の私信は、旺文社文庫の古い絶版本を持つてゐない限り、見るすべがあるまいと思つた。実際は灯台下暗し、文春文庫の高峰秀子エッセイ集「おいしい人間」に手紙ごと全文収録されてますと、校了間際、本誌編集部から知らされるのだが、執筆中気づいてゐなかつたので、出来るだけ多くの読者の清鑒《せいかん》に供したくて私の手でこれを右の通り再引用した。併せて「一日の半分はベッドの中で読書」といふ高峰さん最近の消息を多くの高峰ファンに伝へたかつた。本来なら秘して置くべき事柄で余計なお節介かも知れないが、人間八十過ぎれば四肢に故障の生じるのはごく自然の成行き、自分も似たり寄つたりの状態だしと、葉書の文面そのまま露《あら》はに書きうつしたのを、松山夫妻どうか御諒恕下されよ。

（作家）

（『文藝春秋』'08年1月号／『天皇さんの涙』文春文庫、'13年7月）

新居訪問お邪魔します……

壺とお花のあるお家

高峰秀子 インタヴュー

デコ、赤坂に新築す

「デコちゃん、成城村に住んでると、銀座に出てくるのが億劫《おっくう》でしょ。赤坂あたりに家を建てたらどう?」

といつか冗談半分に云ったことがあった。随分昔のことである。

「それに写真とりに行くのだって一々成城村まで往復するんじゃ、やりきれないわ……」

「ウン、でも、そう雑誌屋に都合良くばかりはしていられないよ」

そんなこと云うんなら、赤坂に土地買っておくれよ、と云いたげなデコちゃんの表情であった。

そのデコちゃんが、この冗談を覚えていたわけでもあるまいが、赤坂に家を建てたときいて、我が意を得たりとほくそ笑む。

その頃の或日デコちゃんが編集部にブラリと現われて、

「銀座に買物に来たんだけど、一緒に買物に行っておくれよ」

「いやだなあ、デコちゃんと一緒に歩くと、皆がジロジロ見るからきまりが悪くって」

「そんなこと云わないで、一緒に行っておくれよ。一人で歩く気持察してて……」

そうまで云われては、いやとは云えない。引受けようと、

「何を買うの?」

「ウン、いろいろ、こまごまとね。うち、何にも無いんだよ」

家を建てたのはいいけど、道具が何もないんだそうだ。

「御不浄のチリ紙まで自分で買うんだよ。この間、デパートに行って台所のお鍋やなんか買ったらデパートの人に『高峰さん、結婚なさるんですか』ってきかれちゃった」

デコちゃんは情無さそうに顔をしか

めて笑った。

「新らしいお家、見せてよ」

「駄目だよ、見るような家じゃないよ、まるで安アパートみたいでそれにまだ完全に出来上がっていないし……」

　その日デコちゃんは、まさにコマゴマした買物をした。お菓子鉢、塗りのお箸、爪楊枝入れを二つも……その他いろいろと露店を冷かしながら、二人で漫才のように陽気な買物をした。最後にお饅頭を買って持歩いているうち、銀座の真中で落っことして、お饅頭が散乱すると云う醜態を演じた。それでなくても、天下のデコちゃんであれば、物見高い江戸ッ子が走り寄ってくるのに、二人は赤い顔をして慌てて散らばったお饅頭を拾ったりした。デコちゃんはとても庶民的な人だナ、とお饅頭を拾いながら考えたものだ。スタアとなれば気取った人が多いのに、デコちゃんはその物の云い方のようにザックバランで気どらない。キャッキャッ騒ぎながらお饅頭を拾っていた。

　その時の約束通り、日を決めて赤坂の新居を訪れる。

「家にはお客を入れないことにしてんだ」

　と云う原則を破って、特別に拝観の栄を賜ったわけである。同行はキャメラマンの早田雄二君。雄ちゃんは他誌《たしゃ》にさきがけて、デコちゃんの新居が撮れると、張切っている。

お花に埋もれて御満悦

　溜池から程近い三河台町の高台に、デコちゃん云うところの、安アパート風な可愛いお家が建っている。まだ塀もなくて、表札の代りに「平山秀子、高峰秀子」と並んだ小さな名刺が貼ってあった。「平山」はデコちゃんの本名。

　ベルを押して中に入ると、二人で満員になるお玄関。シクラメンの鉢が置いてある。

　人気のない応接間に入る。花模様の壁紙にグレーのドア。デコちゃんの大事にしている、梅原龍三郎画伯の「デコちゃんの像」。これは「カルメン故郷に帰る」の軽井沢ロケの時、近くの梅原さんの別荘にセッセとモデルに通って、描いて貰った画だ。赤いブラウスを着て大きな眼をしたデコが、すまして金色の額縁におさまっている。オヤ、こっちに飾ってあるのも、梅原さんの画ではないか。近づいてみると、ああ、やっぱりそう……梅原さんの富士山と静物の二つの画。さすがはデコちゃん、随分貴重な画を蒐めたな。

　さてこの家の御主人は、一向姿を見せないけどどこで鳴りをひそめているのかしら……。左手は四畳半の日本間と、お台所と女中部屋だから、右側のドアの奥らしい。コツコツとノックして、

「コンニチワ、デコちゃん」

「コンチワ、今、すぐいくよ一寸《ちょっと》待ってね」

　暫くして、御主人様はエンジ色の長い部屋着を着てグレーのドアをあけて

お出ましになる。天の岩戸から天照大神が現われた様に、応接間に、パッと華やかな空気が流れる。

「ボンジュール。雄ちゃんは?」

「お家の周囲をグルグルロケハンしてる。どこを撮ろうかって」

「いくら探し廻っても写真に撮るようなところはないよ。無駄だよ。写真はよそうよ」

「だって新居拝見だから、やっぱり写真がなきゃあ。デコのファンはデコちゃんがどんなお家に住んでいるか知りたいでしょ」

「だって厭だなあ」

「どうして? 泥棒が入るから?」

「ウウン、写真に撮ったりするとこの家の悪いところばかり眼立って、又引越したくなっちゃうだろう?」

移り気なデコであることよ。

洋間の壁の上の方には、四方にグルリと棚がつけてあって、色々な壺が並んでいる。本が二冊。「武蔵野夫人」と、石井漠の舞踊の本。

「随分壺が好きなのね」

「一寸したピカソだよ」

「どうしてあの本が二冊だけ置いてあるの?」

「ああ、あれ? 誰かがくれたからあすこに置いたのよ。本はまだ沢山あるよ、あっちの部屋に」

「デコの趣味って、随分渋いのね。まるでこの部屋、若い女性が住んでいるとは思えない……」

「そうだろ、お人形なんか一つもなくてね」

デコちゃんは、お人形なんかガサガサ飾るのは大嫌いなんだそうだ。大体デコちゃんはお人形、そのものが嫌いなのだ。お人形をプレゼントされると、ガッカリしちゃう、と仰有る。いくら嫌いだと云っても、ファンなどからお人形のプレゼントがあって、返すわけにもいかず困っちゃうんだ、この間も大きなフランス人形を貰って飾るところもないから、上原(謙)さんのお嬢さんにあげちゃった、と仰有るのである。

「じゃ、何を貰ったら嬉しいの?」

「そうね。お花なんか、いくら貰っても嬉しいな」

「そう云えば、このお家はお花が沢山飾ってあるわね。まるでお花屋さんみたい……」

「ウン、綺麗だろ。これみんなお誕生日にいただいたの。この間お誕生日だったんだよ……。あっちの部屋にもあるよ、バラの花が……」

デコちゃんは隣りの部屋から、色とりどりのバラの花を捧げ持ってきて、

「上原夫人、クダサール」

と芝居の呼出しのような声を張上げた。

「黄色いバラって大好き。もう少し開きすぎたけど、蕾の時はとっても綺麗だったよ、クンクン」

と鼻をくっつけて匂いを嗅ぐ。

この蘭の花は誰々から、カーネーションは誰から貰ったの、スイートピイは……と一寸考えて、

「ア、これだけだ、自前は……」

フランス行は六月か

お家拝見だから、お隣りのお部屋も拝見させてよ、と勝手に右側のドアを開けて入ると、ここはベッドルーム兼、化粧室。水色のカバーをかけた大きなベッドが置いてあった。この部屋に続く、バスルームと、着換え室。突当りの壁にはめこみの棚には壺やお皿が一つ一つ並べてある。ほのかな香料の香りが漂っている。

デコちゃんが入って来て、ベッドの枕許《まくらもと》に置いてあったウクレレを取上げると、ボロンボロンと弾き始めた。

「良いウクレレね。一寸、そんなウクレレは日本に少ないでしょ」

「そう。これトシ坊（灰田勝彦）の商売用のだもの」

「フーン、さすがに良いなあ」

「いくらほめたってあげないよ。借りてるんだから」

デコちゃんの弾き方もお世辞ではないけど、仲々立派なもの。

「ずっと昔、やったことがあんの」

と仰有る。

「成城のお家にあったピアノはどうしたの」

「ああ、あれ、あれは売っちまった」

着換え室には全身用の大きな鏡がはめこんであって、まるで洋服の倉庫のように、ハンドバッグやコートがブラ下っていた。着換えを手伝うのは、昔からデコちゃんに忠実なお弟子さんである、トヨさんだ。デコちゃんとトヨさんとお台所や使い走りの老人夫婦の四人暮し、デコちゃんのママは、このお隣りにお家を建てて住んでいられる。

「いいもの、見せてあげようか」

デコちゃんが、ハンドバッグをパチンとあけたので、何が出るかと楽しみにしていたら、山村聰さんの小さな写真だった。

「馬鹿だナ、デコちゃんは……そんなものをチラチラ見せたがるから、噂されたり、誤解されたりするのよ」

「フフフフ」

デコちゃんにはこういう悪趣味がある。人がワイワイゴシップをとばすと余計反撥して、わざとそう見せかける。山村聰さんの場合でも、ゴシップをとばされている最中に、

「山村さん誘って、ダンスに行こうかナ」

なんて云ってみたりする。ヤケクソの神経衰弱とアダ名を奉る。

「ヘソ・マーガリンとはデコちゃんのことだわ」

「あんたの、アマノ・ジャッキイと、良いコンビだね」

口のへらない奴メ！

「フランスにはいつ行くの？」

「いつだかわかんない。五月か六月頃」

「じゃ、もうすぐね」

「ウン、目下、フランス語の勉強中だ。ボンジュール、マドムアゼル、ネスパ」

「フランスに行ってどうするの？　マ

チスのところにでも日参するつもり?」

「とんでもない、当分下宿してノンビリしてるよ。きっと絵画館に行ったり劇場に行ったり、見物に歩くようなことはあんまりしないだろうと思うんだ」

誰も知らないところに行って暮したい、と云ったデコちゃんを有名人の悲劇だと思う。わずらわしさに耐えられないらしい。この悲劇の一時的な逃れ道がフランス行らしい。

「どの位の間フランスに居るつもりなの?」

「それもわかんない。お金の続く限り居ようと思ってるの。何しろ借金して行くんだから、そう長くは居られないよ、きっと」

「フランスに行ったら、毎日、古道具屋かなんか漁《あさ》って、掘出物を見つけて歩くんでしょうね」

「フフフフ」

ズバリらしい。デコちゃんの古道具屋漁りは有名なものだ。

「キンキジャクヤクして買って帰ると、メイドイン・ジャパンだったりしてね」

期せずして、
メイドインジャパン……ターララ、こんな恥ずかしことはない、
と笠置さんのブギになった。気を揃えて歌い出したのが可笑《おか》しくって、顔を見合せてゲラゲラ。

「何を笑ってんだい。デコ、写真撮るよ」

と雄ちゃんの声に、再びもとの応接間に返る。

真中に置いてある、紫檀の大机も、ソファも隅っこに片付けて撮影準備OK。ライトをつけるとヒューズがとぶ。

「だから写真屋が来るの嫌いなんだよ。家ン中、テンヤワンヤになっちゃって、あとかたづけが大騒ぎだ」

とデコちゃんはブツブツ。でもこの人くらい気持良く撮れる人は居ない。

「どうして四畳半の日本間なんかこしらえたの? デコちゃんにそう云う趣味があるの?」

「だって、人が泊りにきたりした時困るでしょ。やっぱり一間ぐらいなきゃ不便だから」

棚の上の壺をとって、

「これいいだろ、デクオ(Dequo)って書いてあんの、いただいたんだよ。この壺作った人、うまいんだって。雄ちゃん、この壺持ってるとこ、撮してよ」

頭の上に壺をのっけて、茶目《ちゃめ》な顔してみせて、

「こんなことをするから、高峰秀子さんは出世しないんだね」

と自分で云って、ケラケラ笑っている。

「一番大事にしてるものは何?」

「それはこの梅原さんの画さ」

言下に返事があった。

デコちゃんはこの小さなお家で一人の時はベッドにひっくり返ってボロン

ボロンウクレレを弾き、人嫌いのくせに、お客が来れば来るで朗らかに喜ぶ人なのだ。

一寸もスタアであることを気取らないけれど、生れ落ちる時からのスタアの貫録は、ゲンゼンと備っていて、近寄り難い。

デコちゃんは又、お隣りに住んでいるママに、試写会の切符を届けに、下駄ばきでとんで行くような孝行娘でもある。

雑誌屋がうるさいから当分電話はつけないんだそうだが随分雑誌屋も嫌われたものだ。

（門川）

（『映画ファン』'51年6月号）

【高峰秀子の部屋】

〝贈らない〟〝持っていかない〟主義の私の結論は使いみち自由の商品券

高峰秀子

私は原則として「中元」「歳暮」は贈らないの。人様を訪ねる時もめったに手みやげを持参しない。先に送り届けるか後にするかはその時の都合にして、訪問は手みやげなしの手ぶらが一番スマートだと思うの。

でも、招待客が多いパーティの時は例外。招待側とごく親しい場合は前もって「何か足りないもの、必要なものありませんかね?」ってお伺いをたてる。あれがない、これが不足という悲鳴が受話器の向こうから聞こえてくれれば、そこで「お助けバアサン」の私が役に立つわけ。

ワインを贈るのでも銘柄とか難しい。当方の心ばかりを一方的に押しつけるようになっちゃいけないし、考え始めるときりがない。先方の環境から家族構成、趣味、嗜好までわかっていない限り、めったに贈り物などするものではないというのが私の主義ね。

そんなちょっと「変人」の私が手みやげとして選ぶとしたら、それは、商品券や図書券。なんとまあ夢のない贈り物と言うなかれ。「券」そのものの無個性なところが気に入っているし、その券で先方の好みの夢を買って欲しいと、そんなふうに思うのね。

私ってやっぱり変人かしらね……。

（談）

（『LEE』'90年12月号）

男と女対談………

閑話休題

高峰秀子 Takamine Hideko
三島由紀夫 Mishima Yukio

「魅せられた女」と仏人

――気軽に話題に入ってもらうために映画でもみてもらったんですが、どうです?「魅せられた女」は……。

三島 アンドレ・カイヤット監督のものはこの前「火の接吻」というのが来てるんだけど。

――この映画は一九五〇年度ヴェニス国際映画祭でグラン・プリを授与された作品なので特に選んだんですが……。

三島 中々面白い作品だけどちょっと甘いような気がするな。

高峰 例えばネ、裁かれる女エルザ(クロード・ノリエ)が無罪だってことはみてるうちにはこちらには判っている。

三島 そう、それもあるね。もう少し渋いと期待してたんだが……。陪審員のそれぞれのエピソードのうちでは印刷工の家庭描写で、気狂いになっている子供のことを扱いながら、子供を画面に出さないとこなんかシャレてるね。

高峰 ああいうシャレたところはフランス映画でなきゃみられないところね。フランス映画っていわゆる美男美女というのは出ないわね。キャメラの故か人間味みたいなものは強くかんじるけど……。

三島 実際のフランス人もキタナイね。この映画にはフランス人の垢じみた汚なさがよく出ている。風呂なんか、ちっとも入らないんだから、女も男も鼻のわきに垢が出ているよ。

高峰 日本人が黒いシャツを着てるとちょっとキザみたいにみえるけど、フランス人が着るとちっとも気にならない。しゃれてるのかと思ったらあれは

Yシャツの汚れをかくすために着てんだからね。半分は必要にせまられてってわけ。
三島 Yシャツのえりがキタナイのはフランス人だけじゃないかな。
高峰 エルザの恋人になったミシェル・オークレェルなんてちっとも美男じゃないね。陪審員の挿話に出て来るミシェル・コオドロン(ジャン・ドビュクール)もいやらしい頭のハゲかたさ。
三島 第一エルザという女、いいのかな。
高峰 よくないな。顔でいいのは印刷屋ジャン・リュク・フラヴィエになるジャン・P・グルニエだな。あの中村伸郎に似てるの……。
三島 陪審員の挿話の退役軍人テオドオル・アンドリウ(ノエル・ロックヴエル)一家の頑迷なプチブル生活は、フランス人にはよくある姿だね。フロオベルの書いたオメエ氏の極端な型だよ、日本人がフランス人と結婚してもやっぱりあの通りでなくとも全くの月並なプチブルになる実例を知ってるよ。いわゆるフランス的俗物の典型だね、何もフランスまで行って出世してそんなものになることはないんだけど。軍人の奥さんは日本人みたいだ。あの映画をみて鷗外の〝高瀬舟〟を思いだした。やっぱり安楽死のことを書いたものだけど、あれはいい小説だよ。

スターと大衆の心理

三島 ところで試写室で映画を見てると、おかしいところでもちっとも笑わない。試写族は気取るんかね。
高峰 私は映画でお客さんと一緒にみるのが好き。一緒にみる相手によって随分気分がちがうね。
―― どんな相手とみると楽しいですか?
高峰 (話をそらして)わたしはすぐ泣いちゃうんだ、だから泣いてもいい相手でないとね。
三島 恋人なんかとみると気になってしようがないだろう。
高峰 だから一人でみちゃう。
三島 歌舞伎を外人と一緒にみるときなんかは、向うがどう思ってみてるかとても気になるね。僕が映画をみるのは気分転換なんだ。酒で駄目なときに効果があるね。ダニー・ケイのものみたいなのが好きなんだけど、試写の通知をちっとも呉れないんだ。〝夏子の冒険〟の北海道ロケのときの話なんだけどね、中村登監督にきいたんだけど、ファンのサイン攻めの予防にスタッフの部屋にサインお断りの札を出したんだって。ところがスターのほうへはうんと来てもスタッフのほうへは一人も来ない。きてくれたのはおばあさんがたった一人。これも孫にせがまれて主役女優のサインをたのみに来たんだって。中村さんはスタッフは一向もてないってこぼしていたよ。ところで、スターさんはロケで御乱行はするの?
高峰 しないわよ。
三島 ロケを通じて、ファンの女に一番もてたのはスターじゃなくほんの端役で靴みがきの役をやってた奴だったってね。スターの方でも相手にしないんだろ。とっつきやすくてちょっと映画の臭いのするのがもてるんだろうね。

高峰 とっつきにくいのは人気がさがるというし、スターは大衆を離れてはいけないというけれど、スターが大衆を離れるんでなくて、大衆がスターからはなれるんだね。大衆の方でスターについて来てくれなきゃ困ると言いたいんだけど。俳優だっていつまでもいつまでも同じ役ばかりじゃ嫌だ。生意気のようだけど良い仕事をしたい欲もあるしね。

三島 子供に機関車の玩具をもたせておくとくり返しくり返しやってあきない。大衆も同じでくり返しが好きなんだ。映画やオペレッタのテーマ・ミュージックなどもくり返しが多いけど、そういうものが通俗的な快感を与えるんだ。ところがスターという機関車は人間だから時には軌道を外れて横へ走ろうとする。ところが大衆は子供でもあり女性でもある。ツンとしている男がいいという大衆心理は一種の変態心理だね。人気はこの大衆のマゾヒスティックな心理をうまく利用することなんだ。それが商売上手のコツなんだなア。ハリウッドのデザイナーのはなしだけど、ハリウッドのスターがデザインを注文すると〝お前は何故そんなスカートをはくのか、そのみっともない上衣はなんだ、その下司っぽい色はどうだ、折角の顔と体が台無しじゃないか。それでもハリウッドのスターといえるか〟と女がワーッと泣きだすまでみそくそにやっつけるんだそうだ。するとデザイナーのいうことなら何でも聞くからどうか私のためにデザインしてくれと頼むんだそうだ。それが心理をつかむコツなんだな。

高峰 そうね。今マゾヒズムという言葉が出たけど、ジェームス・メイスンという人はとてもサディストみたいな気がするな。

三島 うん。中年のおばさんなんか大変な熱を上げてる人がいるよ。

高峰 わたしはオーソン・ウェルズが好きだ。女の人って母性的だから、ちょいとこわくても可愛げがあるのが好きだ。ウェルズにはそれがあるけどメイスンはちょっとも可愛気がないね。

恋愛と友情のあり方

―― 三島さん、この辺でちょっといろざんげでも聞かせてもらいましょうか。

三島 そいつは云えないね。商売にとっとかなきゃ。

高峰 男の人はね、みんないいとこもあるし、わるいとこもあるし……みんな冷静にみえちゃうんで中々恋愛出来ないんだ。私はアバタもエクボなんていう風にいかないんだよ。

三島 恋愛っていうやつはやっぱりスタンダールの言うように結晶作用だろうな。

高峰 暇もないよ。

―― 惚れられることはあるでしょう。

三島 相手がどこに惚れたのか、僕に惚れたのか僕にくっついている附帯的なものに惚れたのか判断に苦しむときがあるね。君なんかどう？

高峰 わたしは疑い深いんだよ。だからそんなことがあってもついつまらなくなっちゃう。ある男の人を好きだと思うと、その男が金持だったら金というものを取外してしまう、良い洋服を着てればこれもとっちゃう。という工合にその人のものをみんなはがしてみて、それでもその人が好きかどうかを考えてみる。そんなことをしているから間に合やしない（笑）。

三島　結局、男を客体としてみてるんだな。それがあんたの不幸だ。一番の不幸だよ。女というものは、シモオヌ・ド・ボーヴォアールの云うように、客体として育てられて、そこに幸福を見つけ出すように出来てるんだもの。

高峰　それがなかったら困るじゃないの。後でそんな筈じゃなかったと思ったってもう遅いもの。だから自分が用心深くなってるんだ。それで損してるけれど、だませないね。結局ウロウロしている間にもはや三十に間もなくなっちゃって、こうなったら結婚する人は同情か尊敬かどっちかになるのかな？　まさか新聞広告をして募集するわけにもいかないしね（笑）。

三島　案外だまされやすいんじゃないかな。

高峰　だまされてみてえな。わたしゃしつこいからね（笑）。

三島　女の心理で不可解なのにこういうことがあるんだ。ある奥さんが僕に言ったことなんだけど、わたしはあなたが好きなんだから、あなたもわたしを好きなことはまちがいないっていうんだ。

高峰　こちらも好感を持っていれば向うも持ってるんじゃないかしら……。

三島　そんなロジックってあるかしら……。人間のタイプで好ききらいはある程度宿命的に決っているんじゃないか。ハッキリいえば顔だね。小林秀雄氏なんて批評家はハッキリ言うからね。俺はおめえの顔が嫌だから嫌いだと。僕の場合はさっきの夫人とは逆だね。僕が向うを好きだから、向うは嫌いだろうと思うよ。カルメンのハバネラじゃないけど「こっちがお好きならむこうはお嫌い」だよ。それから恋愛でだますことは五分五分だよ。だって恋愛というものは錯誤であり、誤解であるんだから……。片方は良い方へ誤解してるし、片方は悪い方へ誤解している。君なんかチャンスがありそうだがな。美男美女が沢山いるから……。

高峰　美男美女は商売だからね。

三島　あなた方が恋愛するとどういうことになるか面白いね。色々な役をやってるだけに、自分の恋愛に新鮮さはないだろう。自分が何だかわからなくなってしまう。どこまで芝居だか自分でもわからなくなる。

高峰　男と女で友情というものがあるかしら……。

三島　やっぱりないと思うね。利害相反するからね。

高峰　わたし長い間つき合っていても何でもなかった人が沢山いるんで、友情ってものがあるのかなアと思うことがある。

三島　相手が恋愛に陥る心配がないっていう安心の上に立ってるのが友情だよ。あんたのは。嚙みつかない犬を無意識に選んでるんだ。男同士の友情はお互いに主体性を尊重すべしという前提があるし、わかり合いがあるからね。女はすぐ客体になりたがるから……。

高峰　そんなのばかりじゃないぞ。おためし下さい……はははは、閑話休題だね。私はね、何んでも警戒しないで話す友達がないんだ。それでとっても寂しがりやなのよ。あんまり寂しいからヤケになってる、だからだまされてみたいなということになる。

三島　あんたなんか同性でも異性でも唯々諾々たる人を置いときたいんじゃないかな？　はははは。

高峰　おきたいわよ。中途半端なの嫌だからね。ははははは。

芸術と人間性に就て

三島　とにかく芸術家は人間冒瀆の職業だね、そうでないと成立しない。

高峰　そうだよ。長くやっているものじゃないね。私みたいにアサハカな奴はいたずらにコンランするばかりよ。俳優なんて人にすすめられない。

三島　僕は非人間的になれるかなれないかが芸術家としての勝負だと思ってるんだ。リラダンの小説にこういうはなしがある。ある名優がいるんだが、一生人の書いた感情ばかりで自分の人間としての感情が味わえなかった。何かやるとそれがお芝居にみえてしまう。とても人間になりたいと思うんだな。そこで悪いことでもすれば本当に自分で後悔するだろうと思って放火した。だけど無動機なのでどうしても捕えられない。燈台へ行った。そこでいくら待ってみても後悔しない。とうとう死んでしまう。彼自身が悔恨だということを知らなかったというオチなんだ。

高峰　わたしもそういうことを考えたことがある。

三島　放火？

高峰　そんな大変なものじゃない（笑）。何か痛い！　と神経の主軸がとびあがるようなことをやってみたいという気持。パリへ行ってもただ何となく行って帰って来ただけ……考えるとオッカナイからばけたまま行って帰ってきただけ。

三島　デコちゃんのパリ行きは結局人間になりたくて行ったのだろうね？

高峰　まあね、ちょっとキザだけどそんなところもあるわね。

三島　人間として大ものになるか、芸術家として大ものになるかどっちかだろうな。マチスはひどいケチで商売上手だそうだけど、画家として立派なことはそれとは関係がないからね。

高峰　マネージャーをやっている娘さんがケチなんじゃない？　フランス人て一体にしまりやね、日本人だけだって、勘定書をもらってパッと払うの、鷹揚なとこみせるつもりかやけなのか、そのくせおなかン中じゃヒヤヒヤしてる……（笑）。

三島　料理屋で勘定書をもらって丹念に見ないのはパリジャンじゃないってね。日本人は勘定書なんかでケチをつけるのを恥しいと思っているからね。

高峰　三島さんは毛皮着た女の出るのが好きなんですって？　知ってるゾ。

三島　うん、毛皮と女性ってのは何かあるんだよ。ザッヘル・マゾッホの「毛皮を着たヴィーナス」というのは、裸の上に毛皮を着た貴婦人に鞭で打たれたいという筋の話だろ。それから、戦前、ある駐日大使館員が、裸の奥さんに毛皮を着せて亭主の寝ているベッドのまわりをただぐるぐるまわらせる、それだけで満足してしまうという外人がいた。奥さんのほうでとうとう怒って浮気をしちゃったって実話もあるんだ。

高峰 三島さんは人工的な女が好きでしょ。

三島 うん。

高峰 だからあたしも今日は無理して真珠の首飾りかなんかして来たんですよ。ふふん。この心情！（笑）三島さん、夏子（夏子の冒険）と美子（にっぽん製）とどっちの女が好き。

三島 美子のような女が好きだ。何だかちっともつかめない女に魅力がある。ちょっといいね。

高峰 結婚してもそんな女困っちゃうじゃない。だけど憧れてんのね。

三島 憧れてんだな。

映画、文楽のよさなど

高峰 三島さんの小説の挿絵には誰のものが合うと思う？

三島 猪熊さんのものなんか合うんじゃないかな。だからよくお願いするんだけど……

高峰 三島さん、監督をやりたいとは思わない？

三島 やりたいね。歌右衛門を使って「オルフェ」みたいなものをやりたい。クローズ・アップを全然使わないで、歌舞伎のグロテスクな、不思議な様式的なものを映画に出してみたい。これは、小説の場合も同じなんだ、小さなコチコチした描写にこだわらず、ちゃんとしたかまえを持ったものが書きたいんだよ。

高峰 私が、そのいわゆる、コチコチ組でしょう、だから文楽でナギナタを振り回すとこなんか見るの大好きなんですよ。自分のコチコチに対するウップンがとれるんだ。

三島 文楽の人形には心理がないから美しい、心理のない人形がアクションをするんだからね。人間はアクションと心理が一緒になったときが一番美しいんだ。ヘミングウェイの「老人の海」なんか、そういう意味での典型だろうね。老人が魚を釣る話なんだけど……

高峰 あれが、家へ帰ったら骨だけ。

未完成のよさと女性

――最後にお互いの人物論みたいなものを。

三島 彼女は俺嫌いらしいよ。

高峰 好感持ってるよ。無理して真珠の首飾りしたりあっちこっちかけずりまわって、三島由紀夫って年幾つだって聞いたりしてさ。

三島 彼女のよさは天衣無縫なところだね。

高峰 そんなことないよ。

三島 まあまあ、お終いまで聞きなさい。今にひっくり返るから……（笑）彼女の悲劇は憎らしいおばさんでなくって、可愛らしい妙齢の女性であり、しかも自分でよくそれを知っているということだよ。当然女としての客体から抜け切らないということ。彼女は自分が決して嫌な奴と思われないということを知っているし、又、利巧で決して人を傷付けない。こいつは彼女の自己限定だ。この自己限定をどういうように破るか？　女優としてどういう方向に行くか？　これは楽しみだ。コクトオの〝怖るべき親達〟の中に出てくるおっかさんは母性のあわれさ女の中にある全部のものを出して叩きつけて、それでいて美しい。彼女は何十年後そんなところへ行くんじゃないかな。

高峰　どうにかなるだろうと思っている。ちっとも美しいとも妙齢の婦人だとも思わない。本当に怒ったり、物言ったりしたことないな。

——では高峰さん、三島論を……。

高峰　私は失礼ながら三島先生のよさは未完成のよさだと思ってるの。それなのにあなたは自分で今日私に会ったとたんに開口一番「オレは生意気は卒業した」っていったけど、それが三島さんの身上だと思う。私なんか生意気の落第生だよ。あははは。

三島　落第生なんてもんじゃねえんだ。大正ッ子だ！

高峰　やっぱり女って駄目だね。男に負けるわね。やっぱり男に生れた方がいいや。女代議士だなんていっても駄目！　何々女史も駄目。

三島　女の人は外から自分を見る習慣をつけられていないからね。カガミはよくみるけど……（笑）

高峰　私なんかも、よく未完成のよさと云われるけど、どう完成させて良いのかわかりゃしないよ、よくわからないうちに駄目になっちゃうんだな。だから女はいやさ、だから女は恐妻会だなんて慰められることになっちゃうんだ（笑）。

——ではこの辺で……

（みしま　ゆきお・作家）

（『週刊サンケイ』'53年5月31日号）

高峰秀子の部屋

アンケート　私の好きな歌　思い出の唱歌

映画『二十四の瞳』の「七つの子」

戦争中の歌で「**空の神兵**」というのがありましたね。高木東六さんの作曲で……。あの歌なんかは好きでした。曲がなんとなくバタ臭くって、明るいメロディーだったでしょう。変に湿っぽい歌や、陰気なメロディーが多かったなかで、この曲だけが際立っていたように思うの。

わたしは明るい曲が好きなのね。だから、「**上を向いて歩こう**」なんかも好き。

思い出深い歌といえば、映画の「二十四の瞳」の中で生徒たちと歌った「**七つの子**」などは忘れられない歌といえるでしょうね。

（『週刊読売』'76年5月1日号）

高峰秀子へ質問攻め……………

高峰秀子へ「二十四の質問」

高峰秀子　Takamine Hideko

☆1　**お酒はどのくらい？**
ほんのちょっぴり。グラスに半分ほど。

☆2　**視力は何度？**
ひどい近視と乱視で、とにかく一メートル先はあぶないくらい。何度っていうのかな……。

☆3　**食事は一日何回？**
平均して二食。でも仕事にかかったときは別。朝からメシのことばかり考えて笑われることもある。

☆4　**種痘のアトはいくつ？**
うまいぐあいに一つしか残っていない。

☆5　**何頭身ですか？**
ハイヒールをはけば八頭身というところ。顔がちっちゃいからトクしてるのよ。

☆6　**自分の顔で好きなのは？**
こどもの顔っていわれるから、みんなきらい。でも鼻の下が短いのが、ちょっと日本人ばなれしているので、まあそこんとこが好き。

☆7　**ムシ歯は何本？**
一本もない。全部自前よ。

☆8　**靴は何足もっている？**
十足ぐらい。あんまりためたがらないタチね。

☆9　**ヒールの高さは？**
一インチとちょっと……。

☆10　**Hラインをどう思うか？**
ぜんぜんいやね。どうしてあんなことに騒ぐのかしら……。

☆11　**アクセサリーは何が好き？**
指輪が、いいものをいれて七つ。耳飾りが五つぐらい。

☆12　**帽子をかぶる？**
ぜんぜんかぶらない。パリでちょっと買ってみたことはあるけど……。

☆13　**何色が好き？**
濃いグレイと黒、それに朱色は好き。

☆14　**好きな花の名は？**
においの強い花はみんな好き。クチナシ、フリージャ、バラ……。

☆15　**香水は何を使うか？**
着物のときはゲランの〝ミッコ〟というの。それから洋服のときは、やはりゲランの〝火の花〟とか〝ＬＩＵ（リュウ）〟というの。

☆16　**ネクタイの贈り物をしたことがあるか？**
何度もあるわ。だって男の人のプレゼントには無難でしょう。だから、ちょっとした贈りものなんかに。

☆17　**買物は好きか？**
好きどころではないの。自分でも〝買い魔〟だといってるくらい。ドビンからシャモジまで買ったことがあるわ。買うの、楽しくてしようがないの。

☆18　**外出時の小遣はいくらぐらい？**
きまっていない。めちゃめちゃね。買物して足りないことに気がついて、借りることもあるわ。

☆19　**新聞は毎朝読むか？**
ザッと大きな字だけに目をとおす程度。

☆20　**散歩は好きか？**
大好きだけど、できないの。犬をつれて、毎朝散歩するのが、今の小さな願いの一つ。

☆21　**時計は何国製か？**
ナルダンというの。自分の誕生日に自分で買ったもの。

☆22　**映画は週に何本ぐらい？**
多い時と少ない時とあるけど、平均して一本とちょっとぐらい。

☆23　**政党は何党を支持するか？**
選挙のたびに期待するけどダメ。結局信用できなくなるのね。

☆24　**何歳ぐらいまで生きたい？**
五十歳ぐらいまで、あんまり長生きするのも考えものね。

（『サンデー毎日』'55年2月6日号）

自画像

【インディアン・インタヴュー】

今明かす！　高峰秀子との秘めたる〝恋〟（？）

安野光雅　Anno Mitsumasa

聞き手・構成＝斎藤明美

　安野光雅氏と高峰の出逢いは昭和五十一年。安野氏が当時パーソナリティを務めていたNHKのラジオ番組に高峰がゲストとして出演した時だという。

　高峰はその時の印象を自著『おいしい人間』の中で、次のように記している。

〈「光雅」というやんごとなき名前と、モダンで優しくてユーモアの溢れた画調から、イメージとしては立原正秋、宮本三郎風のスッキリとした美《い》い男かも？……と想像していた私の前に、「アンノでーす」と、ズバリ言わせてもらうなら背広を着た熊の子みたいなオッチャンが現れたのにはビックリした。〉

　では、安野氏の高峰への第一印象は？

安野　あの高峰さんと同じ人が来たという感じ（笑）。ちょうど、高峰さんが週刊朝日で連載してた「わたしの渡世日記」が本になったばかりの頃で、わたしは京都に行く新幹線の中で読んでいて、あんまり面白いから神戸まで乗り越しちゃったの。それでゲストに出てもらえないかなぁと。でもまさか本当に来てくれるとは思ってなかったからね。感激したのは覚えてるけど、何を話したか全然覚えてない。番組の名前も忘れちゃった（笑）。

　もちろん高峰さんの映画はたくさん観てました

よ。わたしが初めて観たのは「馬」（昭和十六年山本嘉次郎監督）。高峰さん演じる「いね」という少女が手塩にかけて育てた馬が軍馬として売られていく話なんだけど、当時、わたしは十四だったかな。それですっかりファンになったの。わたし達の世代は高峰さんと共に生きてきたという感じですよ。

――二度目の出逢いは？

安野　たぶん「遠くへ行きたい」というテレビ番組。二人で京都に行ったの。大原の寂光院、法然院、それから谷崎潤一郎のお墓にも行った。わたしは高峰さんが四女の妙子を演じた「細雪」（昭和二十五年　阿部豊監督）も観てたし、あれは高峰さんが主役ね。大阪弁も高峰さんが一番サマになってた。

――その後、安野先生は『台所のオーケストラ』をはじめとして高峰の著書全ての装丁をしてくださって、三十五年という長い交流が続いていくのですが、私は高峰の側にいて、いかに高峰が先生を敬愛しているかよくわかりました。ご本人に伺うのもなんですが、なぜそれほど高峰は先生のことが好きだったと思われますか？

安野　（途端に照れて）そりゃあ、わからない（笑）。でもあえて言うならね、さっき言った法然院で、カメラが歩いてるわたし達を後ろから撮ってる時に、高峰さんがこうやってわたしにタックルをしたんだ。

――腕を組んできたわけですね？

安野　そう、そう。それでわたし、「やめてください」って言ったの。だって同級生に殺されちゃうから。わたし達の世代はみんな高峰さんのファンなんだから、わたしだけ高峰さんにタックルされたら殺されるよ。でも男の子だけじゃなく女子生徒も殺しに来るの。なぜだかわかる？　つまり高峰さんにタックルされた人に私なんかが言い寄ったってダメだわって、嫉妬するでしょう。それで営業妨害（笑）。

以前、安野氏が「許せんなぁ」と憤慨した面白いエピソードが二つある。一度目は、昔、作家の阿川弘之氏が都内のホテルのロビーで偶然高峰と会い、「高峰さ〜ん」と言って抱きついたという話を高峰から聞いた、と私が安野氏に告げた時だ。

安野　そりゃ、許せない。阿川さんにしてみれば外国人がよくやる挨拶のつもりでしたんだろうけど、ここは日本なんだからさぁ、どさくさにまぎれてそういうことはやめてほしいな。わたしはそういうタイプじゃない。でも心の底からしないタイプかと言えば、そうじゃなくて、心の中では人一倍そうしたいんだよね（笑）。

二度目の「許せんなぁ」エピソードは、松山善三が自分から高峰に交際を申し込んだという話を私が安野氏にした時である。

――　先生はその時、「許せんなぁ」の次に「じゃ、わたしだって映画界に入っていれば……」とおっしゃったんですが、覚えてらっしゃいますか？

安野　覚えてる。だってわたしは木下（惠介監督）さんが二人を引き合わせたのかと思ってたからね。それを松山さんが自分から言い出したのが真相でしょう。言ってみるもんだなぁと思ったわけ。誰でもね、相手が美人であればあるほど、「どうせ俺が言ってもダメだ」とみんなに思われて、独身のままって人がたくさんいるからね。

　でもそれは松山さんだから言えた。高峰さんだったから松山さんの良さを受け入れたんだ。どういうわけか似合いの夫婦だったからね。

――　でも先生も映画界に入っていて、例えば美術のスタッフか何かをしていたら、どうなっていたかわかりませんよね？　高峰は裏方さんをとても敬愛していましたから。

安野　そう、そう。あなたはいいことという。わたしは裏方でもなんでもしますよ。それでわたしは松山さんに言ったことがあるの。「あなたね、高峰さんと結婚したということは、我々がガードマンを新規で雇い入れたということですよ。ガードマンの一人に過ぎないんだから、そのつもりでいてください。ご主人の恰好はしてるけど、ガードマンなんだよ」って。

――　先生、いつそんな面白いことをおっしゃったんですか？

安野　面白いことじゃないじゃないですか。必死で言ってるんだから。変なヤツが来ても寄せ付けちゃいけないって。

――　ガードマンが同じ寝室で寝ちゃいけません

よねぇ……。

安野　そりゃ、いけないよ。だけど、わたしがそう言った時、松山さんは反論しないんだよね。ヘラヘラ笑ってた。今思えば、ドアマンぐらいに言っとけばよかった（笑）。通勤のね。

松山さんは真面目なんだよね。前に「ダンス・ウィズ・ウルブズ」って映画を高峰さんが「絶対観なさい、いい映画だから」ってわたしに言うの。「安野さんにそっくりなインディアンが出てくるから」って。わたしは何とも思ってないのに、松山さんが「あれはいいインディアンだから、いいインディアンだから」って一所懸命フォローするんだよ。わたしは見ましたよ、インディアンを。

――　そう言えば高峰は『おいしい人間』の中で安野先生を「いい男だ」と書いて、その後に「でもインディアンみたいだけど」って。

安野　そこは高峰さんの文章の上手さと魅力でね。褒めたくても褒めない。

――　以前、高峰が断言してました、「安野先生はモテますよ」って。今になれば、なぜそう確信したのか聞いておけばよかった。

安野　聞いといてくれればまだ道はあったのに、もうみんな手遅れだ。

――　それはそうと、さっきの質問「なぜ高峰は先生のことが好きだと思いますか？」の答えがまだですが。

安野　見てくれがどうってことじゃなく……でも前に週刊文春の記事に高峰さんが「松竹梅」と題して松山さんと沢木耕太郎さんとわたしの三人のことを書いてくれたね。あのとき、松が松山じゃないのよ、と小声でいったの。ほんとは松がわたしらしい。

――　高峰が自分の好きな三人の男性を挙げて随筆を書いたんです。でもこうして安野先生のお顔を拝見していると、三人、似てますね。鼻筋が通ってショウユ顔というところが。高峰の好きな顔なんですよ、きっと。

安野　もっと早くそれを言ってくれればいいのに。わたし、高峰さんは本当はわたしと結ばれるはずだったという本を書こうかな（笑）。うん、やっぱり書こう。

（あんの　みつまさ・画家）
（『波』'12年2月号）

この人とおしゃれ　高峰秀子さん

石井好子　Ishii Yoshiko

高峰さんは約束の時間より早く来て居られた。黒いコートに黒靴、黒のハンドバッグでシルバーがかったブルーの手袋とスカーフが同色。「相変らず地味なのね」と思わず口に出てしまったのは、私自身も黒や紺、グレーが好きでずい分地味づくりだったが、年をとったせいか昨年から急に派手な色の服が着たくなり、今迄は身につけた事もないえんじやオレンジ色の服を着はじめたからだった。

「そろそろ派手なものを着たいなという気分にもなっているのよ。年とって地味な服を着ているときたなくみえるからね」と私の気持をみやぶったかの如きお考えで、「でも私は長い間女役をしているから、普段はめだちたくないので地味になったのでしょうね」と言葉をつがれた。

「私がきめているのは着物の時は袖うらみかえし、それに帯どめはさび朱という事。こうすれば他をそれにあわせた色で作ればよいから楽なのよ」という事で、又洋服の場合も靴とハンドバッグは黒ときめ、指輪と時計が銀色なのでハンドバッグのとめがねも銀色にきめているのだそうだ。

色のアンサンブルがおしゃれの重要なポイントである事を、ここまで知りぬいて実行している方はまずないだろうと感心してしまった。

たまには、紺のハンドバッグに紺の靴をはきたい気分だってあるだろうし、茶色のバックスキンをはいて散歩をしたいこともあるだろうに、黒ときめてしまったのは、持物を多くしたくない、生活をはんざつにしたくない気持から出たのだそうだ。

「洋服を一枚作るでしょう、そうしたら一枚は誰かにあげてしまうの。洋服ダンスが一つで、それ以上ふやしたくないの」と云われ、又感心してしまった。何ともはっきりと割切られてしまって、実によいアイディアで一言もない。

「私は服も化粧品も皆日本物を使っているけれど、手袋だけはフランスで買うの。私の手は小さいから、日本では売っていないのよ。でもこの色にあうスカーフをさがすのに苦労しちゃったわ」

たしかにその手袋はただのブルーではなく、いぶし銀のかかったような色だから、同じ色のスカーフは大変さがしにくかったに違いない。しかし、さがし出して美しいシックなアンサンブルで彼女は目の前に坐っていた。

高峰さんはおしゃれだ。そのおしゃれも実に神経のゆきとどいたすぐれたセンスのもとに計算されたおしゃれをしている。少しの無駄もない。

お化粧にしても映画で塗るから普段は肌をやすめるべくほんのうす化粧で、髪も自分自身できれいさっぱりアップに結って一分のすきもない。あまりにもすきのない彼女は、ちょっと近よりがたい感じさえする。

「家にいる時はどうしているの」ときいたら、「一日家にいる時は、髪も結わないし、顔を洗ったらクリームをたっぷり塗りつけて洋服にも着がえないの。ガウン姿なのよ。私の一番持っている衣裳はガウン。色とりどりのがあるし、大きな花もようのついているのもあって、それをとりかえひきかえ着てるわ」

それをきいて、くつろいだほほえましい気持になった。その姿の時の高峰さんが本当の高峰さんで、そして、それは彼女の幸せな姿に違いないと感じたからだった。

高峰さんは、私が長い外国生活から帰ってきた時、日本の様子の分らなくなっていた私にずい分親切にしてくれた。お化粧品を買いととのえる手だすけまでして下さった事は忘れられない思い出がある。その彼女から又この対談でよい事をきいてしまった。

それは老け役と若い役のこつで、お化粧的にいえば、眉のはえぎわを老ける時はうすく、若い時は濃くせまるように書く事だそうだ。そして立っている時、老人はかかとに重心がかかり、若い人はつまさきにかかるそうで、そんな事にも医学的見地から研究されている事を知り感歎した。

私は明日から眉の先を濃くえがき、つま先に力を入れて、新しい年を若わかしくむかえようと思った。

（シャンソン歌手・エッセイスト）

（『資生堂チェインストア』'65年1月号／『人生はこよなく美しく』河出文庫、'16年2月）

【高峰秀子の部屋】私の好きなきもの

きものも帯も木綿。

くすんだ青色地にゑんじと紺のチェックのきもので、裾まわしはゑんじ。

帯はれんがいろの地に水色と白の刺繍がすり。

全体にいろいろな色がごちゃごちゃ入っているようですがみなくすんだ色なので、そうしつこい感じのしないのが好きです。

柄で好きなのは細かいしま、かすり、チェックなど。

生地ではゆうき、つむぎ、お召しなどです。

（『趣味の手帖　スターとともに』1954年版）

●作家のみた高峰秀子

高峰秀子　私の会ったひと

舟橋聖一　Funahashi Seiichi

高峰秀子さんとは、このごろ、芝の〝留園〟で催される明哲会で、時々会うようになった。大てい、ご主人の松山善三氏と同席である。

愛称デコちゃんと呼ばれているが、私はデコちゃんのよさ、面白さが、このごろになって理解できるようになった。

今まで私はデコちゃんを好きになれず、彼女のほうでも私を毛ぎらいしていたように思う。男でも女でも、おたがいに心をゆるしている場合は、いわゆるトントン拍子に事がはこぶ。両方で虫が好かないと思っていると、動くものが動かなくなる。

人間はヘソを曲げだすと、きりがないものである。たしかに私は、デコちゃんに対し、ヘソを曲げていた。途中で会っても、通り一遍のアイサツしかしたことがない。彼女のほうでも、顔と顔がぶつかれば、一言二言は口をきくが、知らずにすめば、すまそうとする様子が露わであった。そうなると、ひどいもので、いつぞや「ウエスト・サイド物語」の試写がピカデリーであったとき、すでに映画ははじまっていて、場内はうす暗かったが、私の指定席の背ろに、デコがいると知ると、映画は面白かったが、私はソワソワして、臀《しり》のおちつきが悪くなった。

然し、何を毛ぎらいするのか、自分でもよくわからなかった。これといって、衝突した覚えもないし、腹の立つ理由もない。

この反対に、男が女を好きになるのも、実は取立てて第三者を首肯させるに足りる理由なぞはないようであって、概ね目が合い手がさわったことから、段々に愛情が芽生えるのだろう。

デコのほうにも、特に私に近寄らない特別の理由があったわけでもあるまい。あったとすれば「雪夫人絵図」の映画化に当って、デコちゃんに回った信濃雪の役を蹴《け》ったことと、松山君が小説「白い魔魚」のシナリオを書くことになり、その打合せ会のため、一夕熱海の起雲閣へ出かけることになったとき、私は冗談半分、デコちゃんを心配させてやろうと思って、

「今夜は一晩、旦那《だんな》を拝借する。少し堕落させるかもしれないよ」

と言ったのが悪かったのかも知れない。それを本気にとって、怪しからぬことを言う人だと思ったのではないか。もっともその晩は清浄な一夜で、松山君を堕落させるような悪企みは一つもなかった。

彼女は大正十三年三月、北海道函館の生れ。生家は大きな料亭だったが、四歳の時の大火で焼かれ、一家離散の運命になった。この年、松竹蒲田撮影所で、鶴見祐輔氏「母」の子役募集があったので、これに応募して当選したのが女優生活の振出し——十四歳の年に、東宝へ入社したそうだ。

子役時代に声名を謳《うた》われた人は、その代りいつまでも子役のような気がするものだが、デコに対する印象も、この点がなかなか払拭《ふっしょく》できない。考えてみれば、デコのほうが、三島由紀夫や石原慎太郎より姉御なのだから、少々理屈をこね回しても不思議はないのに、昔子役で当っただけに、急に老成したような気がして、ピンと来なかったのかも知れない。婦人雑誌や流行誌などで、デコの随筆にぶつかると、どうやら文句をこねすぎているようで、戴けなかった。

にもかかわらず、彼女が努めて仕事の量を減らし、良心的なものだけを撮っているのには、心ひそかに感心していた。普通のスター女優は、欲張っているのが多く、何んでも注文ばかりとって、背負いきれぬほど、仕事の量が嵩《かさ》ばってしまう。過労疲労で結局虻蜂《あぶはち》取らずの、ひどい作品をつくっているのに引代え、彼女には「浮雲」をはじめ、精選された作品が多い。一年近くの準備期間があって、充分に想が練られる。ほかの女優のように、ギャラにもこだわらない。つまらない競争心や虚栄心もない。人を押しのけず、人と争わず、自分を大事にして、堅実に人生を歩いている——。ことに松山君との結婚以来、デコは急速に向上した、と言える。

——私は明哲会で、高峰秀子を識ると共に、この夫婦が大好きになった。彼女は文壇では谷崎潤一郎先生、画壇では梅原龍三郎画伯に傾倒している。明哲会には梅原さんも入っていられるので、デコは心から、画伯の世話を焼くのが好きである。そういう時の彼女は、いかにも無邪気でたのもしい。

かくて心境一変してみると、昔どうして、デコをあんなに毛ぎらいしたのか、ますますわからなくなってしまう。然し、私の場合、途中でこういう風に人間関係が好転するというのは、ちょっと珍しいことに属する。

(作家)

(『朝日新聞』'64年7月9日)

▶日出造見参対談…………

やァこんにちわ

高峰秀子 Takamine Hideko
近藤日出造 Kondô Hidezô

頭がいいという定評がある。

子役からのし上がった、ただ一人の大スターというだけで、それがうなずける。結婚の話はしない約束だったが、対談が終ったあとで「あんまり頭がよすぎるから、男がバカに見え、これで婚期をベンベンと遅らせてしまっているんだろう」

とぼくがいうと「男はバカだなんて思ったことがない、やっぱり男は、平均すると女より利口よ」と答えた。男がバカに見える女より、よほど頭がいい証拠である。

さて、かほどに頭がいいので、とかく何事にも反省が強く、そして反省というものは、ごく地味な要素を持っているので、対談がことのほかしめっぽいものとなった。

きれいどころにお相手を願って、パーッとはでな誌面をつくろうと心がけたぼくの手はずは、初手から狂ってしまった。

そのかわり、お陰をもちまして、一読再読、読めば読むほど味わいの深い誌面ができました。この味わいのわからん人は、頭があまりよろしくない、といいたいような対談ができ上がりました。 (日出造)

＊　＊　＊

サインの洗礼は四つの時から

近藤 やせたようだな。

高峰 ええ。フランスから帰ったときから見ると一貫五百匁やせちゃった。でも、このくらいが、ちょうどいいの。ふとってると、立上がるときに、オイショッなんて声を出したりしちゃって……（笑）。

近藤 オイショッとやる高峰秀子なんてのよくないね。

高峰 それで、何きくの？　いろんなところに引っぱり出されて、きかれることきまってンのよ。あなたはご自分の仕事のうちでどれとどれがお好きですか？　男性観は？　なぜ結婚をしないんですか？　チャーチル会に入っていらっしゃるが、絵をこのごろもお描きになってますか？　たいていこの四つに決まってるんですよ。きょうはそれ以外のことをきいて下さい（笑）。

近藤 そんなのききません。なぜ結婚をしないか、なんてきいたって……。いや、やはりちょっときいてみたいね（笑）。

高峰　どうせ本当のこと言やしないから。

近藤　そりゃそうでしょうね。ぼくになぜ結婚をしたかときかれても、ちょっと返事に困るものね。なぜ子供を五人もこさえたんだ、なんてきかれたらますます困る（笑）。

高峰　でも、結婚していればいえるんじゃない？

近藤　これがいえないんですよ。気がついてみたら結婚をしていた、というようなもんでね。

高峰　ずいぶん迷惑ね、奥さんは。

近藤　しかし相手をきらいだったら結婚しやしないんだから、決して女房に恥をかかせているわけじゃない。ただね、なぜ、と理由をきかれると困るんですよ。

高峰　何ごともそうなんだから、この対談よしましょうよ（笑）。

近藤　そうはいかない。ええ、高峰さんは、ご多忙でいらっしゃるから銀座など、ほとんどお歩きにならないでしょうね、なんてのからはじめましょう。

高峰　歩かないわね。ほんとうにウソみたいね。だから、たまに銀座に出ると、キョロキョロしちゃって……このごろどこにどんな店があるってことすら知らないんです。

近藤　銀座のことは地方のインテリの方が大体においてよく知ってますよ。天ぷらはどこに限る、ゲタはどこそこのでなくちゃア、なんてことをね。

高峰　私達は昔から知っているところしか行かないんですよ。買物でも食べるところでも、知らないところに行くと、まずサインの洗礼を受けて、じろじろ見られて。

近藤　サインの洗礼というけれど、スターになりたてはうれしいものなんでしょ。ああ洗礼を受けたい、受けたいと……。

高峰　あたしは、そういう思いをしたことがないの。四つのときからやってるので。

近藤　あなたの場合は、四つのときからスターなんで、なれっこになってるんだろうが、ニュー・フェースなんかで雑誌に二、三回載りました、というような連中は、往来を歩いてだれも振り返って見てくれなかった、ということが寂しいんじゃないのかな。そういうのがわれわれにハッタリをきかすんですよ。このごろサイン攻めで手首がくたびれます、なんてね（笑）。

撮影中は食気《くいけ》ばかり

高峰　人気は自分で作るんじゃなくて、人が勝手に作ってくれるんですから自分でつとめる必要はないのよ。

近藤　そんな、ほんとのことというと評判落すよ。女優は女優らしくカマトトでいかなくちゃ。

高峰　女優だってね、撮影中は毎日カレーライスかブリのてりやきくらいのものを食べてンのよ。カマトトというほどの暮ししてやしないんだから（笑）。

近藤　カマトトでなくブリトトか。まったく、撮影所の囲りには粗末な食べ物屋しきゃないね。

高峰　撮影所しきゃ対象がないからですよ。池部さんなんか、ダイコンおろしを注文してみそ汁で食べてるもの。

近藤　池部良がダイコンおろしでめし食ってるのをファンが見たら、いやンなるだろうな。撮影がないとき、どんなぜいたくなもの食べてるか知らないからね。

高峰　だから仕事に入ると食べることばかり考えて、まるでみっともないの。きょうは撮影所の前の食堂へ行って何を食べようか、夕方家へ帰って何を食べようかと、それぱっかり考えてンの。

近藤　色気がないね。

高峰　ぜんぜん。でも、これは仕事中のことですよ。くれぐれもいっとくけれど（笑）。

近藤　くれぐれもいっとかないと軽べつされちゃうね。

高峰　人気商売だからねエ、しゃべり方がむずかしいのよ。

近藤　そのせいか、われわれが会っても、ええとかいいえ、とかいうだけで、モノいわないのがいますね。アラを見せまいとして、結局あの女優はバカなんじゃないかと思わせるのが……。

高峰　それはしようがないんですよ、忙しいから疲れてもいるんですよ。

近藤　あんまり忙しくて勉強ができないから、したがって話題も持たないというわけか。

高峰　そう意地悪くいうもんじゃないわ。五本撮るところを四本撮って、あとの一本分を休んで、その間は静かに役に立つことに使ったらいいと思うんだけれど、なかなかそれができないんですよ。

人気はバクチと同じよ

近藤　人のことはいえないが、少し本数出すぎるね。アメリカのスターなんてのは年に一、二本だそうじゃないの。

高峰　金が違う違う、金が（笑）。一本撮ったら、三年遊べる金をくれる。

近藤　一ト月働いて一ト月食えない金を払う日本とはだいぶ様子がちがうね。しかしね、日本で一番荒かせぎをしているのは、人気スターと流行作家と流行歌手ですよ。これは、もうその辺の社長なんか逆立ちしたって追っつかないね。

高峰　流行漫画家はどうなの？　あたしたちね、お金入ることは入るけれども出るのが多いんですよ。

近藤　何でそんなに出るんだろう。あなたの性格では撮影所の裏表に万べんなくつけ届けなどしそうもないし……。

高峰　とんでもない、やりますよ。私は古いし、それに専属の人と違って、お願いいたします、といったようなもんですよ。今度こちらに来ました、よろしくというあいさつがいるんですから。気持よく仕事をするためにはね、門衛さんから小使さんにいたるまで気を配るんですから大変よ。

近藤　そういうことで、ずいぶん物いりなんだろうな。それに、料理屋へ行っても普通の人が三百円のチップでいいところを、千円やらなければならないだろうし。

高峰　だからフランスにいるときの方が金がかからなかったな。向こうへ行きゃ、あたしなんか全然普通の人だし、向こうでも別に当てにしないからね。

近藤　わたしゃ高峰秀子だ、といったって知りゃしないよね。

高峰　だからその方が本当のあたしの姿だと思ったり、本当は根のない商売やってるんだなと思ったり……。だからヤケクソになっちまうんだ。

近藤　自分のどこが受けているかと、はっきりわかれば、よしそれでいこうということになるんだろうが、自分が何で売っているのか、ちょっとつかめない商売だろうね。とんかつ屋がとんかつを売るのより、よほどバク然としている。

高峰　ほんとうは偶然ね。何か当て物みたいでばからしい気持ですね。だからあたしは、マージャンと同じで、ツクときはツクし、いくら焦ってもダメなときはダメだと思うの。

近藤　えらく達観したものだね、年の割に（笑）。

高峰　達観じゃないのよ、ヤケクソなのよ。そりゃあ努力はしますよ。しかし焦ったり背伸びをしたり、何か手の届かないものにかじりついている気持は、とてもいやだな、というように思うのは、あたしが怠けているからなんだわ。でもあたし、あまり無理をしないことにしたの。

近藤　年も年だからね（笑）。

高峰　あんまりあくせくしたり評判を気にかけたりするの、バカらしく感じる年ごろになっちゃったよ。

近藤　味方と敵と半分ずついると思ってりゃ気は楽さ。差引パアだもの。

高峰　あたしがきらいな人に、好きになってもらおうとは思わないな。

近藤　どうも話が地味になっちゃったな。脚本や監督は自分で選ぶんですか。

映画の魔術で〝魅力誕生〟

高峰　あたしの場合はフリーですから、来たものの中から、出たいものに出ればいいんです。十本の中から二本選ぶでしょう、だから当て物だというんです。それが良くできるか、悪くできるか……。

近藤　監督によっては、うんと細かい注文つける？　こういう顔しろとか、ああいう鼻をしろとか……（笑）。

高峰　相当細かい人がいるでしょうね。

近藤　細かいのと大ざっぱなのと、どっちがやりやすい……。

高峰　やりやすいというよりは、あたしは女優で何でもできるとうぬぼれているから勝手にやらせてくれた方がうれしいでしょう。あんまり細かい注文つけられると、ほかの人にやってもらいたくなるな。それじゃ人形ですからね。こういう顔を持っているから映画に出ているんだと思うと、情けなくなっちゃう。

近藤　顔を認めて演技を認めないってのは人権問題だね。

高峰　人形が人権を主張しちゃいけない（笑）。

近藤　ある撮影所へ行って、ある圧倒的に売出しつつあるスターを訪ねて驚いたね、あんまりひどい部屋にいたんで。

高峰　部屋があるだけいいんじゃない（笑）。

近藤　ああいうところをファンに見せたらコトだね。

高峰　見せたいわね。

近藤　夢が覚めるね。

高峰　スチームの通った事務所で、タイプたたいてる方が、どんなにいいか知れない。今なんか寒いでしょう、火はあるけれど、やっとすみっこにあるだけ。そこへいってあたってたら商売にならない。一日中、火のないところで冷え切っちゃって、お昼になったら、ちょっとコタツにもぐり込んで、まずご飯を食べて、それからまた冷たいセットに入る。泣きたいわね。想像がつかないと思うな、普通の人には……。セットへ行って仕事がはじまってもライトをきめてる間は、三十分でも一時間でも、そのままの格好でいなければならないんですからね。アメリカではスタンド・インを使うけれど。あれをお嬢さんたち見たら、女優になりたいと思わないんじゃないかしら。

近藤　相当の女優さんを撮影所に訪ねると、くたびれたスリッパをひっかけて、シュミーズの上に羽織かなんかひっかけてバタバタと出てきて、ちょっと待っててちょうだいね、なんてやってるね。まるでその辺のシルコ屋のおかみさんですよ。

高峰　映画の魔術ね。そういうところを見ていないから、ボーッとしちゃって、ワア素敵、なんてね。

近藤　あの姿を見るとサインなんかほしくならないよ。

タデ食う虫のサイン狂

高峰　それがあるのよ、ほしいって人が。こっちがガタガタ震えながら仕事をしているところへきてサインお願いします、とやられると、ゴヒイキさんで有難いってよりも、私はこうして仕事をしているんですよ、あなただってタイプライターをガチャガチャたたいているときに、目の前にサインしてくれと突き出されたらどうですか、といいたいんです。でもそうもいえないから、仕事中は勘弁して下さい、という。するとあいつツンツンしてイヤなやつだ、なんていわれちまう。

近藤　サインをもらって、どうするつもりなんだろう。

高峰　あたしだってジェラール・フィリップにサインしてもらって持っているもの（笑）。しようがないわね、これは。

近藤　ぼくに絵を描いてくれといって、ダメだと断ると、じゃあサインだけでいいという人があるけれど、ぼくのサインを持って行って何にするんだろう。

高峰　純粋なファンだといえばいえるわね、そういう人。

近藤　何の話からこうなったっけ。

高峰　撮影所の設備がよくないという話からよ。

近藤　そうそう、だから女優さんはみんな素晴らしくキレイな家をつくる。無理をして……。

高峰　ウップンを晴らしてるのかな（笑）。

近藤　フランスやアメリカの大スターの住居と日本のそれを比べてどうでしょう。やはり向こうが上等？

高峰　問題じゃないでしょうね。でもね、ジャン・マレーなんか船に住んでるんですよ。

近藤　水上生活者ですか、変なやつだな。

高峰　船であっちに行ったり、こっちに来たりして。

近藤　セーヌ河だから、それがピッタリくるんだろうな。コヤシ船の隅田川じゃいけないね。ジャン・マレーは船に住んでるけれど、フランスから帰った当時のあなたは自動車の中で寝泊りしていた、といううわさがあったね。

高峰　ヒドイな。自動車持ってなかったわ、そのころ。

近藤　じゃあ人の自動車か（笑）。

高峰　浮浪者みたいなもんよ。

近藤　だから早く結婚して……、いけないか、この話は。

高峰　あたしはアパートに住みたいな、きれいなアパートにね。つくづくいやになるときがあるの。外で働いてかせぐってことは、普通の家庭だったら、ご主人がやることでしょう。家へ帰ればやはりご主人で、それにこんどは奥様でもなければならない、家のことは全部、ガス代がいくらかということまでやらなけりゃならない。

近藤　普通の人に生れりゃよかったね。

高峰　普通の人なのよ、あたし。それが普通でなくさせられてるから、くたびれちゃうのよ。

近藤　何かと悩み多い国だな。フランスへ住んじゃおうと思わなかった？

高峰　お金があれば、いつまでもいたかった。向こうで借金しちゃったの、二千ドル。約八十万円でしょう。それを借りたら、いつ返せるか気になって、早く日本へ帰って働いて返さないと、と思うと、いたたまれないの。

近藤　貧乏性だね。

高峰　非常に貧乏性なんだ。貧乏性でクヨクヨしてるのが、人だかりの中でワイワイやられてるなんておかしいわね。まア見世物ですよ。

近藤　海坊主か。きれいな海坊主だね（笑）。

高峰　海坊主かサンショウ魚か知らないけれど、自分がだんだんなくなっていくのを、自分で一生けんめいに追っかけているような感じですね。

被害じん大のゴシップ

近藤　あなた、ゴシップってものをどう思う？

高峰　ゴシップのおかげでだんだん活字を信用しなくなったわね。読む方は七十五日で忘れてしまうかも知れないけど、与太のゴシップ書かれた方は一生覚えていますからね、被害じん大だな。だからまア、とても立派ないいぐさですが、自分は人に迷惑をかけないようにと思いますね。

近藤　ぼくもそう思うんで、匿名でものを書くのは全部断っていますよ。書く以上は責任を持たないとね。書いた方は原稿料もらって、一ぱい楽しく飲んで、与太書かれた方は泣寝入りってのは、どう考えてもよくないからね。

高峰　いい考えね。

近藤　われながら感心と思っています（笑）。ところで、あなたの勉強方法は……。

高峰　どんな風にって……まアまア、テープ・レコーダーにセリフを入れてみたり……その程度ですね。結局、撮影の前の日までに本をすっかり頭に入れちゃって、それが全部ですね。はじめからアクセクしてもしようがないんですよ。

近藤　本《ホン》の内容を頭に入れる日数は？

高峰　滅茶苦茶ね。一週間のときもあれば二、三日のときもある……。

近藤　文士劇みたいなもんだね（笑）。

高峰　大体無理ですよ。やりながら読んで覚えていかなければならないんだから。始まる前に頭に入れて、始まったら台本なんか見ないでもやれるようにしないと、不安でしようがない。お金をもらっている以上は、それくらいの責任を持ちたいと思うの、殊勝でしょ（笑）。

一金五円ナリで涙の子役

近藤　割合、いいところがあるね（笑）。

高峰　だから主役が二本、端役が二本、年にそのくらいがちょうどいいな。

近藤　「二十四の瞳」で先生をやったでしょう。先生の研究はどういうふうに？

高峰　別に……。

近藤　何となく？

高峰　そう、何となく。行き当りばったり。

近藤　才能があるよ。あまり寂しがらなくてもいいよ（笑）。

高峰　まだ使ってもらえるかしら。

近藤　使ってやる、使ってやる。

高峰　もう長いからね、もうぼつぼつダメになるころじゃないか、と思ったりすンのよ。

近藤　まったく長いね。こないだ雑誌を見たら、上の学校に行けないことになって、えらく悲しんだと書いてあったな。

高峰　ええ、女学校にね。結局文化学院に一年半行ったけど、クビになっちゃったの、行かれないんですよ。一ヵ月に半分出れば勘弁してやるというんですが、半分どころか、一週間も行けないんですよ。そのころ女学校を出た女優さんはあまりなかったので、どうしても行きたかったけれども、行けなかったでしょう。その当時から、いまだに恨んでいる。とても貧乏だったんだ。食べるのがやっとだったんだ。

近藤 そのころは月給は?

高峰 七十円の月給。

近藤 七十円の月給で日本中を泣かせたんだね。涙の子役……。

高峰 十四から七十円よ。涙の子役のころは五円。

近藤 月に? よくまた出したな(笑)。

高峰 あたしは一本いくらというのは、おそいの。

近藤 損をしたね。

高峰 大変な損をしている。

近藤 「馬」のころも月給?

高峰 そう。「馬」のころは、百五十円ぐらいだったかな。……いや、違う、百円もらってなかったな。あのころ百円スターというのがはやったもの。

近藤 初めて会ったときに、実はビックリしたよ。そのときの記念写真が家にあるけれどね、名前は雷のごとく承っていたので、すごいお屋敷に住んでいるかと思ったら、おれの家とあまり違わなかった。

高峰 十五、六年前ね。年がわかっちゃうな(笑)。

近藤 もっと前だ(笑)。

高峰 苦労をしたからいいということはないけれども、とにかく貧乏をした。だから貧乏しても平気なんですよ。

つきない金の苦労

近藤 どのくらい貧乏だったかという一例をあげなさい。

高峰 大森のアパートにいたころ、東宝に来る前ですが、大船まで通う定期が買えないの。それで小学校が大崎だったんで、駅の出札口でこうやって背を盗んで「あのう大崎までクダチャイ」と子どもの声を出して子どもの定期を買ったんですよ。そういう苦労をしたことを覚えています。

近藤 松竹に請求書を出して、鉄道の方に借金払いをしなければならないね(笑)。

高峰 寝覚めが悪いな(笑)。

近藤 松竹へは応募で入ったの?

高峰 そう。「母」という鶴見祐輔さんの映画で女の子を募集したときに、うちの父があたしを連れて撮影所に見学かなんかに行って、そのときに首実検に五、六十人ならんでいた子供の一番おしまいにくっついていたら拾われちゃった。それでズルズルベッタリ、もう一本、もう一本で今になっちゃったんです。

近藤 見学に行かなかったら運命がまるでちがっていて、漫画家の女房かなんかになっていたかも知れない(笑)。

高峰 よほどうまくいってね(笑)。

近藤 ボーナスいくら、なんてやっている。

高峰 あるいは結婚相談所なんかに通いつめて……(笑)。でも、どっちがよかったかわからない。

近藤 世話女房になって、子供のおシリを追いかけていた方が、あるいはしあわせかも知れない。割引でチャンバラ見たりしてる方がね。

高峰　少しばかり名前が出たって、死んで皮が残るわけじゃないし。

近藤　あなたの皮なら残したいね（笑）。女優やめようと思ったことありますか。

高峰　やめたいと思うことがあっても、もう少し現実的ですからね。貯金もないし食べさせてくれるダンナ様がいるわけじゃないし、やめるわけにいかないでしょ。

近藤　あなたが貯金がないというと、ほんとうにないような気がするね。

高峰　うまくタブラかしたか（笑）。

近藤　あるはずがない。出演回数が少なすぎる。

高峰　それに決して出演料はまとめてくれないから。

近藤　月賦？

高峰　少しずつ、少しずつくれるんですよ。だからいつも追っかけられてるの。まとめてくれると目につくし、必要なだけ使って、あとは貯金もできるでしょうが。

近藤　印税と同じだな。しかもあなたは主演俳優でダブって出ないから損だ。

高峰　どうして、こうシケた話になっちゃうんだろう。

近藤　雑誌が正月号だからね、めでたい話をやるのが常識だけれど、意表に出て、人々の反省をうながそうというわけだ。一休和尚の心境ですよ（笑）。

高峰　相当うながしたわね、きょうは。

近藤　もう少しうながそうか。

高峰　勤人の娘さんが二千円を月給の中からさいて洋服を作るのと、あたしが二十万円のお金に苦しいというのは、月とスッポンというかも知れないが、苦しいのは同じなんですよ。だから出たくないものにも、つい出てしまう。一本出れば台所も直せるし、ヘイもちょっと直したいと思うでしょう。

近藤　ご同様だね。われわれもつい、くだらない雑誌の仕事をしてしまうが、程度の低い雑誌の方が原稿料はいいんです。

高峰　同じですよ。おシリをまくって、歌でも歌っていれば、もっとお金が取れるかも知れません。ウワーみみっちい話だ。

報酬にかえられぬ仕事

近藤　一流大女優も根はみみっちい、と世間に知らせることは慈善事業です。みんなが安心する。ぼくは大漫画家じゃないけれど、旅行して、宿屋へ着いた時から宿泊料の心配をしているくせに、わざと空っとぼけて、すっかり帰り支度をしてしまってから「そうだ、そうだ、会計々々」なんていってね。みみっちいくせに、ささやかな名前を意識して、おうように振舞う。なっちゃいないな。

高峰　太宰治という人は、そういうことをはっきり書いているでしょう。だから大好きだ。あたしなんかも入ったときから、帰りにどのくらいチップを置いたらいいだろうと考えてます。

近藤　会計が千九百円だから、二千円やって、おつりは要らないといって百円をチップにするか、しかし百円では少ないかな、おれは近藤日出造だから……（笑）。

高峰　ほんとうなのよ。そういうことにグチグチしている自分がいやになる。

近藤　われわれは一日のうち何時間お金のことを考えているんだろう。資本主義の犠牲者だな。

高峰　でも、仕事をしている間は忘れるでしょう。

近藤　仕事をしている間も忘れないのは実業人だな。気の毒なもんだ。

高峰　仕事をやっているうちは夢中になって一生けんめいにやって、これが報酬だとお金をもらうと、何百万円もらっても引合わないような気がするの。そのときの真剣さを考えると……。

近藤　オレのあの真剣さを、三千円に換算しやがったか、なんて思うと面白いね。少し体裁のいい話をしようか、口直しに（笑）。自動車どこで買ったの、向こうで？

高峰　こっちで。あたし自動車を持ってる者の中で一番あとにしようがなくて買ったんです。

近藤　必要だな、あなたには。

高峰　本当に必要なんです。都内ロケなんか自動車の中で化粧をしたり髪も結わなければならないんです。朝七時ごろに家を出て渋谷に出て、バスや電車の停留所に立っている人達を見ると、なにかすまない気になって悪いことをしているみたいに伏目になるんですよ。

近藤　犯人だね。しかしいいとこあるよ。自家用車の中からバスや電車に乗る人たちを見て、余計そっくりかえるやつが多いんだからね。オレは意気地があるんだ、と思ってね。

高峰　そんなの長続きしないな。

近藤　それが長続きするんです。だからいやンなっちゃうんだ。

（こんどう　ひでぞう・漫画家）
（『週刊読売』'55年1月2日号）

高峰秀子の部屋

●アンケート

大正人は今こう考えている

質問事項
①大正時代で最も印象に残っている人物は。
②大正時代をもっと知りたいと思いますか。
③竹久夢二の女性像は好ましいと思いますか。
④大正時代に生まれてよかったと思いますか。

高峰秀子（大正十三年生まれ）

①やはり、作家の芥川龍之介でしょう。純粋さが身にせまります。とくに「奉教人の死」「藪の中」は新鮮で魅力があります。

②大正は、明治、昭和のカゲにかくれて、知られていない部分が多い。もっと知りたいと思う。

③いいのもあるし、感心しないものもある。当然のことですが、遠景として黒猫や黒船をあしらったものには興味をそそられる。少しべたつき気味なのが気になります。

④大正時代は頼りなくてしょうがない。明快な明治に生まれたかった。

（『大正および大正人』'77年8月号）

高峰秀子へ質問攻め…………

高峰秀子さんにおたずねします

高峰秀子　Takamine Hideko

――新家庭の朝・昼・晩というところから一つ……

高峰　結婚して、まだ三カ月しかたっていませんので、正直なところ何が何だかわかりません。主人は家でシナリオを書いたり出かけたり、私も仕事が始まると家にはまったく落ちついていない悪い奥さんです。

でも、お互に仕事の理解さえあればこまかいことは何とでもなってゆくのではないかと思います。といっても、それに甘えていないで、とにかくいい奥さんになること、それが私の今の望みです。

――今、お撮りになっている作品は？

高峰　木下惠介先生の「初恋」に出演しています。劇の背景に飛驒の高山を選んだので、二十日間のロケーションにゆきました。町には小川が流れ、柳があって、美しい山にかこまれたきれいな町でした。そこに住む平凡な若い未亡人に私がなって初恋の人に再会するのですが、女にとっての家、心、時間、恋のいろいろのものがどう表現できるか、目下不安の真最中というところです。

――最近ご覧になった映画で感銘ふかかったものは？

高峰　映画そのものより「スタア誕生」のジュディー・ガーランドの演技と、「現金に手を出すな」のジャン・ギャバンの演技が今でも心に残っています。

――花が大へんお好きとか伺っていますが、ご自分でお活けになることがありますか？

高峰　活花などというものではありません。手あたり次第のメチャメチャ流ですが、お花はぜひ習いたいものの一つです。

――洋服など気にいると四年も五年も愛用されるそうですが、そのことについて……

高峰　自分の色と流行についてはとてもガンコです。気に入った服地は二着も三着も型を変えて作るのです。また、女優の仕事をしているくせに、何カ月も服を作らない時もあり、四年も前にアメリカで買ったコートは、七分のコートになり、短いジャケットになり、いまだに愛用しているのです。

――身長、体重、バスト、ウエストを……また美容法も……

高峰　身長は五尺二寸、体重は百ポンド（十二貫）、バストは三十三インチ、ウエストは二十三インチです。美容法は別にありませんが、よく眠ること、寝る前にはお化粧を全部落すことです。

――このごろ流行のファッション・ショウについての映画人としてのご感想は？

高峰　日本で着られないようなスタイルは興味がありません。美人は何を着ても美しいのだと思いますが、個性というか、人間味というか、そういうもので服を着る、そんなショウがみたいと思います。

――いわゆる広告のモデルとしてのお考えは？

高峰　フランスから帰って最近までどこの会社とも広告モデルの契約をしていませんでした。こんなことをいうと、ナマイキだといわれるかも知れませんが、その商品を使ってみて、あるいは他の方がお使いになって、「なる程よい商品」、「すぐれている」とわかり、まあ早くいえばその商品が私に納得がいかないとなんだかその商品の広告モデルとして契約することはいけないことだと私は思っていたからです。

ところが、このたび、〝松下電器・ナショナル〟と広告モデルの契約をしました。ナショナル製品は信頼できる電化製品だと、私の知人やお友達もいっています。ですから今後皆様とはスクリーンのほかに、ナショナル製品とともにお目にかかるわけで、私は広告モデルとしても、よい仕事をしたいと思っております。

（『アサヒグラフ』'55年7月20日号）

エッセイスト高峰秀子

●エッセイスト高峰秀子

高峰さんの文章

鈴木文彦
Suzuki Fumihiko

「オール讀物」の担当編集者として平成八年（一九九六）四月から五年間、高峰秀子さんのエッセイをいただいた。「にんげん蚤の市」の途中からで「にんげんのおへそ」「にんげん住所録」に収録されている計二十本だから、均らすと年四本。連載が理想、せめて隔月を目指したが力及ばずであった。

「今月はいかがですか?」の御用聞きに、「ダメです」「書けません」「お仕舞いです」と誠に歯切れのよい、取りつく島もない返答がかえってくる。だがたまには二、三日して、「週刊文春」にいた斎藤明美さんが飛んできて「松山先生が、何か書き出してるようだと言ってます」と教えてくれる。

とりかかれば早い。あっという間に、あの司馬遼太郎氏が「割れた鐘をついたみたいな」と表現した枡目いっぱいの勢いのいい字の原稿が届くのである。

押したり引いたりして貰った原稿で思い出深いのは、「私だけの弔辞」（平成十一年六月号）である。

前年の十月号で「クロさんのこと」という黒澤明監督の思い出を、訃報後三日ほどで書いてくださっていた。そしてその年末に木下惠介監督が亡くなった。

高峰さん松山さんの仲人であり、十三本もの輝かしい傑作を作ったいわばコンビである。是非に、と粘ったが「ダメです」「書けません」。ところが半年近くたって、ポンと「私だけの弔辞」が送られてきたのである。「不要なら返却ください」の添え書きがあった。心の静まりに時間を要したにちがいないと得心した。

やりとりはほとんどが電話とファクスで、たまに手紙とハガキが混じる。お会いしたのは対談やインタビューを含めても七、八回だったのではないかと思うが、時間に厳しく正確で、無駄が一際なく、緊張のしっ放しであった。

木下惠介が「秀ちゃんは女じゃありません。男です」「秀ちゃんには女っぽいところなんか全然ないもの、立派な男です」と言い、梅原龍三郎には「君は半分男、半分女みたいな僕の友人だ」と言われた高峰さんである。

背筋がピンとして姿勢よく、潔しのオーラが漲っている。文章が醸す感覚と執筆者の雰囲気がこれほど一致している人も珍しい。

私がお目にかかって直後に、山田風太郎氏に高峰さん体験を話した。長年にわたり、風太郎さんの高峰秀子讃を聞かされていたので、自慢したかったのだ。おふたりとも極端な出不精で、ついにお引き合わせの機会はなかったが、著書の往来や手紙のやりとりはされるようになった。

その風太郎さんが「美人なうえに筆が立つ」と感心した文章について二、三、感じたことを記してみる。

学校に通えぬ裏返しの向学心と、家で養母に禁じられた活字への渇望から、無類の読書家になっていった高峰さんは、十代半ばで「自分から女優というものをとってしまったら何もない、そういう人間になりたくないと思った」という。

もともと派手な女優業に執着がないところに、周囲には谷崎潤一郎、志賀直哉、川口松太郎はじめ超一流の文人たちがいた。そして往年の大編集者、池島信平と扇谷正造がその文才に惚れこんで、日本エッセイスト・クラブ賞を受賞する「私の渡世日記」が生まれ、文筆家高峰秀子が誕生する。

エッセイストになるべくしてなった高峰さんだが、その最大の幸運は梅原龍三郎との出会いだったと思われる。

「この人のためにと思える人物に出会え」たと高峰さんが評した梅原の影響は、見たがままに文章に書こうとする発端になり、文体にも及んでいるのではないか。対象をまっすぐに観察すること。感じた思いを素直に力強く表現すること。

中川一政、石井鶴三、棟方志功ら画人たちの絵に対する文章に共通する率直さ自由さが、高峰さんの文章には感じられるのだ。

たぶんそれは、極上の人間鑑定であり「ピッコロモンド」などでの美術鑑定で養った〝目〟で、女優でも文筆家でもなく人間高峰秀子が書いているという迫力が伝わってくるからであろう。

（元文藝春秋編集者）

▶エッセイスト高峰秀子…………

コーちゃんと真夜中のブランデー

高峰秀子

Takamine Hideko

両掌に七つの眼鏡

あれは何処の劇場だったか、演目《だしもの》は何だったのか、みんな忘れてしまったけれど、忘れられないのは、あの日のコーちゃんである。私はその日、コーちゃんの舞台を見に行った。開演前に楽屋へコーちゃんを訪ね、メーク・アップをする鏡の中のコーちゃんと冗談を言いながら笑っていた。開演十分前のベルが鳴ったので、私は「さァて」と立ち上がってハンドバッグをまさぐった。眼鏡が無い。私はど近眼である。眼鏡がなければ舞台もコーちゃんもボケボケにかすんで、なにひとつ見ることはできないのだ。

「コーちゃん、ダメだ、私、眼鏡忘れてきちゃったよ……」

いきなりコーちゃんが立ちあがり、楽屋着のまま廊下へ走り出て行った。どこへいったのかな……と、私は飲み残したコーヒーをすすりながらコーちゃんを待った。

「あった、あった……」と、コーちゃんが駆け戻って来た。その両掌に、男もの、女ものの眼鏡が、なんと七つも乗っていた。

「どうしたのさ？　それ」

「借りてきてやったんじゃない、あんた眼鏡忘れたって言ったろう」

「誰から？」

「裏方さんから。大道具、小道具、美術さん、衣裳部さん……眼鏡かけてるヤツって多いんだね」

「みんなの眼鏡はずしてきちゃったの？」

「そうだよ、どれか合うだろ」

「冗談じゃないよ、みんな困ってるよ」

「大丈夫だよ、三時間くらい眼鏡がなくたって死にやしないさ、へへ」

　楽屋の表にガヤガヤと人が集まっている。コーちゃんに眼鏡をはずされた裏方さんたちが、不安そうな眼つきで立っていた。

　その中の眼鏡を借りて、コーちゃんの舞台を見たかどうかも、忘れてしまったけれど、心に残っているのは、突発的、衝動的、親切のかたまりみたいなコーちゃんの人の好さ、オッチョコチョイさかげんである。そのコーちゃんが、死んでしまった。

　コーちゃんよ。お前さんが死んじゃって、デコちゃんは困っているよ。お前さんが生きていたころはさほど困りもしなかったのに、いなくなったら毎日毎日お前さんのことを思い出して、日頃あんまり出ない涙まで出てくるんで全く困っている。つまり、淋しいってことなんだね、こういうのが。

　私たち、コーちゃんとデコちゃんのつきあいなんて、二人が生きた五十六年間の中の、日数にすれば、そう、通算して五十日足らずのことだったけれど、伝法な口のききかた、意外と人見しりするところ、あんまり利口じゃないところ、計算に弱いところなど、二人は似たところがたくさんあったよね。

　計算に弱い私をつかまえて、コーちゃんは「ネ、デコちゃん貯金ある？　私ないよ。貯金ってしてみたいなァ、どうすれば貯金ができるの？」なんて、子供みたいなことを言っていたけれど、その後、あこがれの貯金がどうなったのやら、聞いてみようにも、もう、コーちゃんはいない。子供っていえば、コーちゃんは有名な浪費家でさ、お金も持たずに贅沢な衣裳やアクセサリーを買い散らかして歩くので、マネージャーの岩谷時子さんが無い袖を振りながら、あちこち飛びまわって借金のあと始末に青息吐息、「ほんとうに、子供みたいな人でねぇ……」って苦笑いしてたから、まあ、貯金は無理だったかもしれないね。

歌うか踊るしかない

　シャンソンの女王、越路吹雪っていえば、高価なコスチューム、ゴージャスなステージ、こぼれるような笑顔と魅力的な歌声、貫禄充分な大アネゴっていうのが観客のイメージだけれど、舞台からおりて楽屋へ入ったコーちゃんは、精根使い果たしてボロボロに疲労し、しぼんだ風船みたいになっちゃって、このままバッタリ倒れて昇天しちまうんじゃないかって、囲りの人がいつも心配していたくらいだってね。たぶん、客席の拍手が大きければ大きいほど、コーちゃんの疲労もまた、雪ダルマを転がすように大きく、大きくなっていったにちがいない、と私は思うけど、違う？　それは、私たち芸能人が持つ当りまえのことかもしれないけれど、コーちゃんのように、ただ真ッ正直で要領の悪い人には、歌う喜びより責任の重さのほうが、コーちゃんをがんじがらめにしていたんだろうね。

ホラ、おぼえてる？　東宝撮影所の結髪部で、コーちゃんが膝小僧をさすりさすり言ったっけね。

「このごろ膝小僧に水が溜るんだよ、お医者に注射器で水を抜き取ってもらうと、そのときは楽になって踊れるんだけど、また倍くらい水が溜っちゃうの」

「そんな膝で、バタバタ踊ることないじゃないの、しょうのない人だ」

「そんなこと言ったって、私なんか踊るか歌うしかしょうがないんだから、しょうがないじゃないか。じゃ、どうすりゃいいのサ」

「…………」

踊っては疲れ、歌っては疲れ、のくりかえしを続けるコーちゃんを見るたびに、私はまた、二人の初対面のときの会話を思い出して、チクリと胸が痛んだものだった。

コーちゃんとデコちゃんがはじめて会ったのは、昭和二十五年の秋、だったかしら？　おなじ年の宝塚スターと映画女優の顔合せとやらで、あれは、たしか婦人雑誌の正月号のための対談だったよね。

対談の前に、私ははじめて舞台の越路吹雪を見て、心底仰天しちまった。コーちゃんは男役でカウボーイの扮装をしてたっけ、お芝居のほうはあんまり感心しなかったけれど、歌の上手さといったら、全くズバ抜けて素晴らしかった。

対談が終ってから、料亭だかどこだか忘れたけど、とにかく廊下があってさ、その廊下で別れぎわに、私言ったんだよね。

「越路さんは宝塚からハミ出している人だと思うの。もっと広い大きな場所に出て歌ったらどうですか？」

「そんな話がないでもないけど、こわいなァ。ウーン……じゃ、やってみようかな」

コーちゃんはテレたように顔を赤くしてそう答えたっけ。でも、いま思うと、私はあのとき余計なことを言ったような気がしないでもないの。

それからほんの何カ月か経ったとき、コーちゃんは突然宝塚から飛び出して、ミュージカル「モルガンお雪」で華やかにデビューしたのだった。モルガン役が古川緑波さん、そして若かりし森繁久弥さん、お雪役の越路吹雪さん。三人の、なんとも魅力的なステージは、いまでもハッキリと私の脳裡に焼きついています。二丁拳銃のカウボーイ姿から、水もしたたる芸者姿に変身したコーちゃんは、美しくて上手で、帝劇の舞台がパアーッと明るくなったっけ。「やったな、コーちゃん」と、私の鼻までピクピクするほど、あのときは嬉しかったよ。

タクシーで飛んできて……

当然のことだけど、コーちゃんとデコちゃんは結婚前には独身時代ってのがあったよね。コーちゃんはいつも、トツゼンというかんじで私の家へ泊りに来たっけ。夜の夜中に、ジリジリと電話が鳴る。「モシ、モシ、私、河野ですけど……」という小さな猫撫で声はコーちゃんである。

「なんだ今頃、いま何時だと思ってる！」

「だってサ、眠れないんだもの、あんただって起きてるじゃない」

「私は寝てますよもう、電話が鳴ったから起きたんですよ」

「だから、つまり起きてるんじゃない。とにかく、いますぐ行くよ」

そして寝巻きを胸にかかえてタクシーで飛んできては、私のベッドにもぐり込んだっけ。ベッドに入ったといっても眠るわけではない。「ネ、ブランデー、あるだろ。持ってきてよ」と、私をコキ使う。私は当時、酒をのまなかったから、コーちゃんの相手はできなかったけれど、友人の米軍兵士にPXで買ってもらったブランデーやウイスキーを持っていた。コーちゃんは、私からブランデーの瓶とグラスを受けとるとイソイソと起きあがって、ベッドの背板にもたれて、グイグイとブランデーを飲みはじめる。私は眠い。いや眠くなくても眠らなくてはならないのだ。明日もまた早朝に撮影所へゆかなくてはならない。寝呆けヅラをステージに持ち込むわけにはいかないのだ。……二時間もたつと、コーちゃんもそろそろ出来上ってくる。

「オイ、眠っちゃいかん。あんたが眠れないって言うから、来てやったのに……」などとグズグズ言っているけれど、私は寝たふりをして返事をしてやらない。ブランデーの瓶が大方カラに近くなると、コーちゃんはやっとグラスを置き、掌一杯の睡眠薬をあおって、やっと床についた。

静かな部屋の中で、となりに眠っているコーちゃんの、トントコトン、トントコトン、という、かすかな心臓の音を、寝そびれた私は耳をすまして聞いていたっけ。コーちゃんはあの頃からひどい不眠症だったよね。

朝になると、コーちゃんはボーッとした顔をしながらも、「これからレッスンにゆかなくちゃ」と言って、ふらりと玄関を出て行った。なんだか淋しそうだった。思えばコーちゃんにとってあの頃は、八方破れ。嘘と落し穴ばかり掘る苛酷な芸能界は、温床のような宝塚時代に比べれば、いろんな意味で辛い毎日だったのかも知れないね。私のお古のロングドレスを喜んで貰ってくれて、ステージで着ていたのも、あのころだった。いつまで経っても、二人とも貯金ができなかったね。

優しくけなげな奥さんだった

私が結婚したのは、昭和三十年だった。貧乏だったので、披露宴のお客様はたったの二十六人。コーちゃんは、め一杯のおめかしをして出席してくれたっけね。

コーちゃんとデコちゃんは大正十三年の子年生れ、コーちゃんは二月生れでデコちゃんより一カ月先輩なのに、コーちゃんはふざけると、いつもデコちゃんを「お姉《ネエ》、お姉」って呼んでいた。

披露宴で、私のウエディングドレスをひっぱりながらコーちゃんは言ったね。

「お姉、うめえことやったなァ、いいお婿さん見つけてさ、私も真似しようっと」

それから四年後の昭和三十四年、コーちゃんは、内藤法《ツネ》美《ミ》さんという素敵な青年と結婚した。

ねえ、コーちゃん。私の結婚も倖せだったけれど、コーちゃんの結婚も倖せだったよね。コーちゃんという花は、ツネミさんとの結婚によって、いっそう豪華に開花したんだもの。コーちゃんだってそう思うだろ？

舞台の上のコーちゃんは大輪のバラみたいだったけれど、素顔のコーちゃんは、まるでタンポポの花のように可憐で素朴な人だった。八百屋や魚屋にも自分で買いものに行って、お前さんのツネミさんのために料理を作る、優しくけなげな奥さんだったものね。でもサ、とつぜん電話をかけてきて、「ネエ、雑巾のしぼりかたっての教えてくれイ」なんて言ってたから、家事のほうはあまり得意じゃなかった様子だけど。

「雑巾がしぼれないなんて、ほんまにアホとちゃうか？両手に持ってヒネればいいんだよ」

「分ってる、でも私がヒネるとね、なんだかネジくれて元へ戻らなくなっちゃうの」

「ヘンだねぇ」

「ヘンだよゥ、全く……とにかくお巡りさんにつかまったみたいになっちゃうの」

「？……」

二人はまた会えるよね

コーちゃんが入院したとき、うちの夫・ドッコイ（松山善三）が真剣な顔をして言ったの。「コーちゃん入院したぞ、どうにかしなくていいのか？」って。私は返事をしなかった。どうにか出来ることじゃない。誰にでも愛されて、なにひとつ悪いこともしなかった、あんなに底ぬけに良い人が、そんな悪い病気にかかる筈がない。すぐにケロリとなおって退院してくる、そうに違いない……私は、そう信じていた。でも、コーちゃんは死んじゃったんだってね。

十一月七日。コーちゃんが眼を閉じた日、私は仕事で仙台にいたの。そして八日は山形。だからお通夜にも行けなかったけれど、例え東京にいたとしても、私、お通夜にいったかどうか分からない。だってコーちゃんの死に顔を見にいったって、コーちゃんは生き返っちゃくれないだろう？　そして、ツネミさんの顔を見るのはもっと辛くて、意気地なしの私には到底、勇気が出ないもの。

十一月十日の夜、テレビでコーちゃんの舞台姿を見て、デコちゃんは一人で「オーン、オーン」って泣いちゃったよ。そして、思ったの。

「死んだのは残念だったけれど、人間は引き際が大切さ。コーちゃんって花は、まだ充分に美しく魅力的なときに散ったんだ。ドライフラワーになっちまって、もとシャンソンの女王なんて言われるより、サバサバ、サッパリとした、コーちゃんらしい見事な引退のしかただった」

そうでも思わなければ、とてもあきらめきれないよ、デコちゃんは。それにしても、コーちゃんのような良い人が、憎まれッ子の私より先に逝くなんて、ほんとうにもう「してやられた」っていう感じで口惜しいよ。

でも、ま、私もおっつけ、そちらへ参ります。もし、あの世というところがあるならば、二人はまた会えるかもしれないね。お前さんはいつも私に、「芝居は苦手だよ、デコちゃん教えておくれよ」って言ってたけど、そのときには落ちついて、たっぷりと、私の知る限りの芝居を教えてあげようね。その代りにサ、私にも「歌」を教えて頂戴。あの上等な赤ブドー酒のような、芳醇でまろやかな、心にしみる、コーちゃんのシャンソンの秘訣を、誰にもナイショで、デコちゃんに教えておくれ！

（『潮』’81年1月号）

●エッセイスト高峰秀子

私のなかの〝杉村春子〟

高峰秀子

Takamine Hideko

私には友人が少ない。だいたい俳優という商売は、芸を切り売りする一匹狼で、それぞれがお山の大将だから、仕事の上の友人づきあいということはあり得ないのではないかと思う。

私は、幼いころから、喰べるがために、イヤもオーもなく映画ひとすじに歩んできたものの、キャメラの前であられもなく泣いたり笑ったりする俳優という仕事が、いまだに苦手である。ハッキリいえば嫌いなのだ。そんな私が、演技が好きで好きで、俳優になりたくてなりたくてなった俳優サンたちの中にまざって芝居をするだけで、もうなんともいえぬコンプレックスにおそわれるし、抵抗もあってつらい。

そんなダメ女優の私を、叱咤激励して下さるのは、私の尊敬する名女優・杉村春子先生である。杉村先生その人とは、年に一度か二度ほど、どこかでヒョッコリ顔を合わすだけだけれど、舞台やテレビで杉村先生の名演技に接するたびに私は、私がいかに怠け者であるかを思い知らされてガク然となり、少々奮起もして、またぞろ仕事に精を出す気になるのだから不思議である。私が曲がりなりにも五十年も俳優業を続けてこられたのは「そこに、杉村春子がいたから」かも知れない。だからといって、私は杉村春子ではないし、杉村春子になりたい、ということではない。また、なれるはずもない。観客として、ファンの一人として、杉村先生の名演技にみとれているうちに、無意識に、私の中にある俳優としての良心?がチクチクと刺激される、ということだろうか? もう、お若いという年齢ではない杉村先生の演技は、いまもますます冴えるばかり、まことに花も実も充実した名優である。

私にとって、杉村春子はいったい何なのだろう? もちろん友人ではない。恩師というのもピッタリしないし、よき先輩というのでもない。ま、そんなことはいいとして、世の中には、あちらさんは何もご存知ないのに、こちらさんだけが一方的にトクをしている。そんなことがよくあるのではないかしら?

(『文藝春秋』'80年3月号)

高峰秀子
語録

私が曲がりなりにも
五十年も俳優業を続けてこられたのは
「そこに、杉村春子がいたから」
かも知れない。

◆「私のなかの〝杉村春子〟」より

▼続いっぴきの虫——男、読むべからず

女はいつも跡片づけをさせられる

高峰秀子
Takamine Hideko

戦時中、私たち女優は慰問団を組んで「明朝未明出撃」という特攻隊の前で歌った。今回は〝間違いなく〟死んだ男たちのとばっちりを今なお受け続けている女たちを訪ね歩いた。そして新しい「戦前」を感じた。

一大集団ゲンカの巻添え

世界には三十六億の男と女がいる。そして三十六億の人間のひとりひとりが、それぞれ違う個性をもち、違う顔をもち、違う心をもっている。あたりまえじゃないか、と笑われるかもしれないが、私はなんとなく気味が悪くてしかたがない。

五十年近く、この世に生きてきて、私は私なりにおおぜいの人間をながめてきたけれど、たしかに人間は興味深い。人間ほど複雑で深く、人間ほど単純であさはかなものはない、とつくづく思う。いろいろな人間を見ていると、だから人間は仲良くなれるのだと思うし、だから人間はケンカをするのだとも思う。

たった一組の男と女、夫婦でさえケンカは起きる。口ゲンカやら取っ組み合い、冷戦、あるいは刃傷ざた、離婚——。夫婦の折り合いが悪ければ「ハイ、さようなら」と離婚のハンコ一つですむけれど、集団のケンカとなるとそうはゆかない。こぜりあいはエスカレートして、憎悪の果ては、凶器をともなう殺し合いになり死人が出る。国と国との戦争という一大集団ゲンカもある。人を殺し合うことの、どこに、どんな大義名分があるというのかしらないが、昨日もきょうも、世界のどこかで小ぜり合いはつづいている。

戦争はいつもあさはかな男どもが、いつのまにかおっぱじめるが、割りを食うのは、いつも女に決まっている。

第二次大戦から二十七年。私たちのまわりにも、いまだに男たちのとばっちりを、われとわが身にうけたキズとして持ちつづけているおおぜいの女たちがいる。ままごとをしても「跡片づけ」をしないのは日本の男性の習性？　なのかもしれないが、つぎのことばを聞いて、まさか、木枯し紋次郎じゃあるまいし「せっかくでやすが、あっしには、かかわりあいのないことでございやす」といいきることはできまい。

◆　◆　◆

「長男には期待をかけていましたが、二十一歳で兵隊にゆき、終戦の年に死亡通知がきました。遺骨といっても、白木の箱には〝戦士した場所の土〟だという一握りの土が入っていただけで、私には息子の死を信じることができないのです。いまでも、あの横井さんの亡くなったお母さんのように、息子の帰りを待ちつづけています。

戦争がまた起きたら、などというまえに、戦争は、けっしてふたたび起こしてはならないと思います。石井リン　六十九歳」

◆　◆　◆

特攻隊の慰問に歩いた私

女は、いつも誰かを待って一生をおくる。結婚すれば夫の帰りを待ち、母親になれば子供の帰りを待ち、祖母になれば孫の帰りを待つ。待つことに期待をもてる女は幸せだが、生死の知れぬ息子さんの帰りを、ひたすら待ちつづける母親の心は、どんなに不安でいらだたしいことだろう。

私の夫（松山善三）の兄もニューギニアで戦死したという。白木の箱には、やはり一握りの砂が入っていて、母はその砂を指の間からサラサラと落としてはすくい、すくっては落としながら泣いていたという。私の夫も「いつかはニューギニアへ行きたい」という。ニューギニアへ行ってどうするというあてもないけれど、兄貴が死んだというその土地に立って一言「兄貴！」と呼びかけたいのだそうだ。

私は戦争で肉親を失った経験がないので、そういう切実な涙や願いがもうひとつピンとこないのだが、戦争で散った若い命の、ありし日の顔を数えきれないほどこの眼で見てきた。戦時中の映画に女の出る幕はなく、私たち女優は慰問団を組んで、もっぱら陸海軍の基地や病院を走り回っていた。敗戦も近くなったころは、毎日のように「明朝未明出撃」という特攻隊の前で歌った。

間違いなく死ぬために、片道だけのガソリンを積んで飛びたつという特攻隊員たちは、まだ少年のあどけなさの残った顔ばかりだった。私は舞台の上で棒立ちになったまま泣き出し、彼らもまたコブシで眼をグイグイとこすって泣いた。帰途、夕暮れのなかに、きちんと整列した彼らは、手を振って私たちのトラックを見送ってくれた。真っすぐな道をトラックは走り、彼らの姿は豆粒のようになって、やがて消えた。私たちは、ただ押し黙ってトラックの上で揺られているばかりだった。遠い道のりや急ごしらえの舞台での慰問は疲れたが、そのつどの、彼らに会うつらさ、別れるつらさの精神的な疲労で、若かった私も、さすがにクタクタになったものだった。あのとき彼らは、間違いなく死んでいった。

　そして、あのとき同じ涙を流した私は、まだこうして生きている。なにやら歯がみをしたいような衝動と、一種の後ろめたさを感じるのは、やはり私が戦中派といわれる人間だからだろうか？

◆　◆　◆

「私はもともと軍人の娘で、海軍の少佐と結婚しました。夫が戦艦〝陸奥〟の艦長になり、その〝陸奥〟が爆沈したのが昭和十八年の六月六日、場所は瀬戸内海の柱島の付近です。爆沈後、主人の遺体は上がりまして、兵隊さんたちが火葬にして公式の発表もありました。

　私はそのとき、皆さんの遺体も帰っているとばかり思っていたのですが、その後、遺族の方にうかがうと、まだまだおおぜいの遺体が上がっていないということでしたので驚きました。

　私は〝主人の不徳から、あのような事故が起こったのだ〟と思い、まだ遺骨の上がらない遺族の方の心中を思いつづけて、なんとか遺骨を引き揚げねば、と決心をしました。まだ、五、六百の遺体があるはずなのです。……

　二十周年のとき、遺族で会をつくり、厚生省、大蔵省、そして、首相官邸へと陳情に行きました。けれど、どこへ行っても〝予算がない〟〝そのうちに考えましょう〟〝沈んでいるのは陸奥だけではない〟などといわれて、タライ回しにされました。そして〝いまに〟〝いまに〟といわれ、そう、足かけ二十年になりますか。政府からある会社に、国有財産ということで、やっと払い下げの許可がおりたのです。長いあいだに、政府のしたことはただ〝払い下げ〟の許可だけで、作業には関知しておりません……。この作業が終わったら、私はほんとうに肩の荷がおりてホッとすることでしょう。先だっての引揚げ作業起工式のときに、私たちは『海ゆかば』を歌いましたが、歌いながらつくづく戦争はイヤだと思いました。家族の和から始まって他人の和、社会の和、国の和、そして、世界の和に発展してほしいと思います。そして、日本は武器を捨てた、ということを堅く信じたいと思います。 三好近江 七十一歳」

◆ ◆ ◆

泣く子は殺してしまえ!

人間には運命というものがたしかにあるのだろう。

三好さんは軍人に嫁し、たまたま戦艦〝陸奥〟の艦長夫人であったために、一生のうちの二十六年間を「夫の残した責任」のために費やしてしまった。

戦争当時の経験をもつ人間は、どこか一脈通じる表情をもっているものだ。進んで戦争にたずさわった人、ひきずられた人、とばっちりをうけた人、と、戦争からうけた被害や影響はさまざまだろうが、その全員に共通しているひとつの事実は「戦争」という運命に巻き込まれたことである。何かの雑談の途中で、戦争中の思い出話が出るとき、その表情は共通した薄暗さに変わる。

出征兵士を出した家族の心痛、働き手のいなくなった生活の苦労、食糧難、鋭い憲兵の眼、空襲、そして……そして……。わずか数える程の人間を除いた他は、多かれ少なかれ戦争の被害をこうむらなかった人はない。運命というには、あまりにも大きな犠牲であった。

◆ ◆ ◆

「当時、私は十八歳、家族ぐるみでサイパンで養鶏の仕事をしていたんです。だんだん戦争が激しくなってきましたが、子供のときから、ぜったい、神国日本が戦争に負けるはずはない、という教育をうけていたんです。でも、とつぜん空が真っ暗になるほどの飛行機がやってきて、あっという間に、そこらじゅうが火の海になりました。知り合いの兵隊さんがきて、二、三日山のほうへ避難したほうがいいというので、とりあえずオニギリをつくり、家族八人で山へ上がったんです。

途中には、まるで裸同然の兵隊がひどい負傷をして倒れていました。二、三日前に潜水艦でやられた人たちでした。〝水をください、水をください〟といわれて、私たちの持っていた水をみんな飲ませてあげてしまったので、私たちには一滴の水もなくなりました。山の上に上がって海を見たら、軍艦が、二重三重どころじゃないビッシリと島をとりまいて、それこそアリのはい出るスキもないほどでした。艦砲射撃は始まる、艦載機はくる、で、私たちはただやたらと逃げ回るばかりでした。人々は、いったい、どこへ避難すればいいのかわからない。兵隊さんまでいっしょになってきて、なかには銃で私たち民間人をおどして食糧を奪って逃げる人もいました。私は、これが人間のほんとうの姿かと悲しい思いをしました。

アメリカ軍は一日で上陸してきました。戦車、低空飛行の機銃掃射で十日ばかりたつうちにほとんどの人が死にました。夜だけしか行動ができなくなり、夜になってコソコソと水を取りに行くと、パーッと照明弾が上がってねらい撃ちです。声を立てることもできません。

近所の小さい子供さんが〝水がほしい〟といって泣くと、どこからともなく〝殺してしまえ〟と声がかかって、お母さんはとうとう頭がヘンになり、お父さんがその子供さんの首をしめて殺すのを、どうすることもできずにただ見ていました。

一か月もそうして逃げつづけて、ただ友軍のくるのを待っていましたが、もう限度で、とにかく、どうなってもいいから家へ帰ろうということになり、あぶない海岸ぶちの道へ出たんです。……大きなパンの木の下に壕があって、その中に不思議にカン詰めだのロウソクだのがたくさん入っていました。私たちは、なにしろ一か月もロクに食べていないから、夢中でおなかいっぱいになるまで食べて、壕を出たとたんに、パンパンパンと三発、銃が鳴り、眼前で私の父は殺されてしまいました。残った私たちは、そこで捕まって収容所へ連れて行かれたんですけれど〝男はみんな殺され、女ははずかしめをうける〟と聞いていたから、舌をかんで死ねばいいと思いました。けど、そんなことはウソでした。収容所で、いちばん下の妹が栄養失調で死んで、その後、引揚げ船で帰ってきたんですけれど……私たち民間人までがなんでこんな目にあうのか、と、裏切られた気持ちでいっぱいになりました。……私、天皇制なんて、ぜったいになくなるべきだと思います。

たとえば、私も遺骨収集促進委員会の一員ですが、政府は腕一本、足一本でも一体と数えて、何百遺体収容なんていっているんです。四次防なんてとんでもない。また戦争が始まるとか、徴兵制ができるとか、そんなことがある場合、私はいちばんさきにプラカードを持って、先頭を歩きます。能城信子　四十八歳」

◆　◆　◆

一握りの人間を見逃すな

「洗脳」ということばがある。敗戦後、シベリアの収容所を経て日本へ帰ってきた元日本軍人が、いちじ〝洗脳された赤い人間〟としてみられたことがあった。中国帰りの人が中国を讃えると「ヤツは洗脳されてきたぜ」と人々はうす笑いを浮かべる。でも、第二次大戦中、たった一握りの人間が、自分たちが戦争をしやすいようにと行なった「洗脳」ほど完ぺきな洗脳はなかったにちがいない。

グアム島から帰った横井さんは、飛行機から降りて挙手の礼をし「生きて帰って恥ずかしい」といった。その横井さんをジャーナリズムは、ヒーローとしてまつりあげ「横井さんは、きょう何を召し上がった」か、までが新聞に出る。もし、ことしが昭和四十七年ではなく昭和二十八年であったら、横井さんは一人の「非国民」と呼ばれて葬り去られているだろう。不思議な国・日本、バカバカしいような日本、それが私たちの国である。考えれば考えるほど、頭の弱い私には、いったい何がどうなっているのかわからないことばかりである。

◆ ◆ ◆

「私は女学校を出てすぐに職業軍人と結婚しました。あるとき、夫の帰らない日がつづき、とつぜん夫の手紙で盧溝橋にいることを知りました。でも軍人の妻でしたから、さほど驚きもしませんでした。

その後、関東軍に呼び出されて、満州で病気をしているという夫の看病のために二人の幼児を連れて行ったのが、ちょうど二十年三月、硫黄島がおちたときでした。あちらで終戦になりましたが、夫は軍人軍属の家族と避難民を大連に輸送する指揮官として出発、私は子供が病気で入院したために、大連に子供二人と残りました。裸同然でお金も食糧もなく、子供の看病をしながら、タバコの立ち売りをしたり、洋裁をして、とにかく一日一日を生きることに追われました。必死というのは、ああいうことをいうのでしょうか。身体の弱い、何も知らない娘だった私の、どこからあんな力が出たのか……。よくもあれだけがんばったものだと自分でも驚きます。人間、極限にくると本性が出るというのか、親切な人がいたり、無体ないじわるをする人がいたりして、戦争の残酷さをつくづくと知りました。主人とは、その後大連でいっしょになり、二十二年の一月に親子四人で、やっと日本にたどりつきました。二人の子供は、いまだに身体が弱く、私も精根つき果てたのか、いまだに半病人です。老眼が早くきて、いまは九十歳くらいの視力だそうです。でも、主婦がめいっていてはいけないと思って、つとめて身だしなみに気をつけて、家を明るくするように努めています。　**武田房子　五十八歳**」

◆ ◆ ◆

武田さんの家は静岡にある。約束の時間に玄関のベルを押した私は、出迎えてくださった武田さんの顔を見て、いったい、幾歳なのだろうか、かいもく見当がつかなかった。

武田さんは、ご主人と合作で引揚げ当時の記録をつづった『あしたに命をかけて』という本を出版している。倒れては起きあがり、起きあがっては倒れながら、二人の愛児を守り育てる強い女の記録が生々しく胸をうち、私も一気に本を読み切ってしまったほどの迫力に満ちた文章であったが、いまここにみる武田さんご夫妻は、ひっそりと身をひそめて、お互いの傷をいたわり合っている小鳥のように脆《もろ》くたよりなげにみえる。時計の針が止まったような、アラシがフッとやんだような、不思議な空気が部屋の中によどんでいた。

「ゆっくりと、休んで疲れをなおしてください。静かにゆっくりと……」私は心のなかで、そういった。
二、三年前まで「戦後は終わったか、終わらないか」という話題がよく出た。ある人は「戦後は終わった」といい、ある人は「終わらない」といった。
私は「戦後はあと百年くらいはつづく」と思っていたが、そういう話題も、いまでは忘れ去られたのか、人々は口にもしなくなった。でも、こうして何人かの女性の話を聞くと、やはり戦後は終わっていない、と認めないわけにはいかない。

広島の原爆被災者の碑に「安らかに眠ってください。あやまちは二度と繰り返しませんから」と私たちが、この手で刻んでからまだ二十余年、また私たちは、一握りの人間にツンボさじきにおかれたまま、おそろしい運命に巻き込まれるのではないかという恐怖をおぼえはじめている。

もしかしたら、いまは「戦後」ではなく「戦前」なのかもしれない。能城さんのいうように、もしそんなことになったら、私もプラカードを持って能城さんの後ろについて歩こう。女はもう、戦争で男の割りを食うのはマッピラである。


（『潮』'72年4月号）

高峰秀子
語録

もしかしたら、いまは「戦後」ではなく「戦前」なのかもしれない。

◆「女はいつも跡片づけをさせられる」より

●エッセイスト高峰秀子

私の文章修業

高峰秀子
Takamine Hideko

私は一昨年「私の渡世日記」という、やくざな文章を書いた。それが上下二冊の単行本として出版されてから、私は大勢の方たちからお手紙を頂戴した。その中には、「小学校も出ていないのに、なぜ文章が書けるのか?」「義務教育も受けていない人間が書いた文章とは信じられない」というような、「文章」そのものに関する手紙がたいへんに多かったのが意外に思えた。

手紙ばかりではなく、ゴーストライターがいたのだろう、とか、ダンナ(私の夫は松山善三という脚本家)に書いてもらったのだろう、と、テンから信じていた人もあったようで、将棋の升田幸三サンに至っては、私の顔を見るなり開口一番、「朝日もよく調べて書いとるなア」ときたのには、私はビックリするより先にガックリしたものである。

文と道づれ

「学校を出ていない人間が文章を書くことが、そんなに不思議なことなのか?」

と、私自身もあらためて考えてみたが、考えれば考えるほど、書けないほうが不思議なので、ほんとうはもう少しマシな文章が書けて当然ではないかしら? と私は思うのである。なぜなら、学校こそ行かなかったけれど、物心ついたころから私の生きてきた道は、常に文章と道づれで歩いて来たようなものだったからである。

私は、数えの五歳から映画の子役になったが、当時はともかくとして、十歳のころからは自分が出演する映画の脚本は自分で読んだ。ごくあたりまえのことである。過去五十年間に、私の出演した映画その他の本数は約四百本。二十歳をすぎてからは自分で脚本を選べる立場になったから、読んで出演をキャンセルした脚本を足せば出演本数をはるかに上まわる勘定になる。

昭和三十年に私は結婚した。その翌年、主人が腎臓結核にかかり、医師に「机ベッタリ」の生活を禁じられたので、私が口述筆記を引き受ける羽目になり、あけてもくれても鉛筆片手に原稿用紙に向かうことになった。松山の書いた脚本は、映画、テレビ、舞台、ラジオを合わせれば、これも二百本や三百本ではきかない。私の下手クソな字で埋められた原稿用紙を積み上げれば、私の背丈の何倍にもなるだろう。そして二十余年が過ぎた。私の右手の中指はペンだこが固まって異様に太くなった。

シナリオ作家志望者は、まず師匠の脚本の口述筆記をすることから勉強をはじめる。十本、二十本、と筆記をしている内に、シナリオの書きかた、作劇法、構成力、などを自然に会得し、曲がりなりにも自分の脚本らしいものが書けるようになるのが普通で、何本書いてもダメな人は、つまり才能ゼロのノータリンということになる。もちろん、私はシナリオ作家志望者でもなく、勉強のつもりで筆記をしているわけでもなく、単なるおてつだいさんに過ぎないけれど、しかし「門前の小僧、習わぬ経……」というように、これだけ筆記の経験を積んでなお、雑文もロクに書けないほうが不思議なので、私もまた人後におちないノータリンということなのだろう。

私が子役として入社した映画会社は、現在《いま》の松竹映画の前身で、当時は国電の蒲田にあり「松竹キネマ蒲田撮影所」といった。そして「蒲田」という月刊映画雑誌を出版していた。私は、六、七歳のころから、その「蒲田」に、日記や落書きなどをイヤオウなく書かされていたのである。玩具のロイドのオジサンやお化けの絵、そしてカタカナの日記などが掲載された「蒲田」の切りぬきが、いまでも私の手もとに残っている。原稿料を貰った記憶はないけれど、オカッパ頭をひねりひねり、鉛筆をなめなめ、原稿用紙に向かっていた当時の私の姿が、まるで昨日のことのように思い出される。

どうやって文字を書くことを覚えたか？　ということについては「渡世日記」にも書いたが、私は、私のガッコノセンセイであった指田教師に深く感謝しなければならない。指田先生はガッコへイカレナイ私のために、いつも二、三冊の子供雑誌を抱えては、自分のほうから私の家を訪ねて下さったのである。私はそれらの本を、撮影所の子役部屋や地方ロケーションに行く汽車の中で、くりかえし、くりかえし、文章を読んでは絵を眺め、絵を眺めては文章を読み、指田先生のおかげであやうく文盲をまぬがれたのだった。

十二歳のとき、私は松竹から東宝映画に移ったが、ここでも「東宝」という月刊グラフ雑誌が出版されていて、私は宣伝部にこづかれて、せっせとロケーション日記や、撮影所風景を書かなければならなかった。私の読書好きも、このころから出発したらしく、少女のころには寸暇をさいて本にかじりつくようになった。書店に飛びこみ、やたらめったら本を買い、といっても貧乏だったから贅沢な月刊雑誌や単行本には手が出ず、もっぱら持ち歩きに便利で中味の濃そうな岩波文庫を選んだ。岩波文庫の星ひとつが、まだ二十銭だった頃のことである。

映画の撮影は断片的で落ちつかないので、大長編小説などを読み通すことはできないから、和洋を問わず随筆集や詩集や短編小説集ばかりを、歯が立たないものははじき飛ばして、読めるものだけ読む、という全くの乱読だった。が、いずれにしても私の読んだ本の数など微々たるもので、日本人の平均読書時間がかりに一日一時間だとすれば、私はその百分の一にも満たないだろうと思う。

因果応報

私にとって、読書は唯一の楽しみだったが、同じ文章を読むといっても、映画の脚本を読むということになると、楽しみどころか苦しみに近い。まず心がまえが大きく違ってくる。第一「出演すれば出演料が貰えるけれど、出演しなければ一銭にもならない」という生活がかかっている。出演するのはたやすいが、さて断るとなると、それ相応な意見や断る理由をみつけなければならない。断れば憎まれるからその覚悟と勇気もいる、というわけで脚本の読みかたもいっそう慎重に、真剣になるというわけである。どのような作品を選んで出演するかは、自分の履歴書を一字一字埋めるのと同じくらいの重要さがある、と私は思っている。

私にとって、長い映画生活が子供のころからの習慣や馴れのまま、惰性で流れてきたように、文章を書く、ということもまた、他から強制されるままに馴れてしまった、ということではないか、と思う。

文章は、果たして、修業すれば上手く書けるものだろうか？　私は、その人間の生きかたと環境が書かせるものではないか、とおもう。なぜなら、物質、精神、共に裕福に生まれてきた人の文章にはおのずと大らかなゆとりが感じられ、人の顔色をうかがいながらシコシコケチケチと生きた人間の文章はつねに貧しくみみっちい。文章は人間そのものだ。たとえば、私が自分の拙ない文章にイヤ気がさして、もうちょっと上品な文章を、と気取ってみたところで、それはしょせん、他人の文章の猿マネで、自分自身は無ということになる。

因果応報とは、よく言ったものである。

（『週刊朝日』'78年1月13日号／週刊朝日編集部編『私の文章修業』朝日新聞社、'79年3月号／『コットンが好き』潮出版社、'83年10月／文春文庫、'03年1月）

＊初出に拠ったが、タイトルはその後「因果応報」→「文章修行」と変わっている。

●エッセイスト高峰秀子

挽歌、ひとつ

沢木耕太郎

Sawaki kôtarô

それは一月の初めのことだった。

朝、新聞の一面の下段に載っている本の広告に目を通していて、ドキッとした。何か気になる文字が目の端をよぎったように思えたのだ。ほんの少し目を動かして見ると、それが自分の名前だということがわかった。

私の名前があったのは、本や雑誌の広告の中ではなく、その新聞の看板記事のひとつであるコラムの中だった。

それは昭和における最高の女優のひとりと言ってよい高《たか》峰秀子《みねひでこ》の死に際しての一種の追悼文であり、そこに私が書いた高峰秀子論の一行が引かれていたのだ。

《「高峰秀子にとっての真の作品とは『高峰秀子』だったのではあるまいか」は、作家沢木耕太郎さんの評である》

いや、「高峰秀子論」というのは大袈裟《おおげさ》すぎる言い方だった。私が書いたのは、高峰さんの半生記と言うべき『わたしの渡世《とせい》日記』の文庫版の解説として提出した、いわば「読書感想文」のようなものである。

高峰さんはすばらしい書き手だった。女優として、という但《ただ》し書きを必要としない見事な文章の書き手だった。自分の言いたいことを簡潔に書く。その最もむずかしいことを常に軽々とやってのけている。私は単行本で『わたしの渡世日記』を読んで以来、高峰さんの書いた文章をほとんど読んでいた。

すると、あるとき、高峰さんから、あらたに『わたしの渡世日記』が文庫化されるに際して、解説を書いてもらえないだろうかという依頼が舞い込んできた。どういう経緯で私が高峰さんの読者であることを知ったのかはわからなかったが、喜んで書かせていただくことにした。

文庫の編集部の心づもりでは四百字詰めの原稿用紙にして十四、五枚ていどということだったらしいが、私のいつもの悪い癖で、書いているうちにどんどん長くなり、最終的に三十枚に達する「大長編」になってしまった。しかし、高峰さんは、それを面白がってくれたらしく、以後、食事を御一緒したり、手紙のやり取りをするようになった。

そのようなきっかけで初めてお会いすることになった高峰さんには、三つのことで驚かされた。

ひとつは、その佇《たたず》まいである。

お会いしたのは、高峰さんの指定によるホテルの中華料理店だったが、個室がないとかで一般の客と同じ広いフロアーの席につくことになった。もちろん、高峰さんには、周囲の席から顔が見えないように、通路を背負うように座っていただくことにした。

その食事中に不思議なことに気がついた。他のテーブルに座っている客が、トイレに行くためだったり、食事を終えて出口に向かうためだったりして、高峰さんの背後を通り過ぎる。そのとき、ふっと、振り返るようにして視線を高峰さんの背中に向けるのだ。もちろん、そこにはただ小柄な銀髪の女性が座っているだけである。だから、通り過ぎる人の視線はまた前に戻されるのだが、ほとんど例外なく、同じような行動を取るのが不思議だった。

高峰さんは趣味のいい服を着ていたが、豪華だったり華美だったりというものではなかった。だから、それは、高峰さんという存在が放っている何かによるものだったのだろう。後ろ姿からでもつい目を引かれてしまう何か、俗に言う「オーラ」を発していたのかもしれない。

驚かされた二つめは、ハワイについての発言だった。

高峰さんには「夫・ドッコイ」こと松山善三《まつやまぜんぞう》との共著である『旅は道づれアロハ・オエ』という本がある。

《青く澄んだ高い空とエメラルドグリーンに輝く海、そして一年中ヤシの葉をサヤサヤと歌わせている心地よいそよ風の魅力にひかれて、私たち夫婦がホノルルにささやかなアパートメント・ハウスを借りてから、もはや十年の月日が過ぎた》

高峰さんによれば、「夫・ドッコイ」が腎臓《じんぞう》結核になり、医師に長時間の座業を禁じられて以来、口述筆記を引き受けることになったのだという。それは必ずしも楽しいばかりの作業ではないので、ついあれこれと文句を言ったり、注文をつけたりしたくなるが、「今度の口述、ハワイでやるか」と言われると、心ならずもイソイソとつき従ってしまうのだという。しかし、滞在があまりにも長くなると、ホテルでの生活が息苦しく不自由に感じられてくる。そこで、「夫・ドッコイ」の意見もあり、ワイキキのアパートメント・ハウスを借りることにした。

ところが。

《どうも様子がおかしい。めったやたらと主婦（つまり私）の仕事が増えてくたびれちまったのである。

ホテル住まいなら口述筆記だけしていればよかったけれど、いくら小さいとはいえ一軒の住居となると掃除、アイロンかけ、シーツやタオルの交換からゴミ捨て、かてて加えて「食事の支度」という最も時間のかかる仕事がドカン！と増えてしまったからだ。どうやら夫・ドッコイは、「ハワイくんだりまで通うなら、口述筆記のついでに料理もさせよう」というコンタンでアパートを借りる気になったらしいのである。これだから男は、信ずる夫といえども油断がならない》

しかし、それはこう続くのだ。

《「ひっかかった！」と思ったときは時、既に遅かった。根が美味《うま》いもン好きの私である。レストランでステーキの焼きかたに失望すると、次の日はマーケットの肉売場をウロついてうまそうな肉をえらび、自分でステーキを焼いてみなければ気がすまず、レストランや市販のサラダドレッシングが、もうひとつ気に入らないと、自分でチョコチョコと作るようになる》

そこから、高峰さんが世界一おいしいと思うという「マノアレタス」や「クレソン」や「アルファルファ・スプロート」などといったハワイの野菜の話になり、さらには「鶴米《つるまい》」や「国宝」といったカリフォルニア米の話、大豆の匂《にお》いのするハワイの豆腐や納豆の話になっていく。

この本を読むかぎり、高峰さんの方がはるかに「夫・ドッコイ」よりハワイにおけるアパートメント・ハウスでの生活を楽しんでいるように思える。

私がそのような意味のことを言うと、あのてきぱきした口調で、高峰さんがこう言うではないか。

「楽しんでなんているもんですか。ハワイに行ったって、日本にいるのと同じ、オサンドンをするだけなんですからね」

そして、最近はあまり行かなくなってしまったのだ、と付け加えた。

それはもしかしたら、引き算の問題なのかもしれなかった。かつては面倒臭さと楽しさを比較すれば楽しさの方が勝っていたのに、最近では面倒臭さの方が勝るようになってしまった……。

さらに初めてお会いした高峰さんに驚かされた三つめは、意外なほど映画の世界に対する態度が冷ややかだったということである。確かに『わたしの渡世日記』にも《私は正直いって映画界に未練はない》という一行がある。しかし、もう少し、複雑な思いを抱いているのではないかという気がしていた。ところが、少なくとも現在の映画界についてはほとんど興味を抱いていないことがわかった。それどころか、私が雑誌や新聞で映画評のようなものを書いていることに関して「苦言」を呈されてしまったほどだった。

「あんなことをしている暇があったら、もっときちんとした作品を書いてください。『深夜特急』みたいに、顔がむくんじゃうような長いものをね」

高峰さんが言うには、あまりにも熱中して『深夜特急』を読んだために、つまりあまりにも長いあいだ下を向きつづけていたために、顔がむくんでしまったというのだ。

その褒め言葉は嬉《うれ》しかったが、私には高峰さんが映画についての文章というものにまったく価値を見いだしていないことの方が驚きだった。

実際、高峰さんは五十代であっさりと映画界を引退している。

あるいは、そうできたのは高峰さんの芸能活動の主戦場が舞台ではなく、映画だったからかもしれない。もし、高峰さんが映画から舞台へ活動の拠点を移動させていたら、また別の在り方があったのかもしれないとも思う。

私が二十代の頃、つまり駆け出しのライターだった頃、よく書かせてもらっていた雑誌に、東京放送、現在のＴＢＳが出していた「調査情報」という放送雑誌があった。別にそこで放送関係の原稿を書いていたわけではなく、まったく自由にいろいろなノンフィクションを書かせてくれていたのだ。

その自由さには、編集長である今井明夫《いまいあきお》という人の個性が大きく作用していたのではないかと思う。もともと編成畑のテレビ屋だったということが大きかったのかもしれないが、すべてにおいて大ざっぱで細かいことに拘泥しない。少し暇になると、平日でも自分の車でゴルフに行ってしまったり、台湾に遊びに出かけたりしてしまう。編集会議などというものはほとんどなく、夕方みんなで酒を呑《の》みながら話していたことが目次になっていく。要するに、雑誌作りにおいてはかなりいい加減だったのだ。

ダンディーだけどいい加減。まるでタレントの高田純次《たかだじゅんじ》が作り上げたキャラクターのような人だったが、その今井さんのいい加減さに、雑誌の編集部員も書き手である私も大いに救われていた。なにしろ、原稿の遅い私が締切をはるかに過ぎてなお書けないでいても、慌《あわ》てず騒がず「それじゃあ、発行日をずらすか」と言ってくれる人だったのだ。雑誌にとって発行日を遅らせるということがどれほど大変なことか知らなかった私は、どのような雑誌でもそんなものなのだろうと思っていたが、それは「いい加減」な今井さんでなければとうていできないことだったのだ。

この今井さんはまた「恐怖の電話魔」だった。深夜、不意に電話が掛かってくると、そのとき自分が興味を抱いていることを一方的に話しはじめる。それが一時間、二時間と続いていく。冬、寝る寸前だったために、パジャマ姿で震えながら今井さんの話を聞いていたこともある。

私は人の話を聞くのが大好きで、面と向かってなら何時間でも人の話を聞くことができる。一晩でもかまわない。

しかし、長電話は苦手である。ふつうなら三分以上電話で話すことはないのだが、今井さんから掛かってくると一時間は軽く超えてしまう。途中で、頭がクラクラしてきてしまうほどだったが、そんなことはおかまいなく、今井さんは話しつづける。

好奇心旺盛《おうせい》な今井さんは、やがて鈴木《すずき》明《あきら》という筆名の書き手となり、『「南京大虐殺《ナンキンだいぎゃくさつ》」のまぼろし』で大宅《おおや》賞を受賞することになるのだが、その次に本格的に書くことになるのが『リリー・マルレーンを聴いたことがありますか』だった。

第二次大戦中に、枢軸国《すうじくこく》側でも連合国側でも歌われた「リリー・マルレーン」という曲の謎《なぞ》を縦糸に、それをドイツで歌ったララ・アンデルセンと、アメリカで歌ったマレーネ・ディートリッヒという二人の女性の人生を横糸に織り込みつつ、ヨーロッパを紀行するという趣向の作品である。

それを取材しているときには、よく電話でマレーネ・ディートリッヒの話を聞かされたものだった。

とりわけ印象的だったのは、一九七〇年の「大阪万博」でコンサート・ショーを開くために来日したディートリッヒについての挿話だった。

当時、ディートリッヒは七十に近い六十代。たまたま今井さんも東京放送の社員として「大阪万博」に関与していたため、ディートリッヒのショーを見ることになった。今井さんは、『嘆きの天使』や『モロッコ』の女優としてのディートリッヒは知っていたが、舞台の「エンターテイナー」としてのディートリッヒの本当の凄《すご》さについてはほとんど知らなかったという。しかし、そこで聴いた「リリー・マルレーン」という曲が耳に残り、数年後にその追跡の旅を始めてしまうことになる。

そのディートリッヒについて私の記憶に強く残ったのは、彼女とシャンパンをめぐる一挿話だった。今井さんは、来日したディートリッヒの世話係をしたという女性から、こんな話を聞いたらしいのだ。

ディートリッヒは、来日するに際して、細かな契約書を取り交わしていた。その中には、いかなる条件のもとでも写真は撮ってはならない、撮らせてはならないというものや、記者会見には応じるが、そのときのスポットライトはどこからどのくらいの光量で当てなくてはならないというものまであったという。

中でも、日本側のスタッフを慌てさせたのが、シャンパンの「ドンペリニオン」を用意しておくこと、という条件だった。いまなら、どんな場末のホストクラブにも用意してあり、シャンパンタワーなどという下品な呑み方で、まさに「湯水」のごとく消費されることのあるブランドのシャンパンだが、当時の日本では呑んだことはもとより、名前すら聞いたことがないという人の方が多かった。

そこで、スタッフは大阪中を駆け巡って探したが、ついにどこの酒屋でも見つけることができず、東京の最も有名なフランス料理店だった「マキシム」で、ようやく二本だけ見つけることができたのだという。

その「ドンペリニオン」をディートリッヒはどうしたのか。公演の直前、舞台の袖《そで》でグラスに一杯そそぎ、それをグイと呑みほしてから、スポットライトの中央に歩み出していったのだという。酒を呑まないと、胸がドキドキして出ていけない、というのが理由だった。

この話が印象的なのは、ディートリッヒのような人でも、舞台に出る前はそれほどまでに緊張していたということを知って安心するから、ではない。そうした緊張感、恐怖感を抱いてもなお、繰り返し繰り返し出て行くほど、舞台には光り輝くものがあったということなのだ。

映画には、舞台におけるこの一回性の「光り輝くもの」だけは存在していない。高峰秀子さんが潔《いさぎよ》く映画界から離れられた理由のひとつが、そこにもあったのかもしれないと思う。

私の数少ない自慢のひとつが、週刊誌の「私のごひいき・ベスト3」というコラムに載った高峰さんの文章である。


そこで、人を見る目の厳しいあの高峰さんが、御主人の松山善三と、高峰さんのほとんどの本の装丁を手掛けている安野光雅《あんのみつまさ》というお二人と並んで、おまけ風ではあるけれど三人目に私を選んでくださっているのだ。

しかし、その高峰さんには、いつも叱《しか》られてばかりいたような気がする。お会いしているときよりも、むしろ手紙のやり取りをしているときに、その印象は濃い。だからだろうか、高峰さんの手紙は、なんとなく、肉親からのもののように思えることがあった。

あるとき、私は飛行機事故に遭った。乗っていたセスナがブラジルのアマゾンで墜落してしまったのだ。飛行機は大破したが、私は腰を強打しただけで命に別状はなかった。そこで、私はそのときの経験を面白おかしく書いたりしゃべったりしていた。すると、高峰さんから年代物の酒が届いた。そして、そこには、次のような手紙が同封されていた。

——あなたが墜落した経験を面白おかしく書いたりするのはあなたの性格だとわかってはいますが、少し控えた方がいいのではないかと思います。あなたのことを心配している人がいることを忘れてはいけません。私の夫の松山善三は「病気のデパート」と言えるくらいあちこちが悪く、さまざまな手術をしました。そのたびに、私もおろおろと一緒になって痛みを覚えました。あなたの家族も、あなたと一緒に痛いのです。そのことを忘れてはいけません。でも、本当に無事でなによりでした。お送りしたのは私が米軍のキャンプに出入りしていたときにもらったお酒です。もしよかったら呑んでください……。

去年の秋、私はヨーロッパを旅していた。フランス、ドイツ、スペイン、イギリス。一種の取材旅行だったが、それが予想外に順調にいったということもあって、スペインのサン・セバスティアンでも、バルセロナでも、イギリスのオックスフォードでも、実に楽しい日々を送っていた。

その楽しさを誰かに伝えたいと思ったとき、すぐ頭に浮かんだのが高峰さんの顔だった。

実は、高峰さんとお会いしてから、面白い土地を旅すると手紙を出すようになっていたのだ。筆無精の私にしては珍しいことだったが、ヴェトナムのハノイからも出したし、中国の新疆《しんきょう》ウイグル自治区からも出していた。すると、高峰さんはその返事を書いてくださる。

沢木耕太郎様

先だってはお便りありがとうございました。

相変らずバスでとんでもないところ（私にとっては）にいらしてるんですね。

ついさきごろ、『イルカと墜落』を再読したところでした。そして、その後腰痛はすっかりよくおなりかしら？　と思っていたところでした。いずれにしても、もう青年とは言えないのですから、あまり御無理はやめてください。

私はついに八十二歳、あちこちがガタガタで（つまり老衰）一日の大半はベッドの中で、楽しみは唯一《ゆいいつ》、読書のみ、という情ないことになっています。外出もほとんどしませんが、でも、いつかまたお目にかかれるかも……という希望を持っています。

どうぞ、くれぐれも御自愛くださいね。

高峰秀子

これは数年前、香港《ホンコン》から中国のシルクロードを乗合バスで旅をしたとき、最終目的地のカシュガルから出した手紙に対して書いてくださった返事だ。

だが、昨秋、ヨーロッパを転々としながら、高峰さんに手紙を書こう書こうと思いながら、なぜか書けないでいた。そして、パリの左岸の小さなホテルで最後の夜を迎えたとき、ようやく手紙を書きはじめた。パリは高峰さんの思い出の土地でもあったからだ。

高峰さんは、二十七歳というまさに「人気絶頂」の頃、単身でパリに向かう。それは強引な養母のもとから逃げ出し、芸名の高峰秀子ではなく、本名である平山秀子として「普通の生活」をするためのものだったという。

そのとき下宿したのがカルチェラタンのピエール・ニコルという街だった。サン・ミッシェル大通りから少し入ったところにあるその街は、私がいつもパリに行くときに泊まっている安宿からもそう離れていない。ところが、去年の秋は、その安宿が満室で泊まることができなかった。ホテルを求めて歩きに歩いているうちに、気がつくとセーヌ河まで来てしまい、その河岸にある古い小さなホテルに泊まることになった。私には、その成り行きが面白く、高峰さんにぜひ「話したい」と思ってしまったのだ。

しかし、半分まで書いたところで、筆を措《お》いてしまった。最近の高峰さんが、もう何もしたくなくなっている、ということはうかがっていた。私ひとりが旅先で浮かれたような手紙を出していいものかと躊躇《ちゅうちょ》してしまったのだ。それに、私が手紙を書き送れば、律義《りちぎ》な高峰さんは必ず返事を書こうとするだろう。そんな心理的負担はかけないほうがいいのではないかと思ったのだ。

聞けば、高峰さんは去年の十月に入院、十二月の二十八日に亡《な》くなったという。私はまったく知らなかったが、パリで手紙を書こうかどうしようか迷っていたとき、高峰さんはすでに入院なさっていたのだ。

何かを予感していたなどということはない。だが、私が手紙を出そうと思いついたのにはたぶん理由があったのだ。出しておけばよかった。出せば、そして読んでもらえれば、ほんの一瞬でも、病床の高峰さんの気持を和ませることができたかもしれないのに……。

似たような後悔を以前もしたことがあった。

あれは、陸上競技の百メートル走で十秒の壁に挑んだアスリートたちを追うという旅を続けていたときだった。太平洋を渡ってアメリカに行き、西海岸から東海岸に移動し、カナダとジャマイカに寄ってから大西洋を渡ってヨーロッパに入った。そこで、歴史上、初めて十秒フラットで走ったアルミン・ハリーを訪ねるため、ドイツのガルミッシュ＝パルテンキルヘンへ向かった。

すべての取材が終わった最後の夜、ホテルの部屋に戻ってテレビをつけた。何を見ようとしてつけたわけではなかったが、たまたまマレーネ・ディートリッヒの『モロッコ』をやっていた。さらに、それが終わると、ディートリッヒの若い頃のフィルムが流され、そこにときどきパリのアパルトマンらしい建物の映像が挟み込まれる。それを見て、ああ、ディートリッヒが死んだのだなと思った。

九十近いはずのディートリッヒがパリに住んでいることは私も知っていた。その往年の映像が、住んでいたと思われるアパルトマンと共にテレビで流される。ナレーションはドイツ語だったのでよくわからなかったが、それは彼女の「死」を伝えるものという以外に考えられなかった。

その翌日、私はフランクフルトに行き、そこから日本に帰る飛行機に乗った。

フランクフルトの空港ロビーでは日本の新聞が売られていた。一カ月ものあいだ、まったく日本の新聞を読んでいなかった。それもあったのだろう、私には珍しく、ふと、買ってみる気になった。その場でページを繰ると、いきなり週刊誌の大きな広告が目に飛び込んできた。その中に、「尾崎豊《おざきゆたか》の父の手記」という一行があった。それを見た瞬間、ああ、尾崎豊も死んでしまったのだなと思った。外国を旅行していたため知らなかったが、尾崎豊の父親が「手記」を書く以上、やはりそれは彼の「死」を契機としたものとしか考えられなかったのだ。そして、こう思ったのを覚えている。自分はマレーネ・ディートリッヒが天寿をまっとうしたところから、尾崎豊が若くして死ななくてはならなかった国に戻っていくのだな、と。


尾崎豊とは一度だけ話をしたことがあった。彼の依頼で雑誌の対談をしたのだ。

ホテルの一室で会った尾崎豊は、きゃしゃな、少年のような体つきをした若者だった。

対談は和やかに進んだ。そのきっかけになったのは、私が話した幼い娘に関するあるエピソードだったかもしれない。

私は対談を前にして、家で尾崎豊のCDを聴きつづけていた。その中には、もちろん発売されたばかりの『誕生』というアルバムもあった。

ある日、幼い娘が鼻歌のように歌っている曲がある。気をつけて聴いてみると、それは『誕生』の中の「COOKIE」という曲ではないか。

Ｈｅｙ　おいらの愛《いと》しい人よ
おいらのためにクッキーを焼いてくれ
温かいミルクもいれてくれ

私は、こんな幼い子供にも、簡単に覚えて歌わせてしまうほど印象に残る曲だったのかと驚いた。

その話をすると、やはり子供を持ったばかりだった尾崎豊はとても喜び、そこから話はぐっと親密度を増していった。

対談が終わると、彼の行きつけの店らしいレストランバーに誘われた。「COOKIE」を生で聴いてもらいたいというのだ。尾崎豊は、まだ誰も客の入っていないその店で、私のために「COOKIE」をはじめとして三曲、ギター一本で歌ってくれた。

それは実に心に残る「ライヴ」だった。

だからということもあったのかもしれない。以後、何度か尾崎豊からコンサートの誘いを受けたが、行く気になれなかった。どんなすばらしいコンサートでも、あの夜のライヴ以上のものは聴けないように思えたからだ。

しかし、フランクフルトで尾崎豊の死を知って、後悔の念が湧《わ》いてきた。どうしてコンサートの誘いに応じなかったのだろうかと。もしかしたら、歌を聴かせたいというだけでなく、そのあとで何か話をしたかったかもしれないのに……。

日本に帰り、それからしばらくして公開された尾崎豊にまつわる写真を見て、さらに胸が痛んだ。彼の書棚の中に、私の本が大事そうに飾られていたからだ。


こんなことも思う。

高峰さんが映画界に冷淡なように見えたのは、映画というものに思い残すことがなかったからかもしれない。子役から娘役へ、娘役から老女役へと、五十年もの長きにわたってさまざまな「役」を演じつづけてきた。それも日本を代表する監督や俳優と共にである。充分に生き切った人が、人生にあまり未練を残さないのと同じく、高峰さんも映画の世界で、これ以上はないというほど十全に生き切った。だからかもしれない、と。

私が書いた『わたしの渡世日記』についての「読書感想文」の最後は、次のような一節で終わっている。

《潔《いさぎよ》さ。

もし、高峰秀子が雌ライオンであるとするなら、この雌ライオンの最大の願望は、人生において常に潔くありたいということであるに違いない。

それが達成されたとき、「毅然《きぜん》とした雌ライオン」は真の「高峰秀子」になっているはずである》

きっと、高峰さんは最後の最後まで「潔さ」を貫いたことだろう。そして、その結果、真の「高峰秀子」になったことだろう。

たぶん、悼《いた》むというのは「欠落」を意識することである。あの人を失ってしまった！　と痛切な思いで意識すること、それが悼むということなのだ。

だが、人はやがて忘れていく。なぜなら、忘れることなしに前に進むことはできないからだ。前に進むこと、つまり生きることは。

人の死による「欠落」は永遠に埋めることはできないが、やがてその「欠落」を意識する人が誰もいなくなるときがやって来る。必ず、いつか。そのとき、死者は二度目に、そして本当に死ぬことになる。

しかし、高峰さんならサバサバとこう言うかもしれない。

「それでいいのよ。死んだ私なんかのことより、生きている人にはもっと大事なことがあるでしょ？」


（作家）

（『ポーカー・フェース』新潮社、'11年10月／新潮文庫、'14年5月）

第《だい》13幕《まく》　高峰秀子《たかみねひでこ》〈1〉
僕《ぼく》たちは今《いま》 浅間山《あさまやま》にいます
その草原《そうげん》で姫川紅蓮美《ひめかわぐれみ》さんが
ヘーイ
何《なに》かにとり憑《つ》かれたように踊《おど》っています
先《さき》ほどまでマダムG《ジー》の館《やかた》で 昨年末《さくねんまつ》に亡《な》くなられた女優《じょゆう》・高峰秀子《たかみねひでこ》主演《しゅえん》の『カルメン故郷《こきょう》に帰《かえ》る』'51年《ねん》(昭《しょう》26)を観《み》ていたのですが
パ〜パ〜パ〜ン
終
先生《せんせい》 わたくし 踊《おど》ります
あらせっかくですから浅間山《あさまやま》へいきましょうか
スクッ
え
館《やかた》の中《なか》の〝別世界《べっせかい》への扉《とびら》〟を開《あ》け
チャ チャ チャッ チャッ チャッ チャッ
『カルメン〜』の舞台《ぶたい》となった浅間山《あさまやま》にきたのです

ああッ
やっぱりダメッ
紅蓮美《ぐれみ》さん?
フッ…
いくらマネをした
って わたくしには
あんなオーラは
出《だ》せないわッ
先生《せんせい》
当《あ》たり前《まえ》じゃない 紅蓮美《ぐれみ》さん
あの時代《じだい》の解放感《かいほうかん》をあなたに
表現《ひょうげん》できるワケないわ
彼女《かのじょ》は時代《じだい》が求《もと》めた
大女優《だいじょゆう》だったのよ
『カルメン故郷《こきょう》に帰《かえ》る』の高峰秀子《たかみねひでこ》の役《やく》どころは
芸術家気取《げいじゅつかきど》りのストリッパー 草原《そうげん》で服《ふく》を
脱《ぬ》ぎ捨《す》て のびやかに歌《うた》い踊《おど》る彼女《かのじょ》の姿《すがた》に
日本人《にっぽんじん》は戦争《せんそう》が終《お》わった解放感《かいほうかん》を
味《あじ》わったのよ
もちろんその
解放感《かいほうかん》が
表現《ひょうげん》でき
たのは
どんな
役柄《やくがら》でも
決《けっ》して下品《げひん》に
ならない彼女《かのじょ》の女優《じょゆう》
オーラがあってこそ
なる
ほど確《たし》かに
紅蓮美《ぐれみ》さんと高峰秀子《たかみねひでこ》
では――
ボフ
ぐふっ

いいこと
雨宮《あまみや》さん
高峰秀子《たかみねひでこ》は
子役《こやく》の時《とき》
から
大女優《だいじょゆう》
だったのよ!!
キマッたわね
紅蓮美さんの
丹田パンチ…
ゲホッ
ゲホッ
ゲホッ
彼女《かのじょ》がデビューしたのは'29年《ねん》(昭《しょう》4)
5歳《さい》の時《とき》
養父《ようふ》に受《う》けさせられた
映画《えいが》の子役《こやく》オーディションに受《う》かり
女優《じょゆう》の道《みち》を歩《あゆ》みはじめるの
デビュー作「母」('29)
子役時代《こやくじだい》にはこんなエピソードがあるわ
当時《とうじ》の人気女優《にんきじょゆう》 岡田嘉子《おかだよしこ》が共演《きょうえん》した時《とき》
折檻《せっかん》する演技《えんぎ》で
手加減《てかげん》して たたいたその舞台《ぶたい》のあと
8歳《さい》の高峰秀子《たかみねひでこ》はこういったそうよ
あんな
ぶち方《かた》じゃ
泣《な》けないの
岡田嘉子《おかだよしこ》はこの時《とき》 自分《じぶん》のプロ意識《いしき》の
甘《あま》さに気付《きづ》いたと回想《かいそう》しているわ
8歳《さい》にして
この女優魂《じょゆうだましい》!!
おそろしい子《こ》…
へえーよほど
女優《じょゆう》の仕事《しごと》が
お好《す》きだった
んですね
雨宮《あまみや》 現実《げんじつ》は
そう単純《たんじゅん》なもの
ではなくってよ
ケホッ
彼女《かのじょ》の家庭《かてい》は複雑《ふくざつ》で貧《まず》しく
子役《こやく》で稼《かせ》ぐお金《かね》を目当《めあ》てに次々《つぎつぎ》と
親族《しんぞく》が集《あつ》まり
幼《おさな》いながらも一家《いっか》の稼《かせ》ぎ手《て》
だという自覚《じかく》で仕事《しごと》をせずに
いられなかったというわ
映画では男の子役も
こなしたという

そう 特《とく》に養母《ようぼ》は子供《こども》が忙《いそが》しくて学校《がっこう》に通《かよ》えなくても平気《へいき》でいるような女《おんな》で 死《し》ぬまで彼女《かのじょ》を苦《くる》しめたそうですぅ〜
う 薄井幸子《うすいさちこ》!? どうしてここに!?
ネズミキャラのパチもんセーター(アクリル100%)
ヒザのぬけたジャージにミュール(というかつっかけ)
高峰秀子《たかみねひでこ》ときいて〝薄幸美《はっこうび》〟コレクターとしてだまっていられません〜〜〜
私《わたし》が好《す》きなのは『阿片戦争《あへんせんそう》』'43年《ねん》(昭《しょう》18)の盲目《もうもく》の中国娘役《ちゅうごくむすめやく》
酒場で「風は海から」(名曲!)を歌う彼女の可憐なこと……
姉《あね》とはぐれてしまった寄《よ》る辺《べ》のない少女《しょうじょ》の薄幸美《はっこうび》ときたら…
そうそう あの映画《えいが》の彼女《かのじょ》って見《み》ていると なんとか助《たす》けてあげなくちゃって思《おも》うのよねー
実際《じっさい》 彼女《かのじょ》には親代《おやが》わりになりたいと申《もう》し出《で》る人《ひと》が何人《なんにん》もいたそうよ
高峰秀子《たかみねひでこ》の薄幸美《はっこうび》オーラは尋常《じんじょう》じゃないですぅ〜
あれ? すんなり話《はなし》の輪《わ》に入《はい》ってる……
それから 成瀬巳喜男監督作品《なるせみきおかんとくさくひん》でよく見《み》せる だらしない人間《にんげん》に向《む》かって放《はな》つ〝軽蔑《けいべつ》オーラ〟もたまりませんっ
「浮雲」('55)でくされ縁の愛人に向けるまなざし
「稲妻」('52)で姉の愛人に向けるまなざし
実生活《じっせいかつ》での養母《ようぼ》との確執《かくしつ》や 生《い》き馬《うま》の目《め》を抜《ぬ》く映画界《えいがかい》で磨《みが》きあげられた冷《つめ》たい表情《ひょうじょう》の厳《きび》しく美《うつく》しいこと…
ああ〜 私《わたし》もこんな眼《め》でにらまれたいぃ〜〜〜
ぶるっ

そうね
確《たし》かに
怒《おこ》った
顔《かお》が
美《うつく》しいってことも
大女優《だいじょゆう》の条件《じょうけん》
だわ
でしょお〜
フフ…でも幸子《さちこ》
あなたいいかげんに
帰《かえ》らないと——
『二十四《にじゅうし》の瞳《ひとみ》』'54年《ねん》（昭《しょう》29）で大石先生《おおいしせんせい》が
子供《こども》を見《み》るやさしいまなざしで
あなたを見《み》つめて
あげるわよ
ひぃぃッ
やさしい
表情も
絶品
なのよね〜
いやあッ
そんな慈《いつく》しみに
満《み》ちた瞳《ひとみ》で
見《み》ないでえッ
すいません
すいませ〜ん
ふう
やれやれ
しまったッ
幸子《さちこ》さん
に語《かた》られ
てもう
ページがないわ!!
SATTY
くやしいーッ
もっとわたくしが
高峰秀子《たかみねひでこ》の
魅力《みりょく》について
語《かた》りたかったのにィー
大丈夫《だいじょうぶ》よ
紅蓮美《ぐれみ》さん
彼女《かのじょ》の魅力《みりょく》は1回《かい》で
語《かた》れるもんじゃないわ
え？ じゃあ次回《じかい》も？
ええ
大石先生スマイルで
じゃあ先生《せんせい》
今回《こんかい》のシメとして
わたくし もう一度《いちど》
踊《おど》っていいですか？
大女優《だいじょゆう》のオーラには
及《およ》ばないけど
今《いま》なら
高峰秀子《たかみねひでこ》に
近付《ちかづ》ける気《き》が
するんですッ
そんなワケで
見ていて下さい
天国の高峰さ〜ん
ヘーイ
スッチャチャッ
チャスッチャ
見ても
苦笑
する
しか
ないのでは…
だまって
見ておあげ
なさい
偉大《いだい》な女優《じょゆう》 高峰秀子《たかみねひでこ》の
追悼《ついとう》は続《つづ》くのでした——

高峰秀子《たかみねひでこ》〈2〉
僕《ぼく》たちは今《いま》 高峰秀子《たかみねひでこ》主演《しゅえん》の『二十四の瞳《にじゅうしのひとみ》』54年《ねん》(昭《しょう》29)の舞台《ぶたい》になった小豆島《しょうどしま》にきています
わぁ…映画《えいが》のままに美《うつく》しいところですね
映画《えいが》の中《なか》では風景《ふうけい》が美《うつく》しいほど悲《かな》しくて泣《な》けてくるのよね
その美《うつく》しい風景《ふうけい》にとけこんだ高峰秀子《たかみねひでこ》の演技《えんぎ》は
そりゃあ みごとでしたのう
ピーロロロロ……
でしたのう??
……
ああ やっぱりダメッ
どうしたら高峰秀子《たかみねひでこ》みたいに自然《しぜん》にフケ役《やく》ができるの!?
あ…それ 年取《としと》った大石先生《おおいしせんせい》コスプレだったんだ…

紅蓮美《ぐれみ》さん自然《しぜん》にフケ役《やく》っていうけど
19歳《さい》から46歳《さい》までの役《やく》が自然《しぜん》に見《み》えるのはそれだけ彼女《かのじょ》が演技《えんぎ》に技巧《ぎこう》をこらしているからなのよ
わ…わかってます先生《せんせい》 その技巧《ぎこう》を全《まった》く感《かん》じさせないところがまた彼女《かのじょ》のスゴいところだってことも……
イカツラ
46歳の大石先生
表情や声がグッと変わる
19歳の大石先生
ちなみに高峰秀子はこの時30歳
でも彼女《かのじょ》 女優《じょゆう》の仕事《しごと》が嫌《きら》いだったそうなんです
なのになぜあんなに演技《えんぎ》が上手《じょうず》なの!?
それがわからないんです
それは子役《こやく》から演技《えんぎ》をしていたからでは?
雨宮《あまみや》 子役《こやく》が大人《おとな》になっていい役者《やくしゃ》になれるとは限《かぎ》らないのよ
養母《ようぼ》や親類《しんるい》を養《やしな》うために女優《じょゆう》をしていた彼女《かのじょ》が演技《えんぎ》への意識《いしき》を変《か》えたのは16歳《さい》の時《とき》ある女優《じょゆう》の演技《えんぎ》を見《み》てからだというわ
16歳頃の"デコちゃん" ←当時のニックネーム
可愛さ満開!
それは『小島《こじま》の春《はる》』'40年《ねん》(昭《しょう》15)という映画《えいが》に出《で》ていた杉村春子《すぎむらはるこ》
ハンセン病患者の役だったそうだ
まるで背中《せなか》にも顔《かお》があるようなみごとな演技《えんぎ》を見《み》た時《とき》の衝撃《しょうげき》を彼女《かのじょ》は自伝《じでん》でこんなふうに書《か》いてるわ

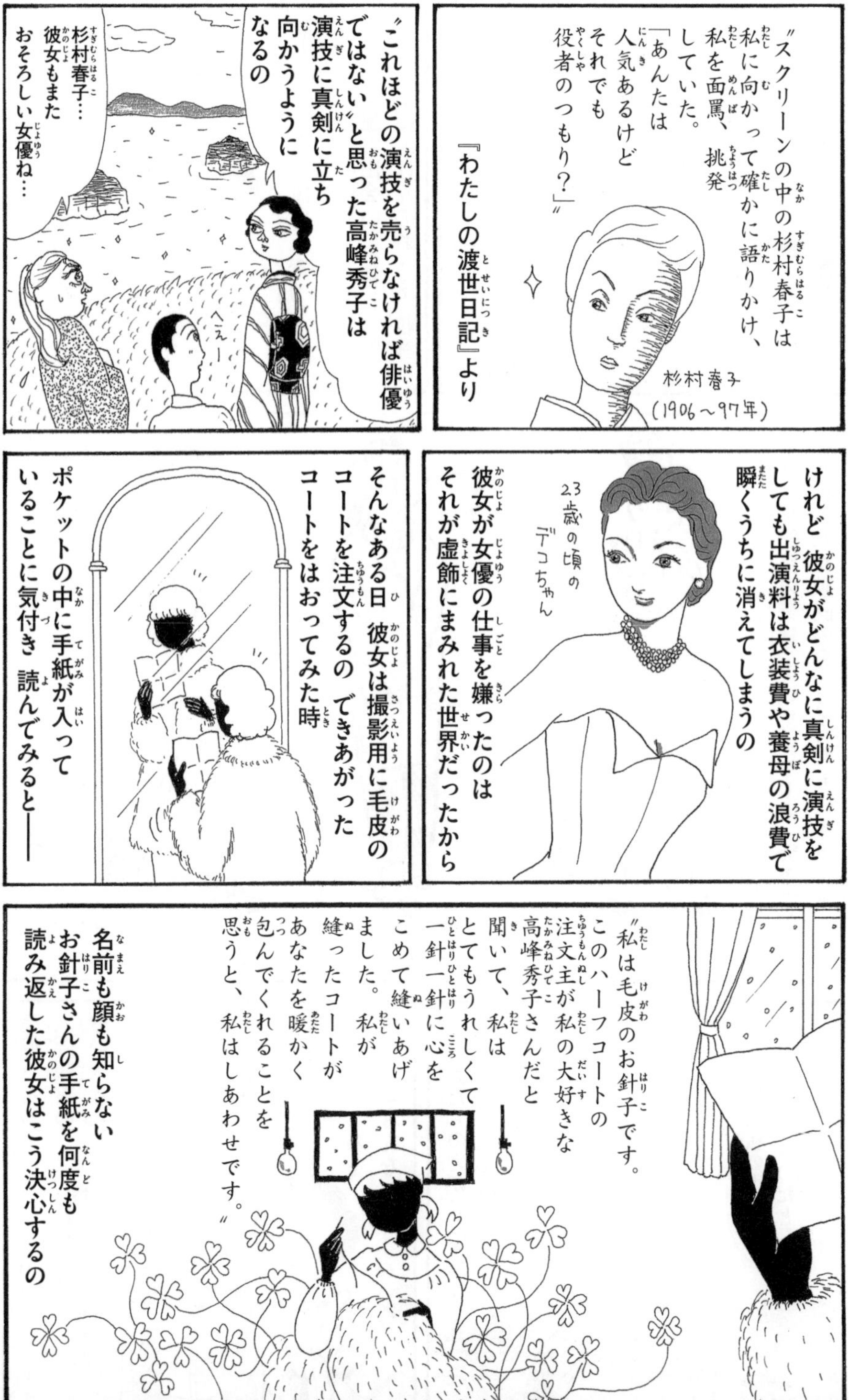
"スクリーンの中《なか》の杉村春子《すぎむらはるこ》は
私《わたし》に向《む》かって確《たし》かに語《かた》りかけ、
私《わたし》を面罵《めんば》、挑発《ちょうはつ》
していた。
「あんたは
人気《にんき》あるけど
それでも
役者《やくしゃ》のつもり?」"
『わたしの渡世日記《とせいにっき》』より
杉村春子
(1906〜97年)
"これほどの演技《えんぎ》を売《う》らなければ俳優《はいゆう》
ではない"と思《おも》った高峰秀子《たかみねひでこ》は
演技《えんぎ》に真剣《しんけん》に立《た》ち
向《む》かうように
なるの
へぇー
杉村春子《すぎむらはるこ》…
彼女《かのじょ》もまた
おそろしい女優《じょゆう》ね…
けれど 彼女《かのじょ》がどんなに真剣《しんけん》に演技《えんぎ》を
しても出演料《しゅつえんりょう》は衣装費《いしょうひ》や養母《ようぼ》の浪費《ろうひ》で
瞬《また》くうちに消《き》えてしまうの
23歳の頃のデコちゃん
彼女《かのじょ》が女優《じょゆう》の仕事《しごと》を嫌《きら》ったのは
それが虚飾《きょしょく》にまみれた世界《せかい》だったから
そんなある日《ひ》 彼女《かのじょ》は撮影用《さつえいよう》に毛皮《けがわ》の
コートを注文《ちゅうもん》するの できあがった
コートをはおってみた時《とき》
ポケットの中《なか》に手紙《てがみ》が入《はい》って
いることに気付《きづ》き 読《よ》んでみると——
"私《わたし》は毛皮《けがわ》のお針子《はりこ》です。
このハーフコートの
注文主《ちゅうもんぬし》が私《わたし》の大好《だいす》きな
高峰秀子《たかみねひでこ》さんだと
聞《き》いて、私《わたし》は
とてもうれしくて
一針一針《ひとはりひとはり》に心《こころ》を
こめて縫《ぬ》いあげ
ました。私《わたし》が
縫《ぬ》ったコートが
あなたを暖《あたた》かく
包《つつ》んでくれることを
思《おも》うと、私《わたし》はしあわせです。"
名前《なまえ》も顔《かお》も知《し》らない
お針子《はりこ》さんの手紙《てがみ》を何度《なんど》も
読《よ》み返《かえ》した彼女《かのじょ》はこう決心《けっしん》するの

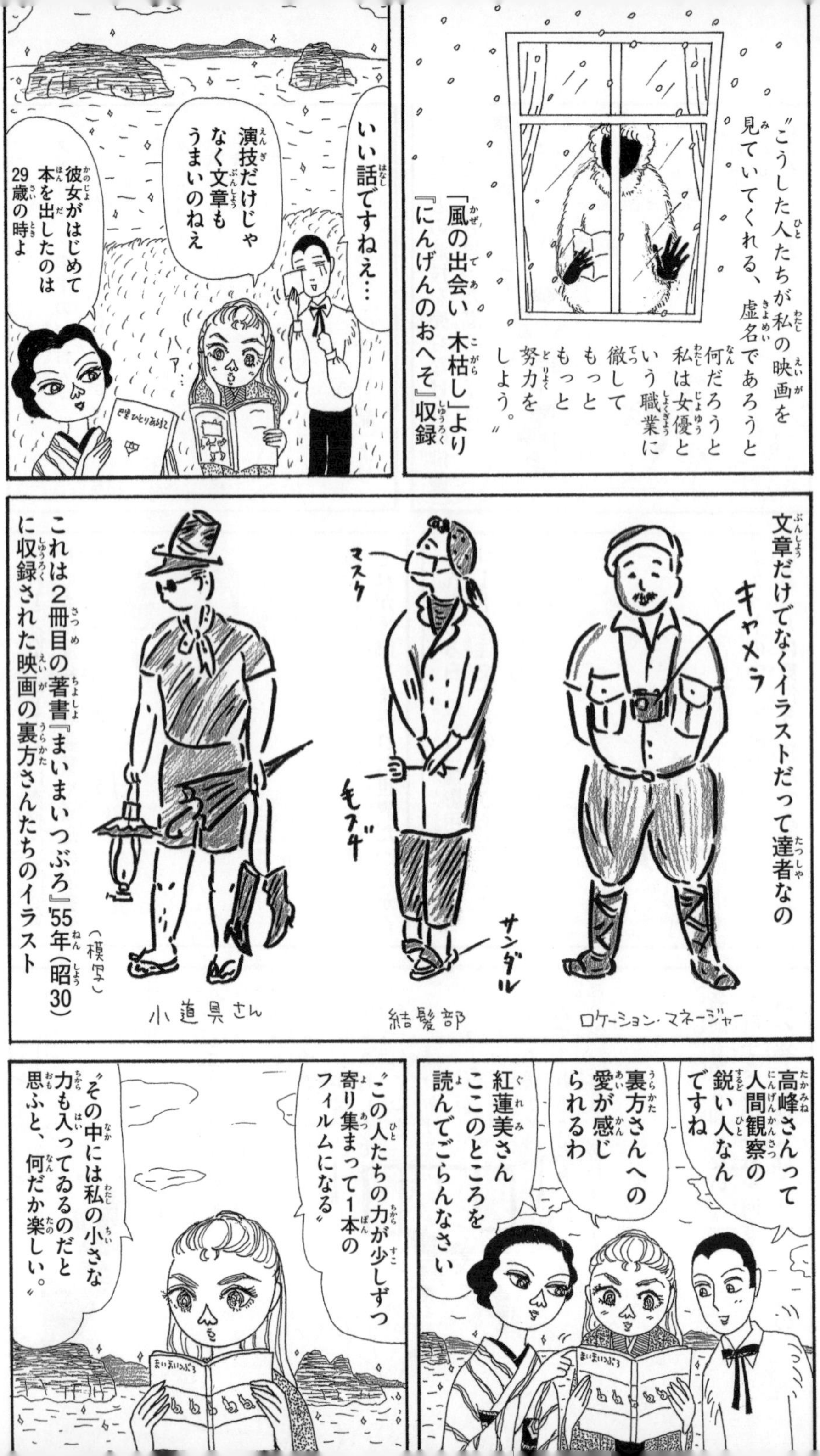
〝こうした人《ひと》たちが私《わたし》の映画《えいが》を見《み》ていてくれる、虚名《きょめい》であろうと何《なん》だろうと私《わたし》は女優《じょゆう》という職業《しょくぎょう》に徹《てっ》してもっともっと努力《どりょく》をしよう。〟
「風《かぜ》の出《で》会《あ》い 木枯《こが》し」より『にんげんのおへそ』収録《しゅうろく》
いい話《はなし》ですねえ…
演技《えんぎ》だけじゃなく文章《ぶんしょう》もうまいのねえ
彼女《かのじょ》がはじめて本《ほん》を出《だ》したのは29歳《さい》の時《とき》よ
ハァ…
文章《ぶんしょう》だけでなくイラストだって達者《たっしゃ》なの
キャメラ
マスク
サンダル
ロケーション・マネージャー
結髪部
小道具さん
これは2冊目《さつめ》の著書《ちょしょ》『まいまいつぶろ』55年《ねん》（昭《しょう》30）に収録《しゅうろく》された映画《えいが》の裏方《うらかた》さんたちのイラスト
（模写）
高峰《たかみね》さんって人間観察《にんげんかんさつ》の鋭《するど》い人《ひと》なんですね
裏方《うらかた》さんへの愛《あい》が感《かん》じられるわ
紅蓮美《ぐれみ》さんここのところを読《よ》んでごらんなさい
まいまいつぶろ
〝この人《ひと》たちの力《ちから》が少《すこ》しずつ寄《よ》り集《あつ》まって1本《ぽん》のフィルムになる〟
〝その中《なか》には私《わたし》の小《ちい》さな力《ちから》も入《はい》ってゐるのだと思《おも》ふと、何《なん》だか楽《たの》しい。〟
まいまいつぶろ

グレゴリ青山『マダムGの館 黒猫篇』（小学館, '12年8月）

●エッセイスト高峰秀子

山本嘉次郎先生のこと

高峰秀子 Takamine Hideko

山本先生。私の思い出にある山本先生は、いつも若々しくハンサムでおしゃれ、私もまた若い少女だったころが思い出されます。

昭和十二年。松竹映画から東宝映画にひきぬかれてきたのは、私が十二歳のときでした。東宝での最初の仕事は、吉屋信子先生原作の「良人の貞操」前後編で、その演出をなさったのが、山本嘉次郎先生でした。その後、「綴方教室」「馬」など、何十本かの先生の作品に出していただいて、大人でもなく、子供でもない中途半端な年頃を「少女俳優の黄金時代」といわれるまでにして下さった山本先生は、私の生涯の恩人です。そして、仕事の上ばかりでなく、家庭的に恵まれなかった私を、「せめて女学校を卒業するまででも、親代りになって引き取りたい」とまで仰言って下さったことを、いまでも、ありがたく思っています。

山本先生は、「なんでもかじろう」とアダ名されるほどに多趣多芸な粋人で、「映画演出」の仕事だけにしがみついている、といった悲壮感は全く無く、いつも「映画も作っている」というような、余裕のある仕事ぶりでした。

例えば、巨匠とか、映画芸術家とかいわれる人にありがちな「気むずかしさ」もなく、俳優のあつかいにしても、あくまでその俳優の持ち味を引き出す、という方法をとるので、撮影現場には、「冷気」や「殺気」どころか、いつも和気あいあいとした楽しい雰囲気があふれていて、山本先生のユーモアのある巧みな話術に、笑い声の絶える間もありませんでした。けれど「なんでもかじろう」は、かじるだけではなく、噛んで、呑みこんで、とことんまで追求する、という執拗さは驚くばかりでした。そのことで思い出すのは、三船敏郎さんが、ニューフェイスの審査を受けたときのこと。たまたま私は「少女期をすぎてからの相手役、つまり恋人役になる人を、自分でみつけなさい」と言われて、審査員席に坐っていたのです。

当時の三船さんは、若き狼といった精悍さと素晴しいスタイルで審査員を圧倒したものの、彼一流のテレかくしからか、その無礼ともいえるほどのブッキラ棒さに、審査員の先生がたは顰蹙《ひんしゅく》し、三船さんの容姿によだれを垂らしながら「落とす」ことに相談が決まりました。そのときです。山本先生がこう仰言ったのです。「はじめからダメと決めずに使ってみたらどうですか？　どんな才能がかくれているか、ためしてみなければ分らない、落とすのは何時でもできる」。その山本先生の一言が、今日の名優・三船敏郎を世に送り出したのでした。

実を言えば、私は、五歳で映画界に入ったときから、俳優の仕事が嫌いでした。ヒマさえあれば「いつ、どうやって逃げ出そうか」と、そればかり考えていたのです。終戦の直前、山本先生の作品「アメリカようそろ」で館山へロケーション撮影に行ったときも、私は例によって、旅館の庭を目の前に、ぼんやりと「逃げる」ことを考えていました。そこへヒョイと山本先生が現れて、私と肩を並べて坐りました。「なに、考えてる？」「べつに」「つまんないかい？」「つまんない」「でもさ、あの松の木を見てごらん、あの木はなぜこっちへ向ってゆがんでいるんだろうねえ、たぶん、海の方から風が吹いてくるからだよね、……ねえ、でこ、なんでも興味を持って見てごらん、世の中、そんなにつまんなくもないヨ」。山本先生はそれだけ言うと、またヒョイと立ちあがって行ってしまいました。私はキツネが落ちたようにポカンと坐っていました。

「好きも嫌いも〝仕事〟と割切る。仕事であるからにはせい一杯の努力をする。逃げ出すことは、いつでも出来る」。私の胸の中で、とつぜんなにかがふっ切れる音を私は聞きました。眼のウロコが落ちる、とはあのときのようなことを言うのでしょうか。山本先生のあの一言がなかったら、俳優としての私の存在など、とうの昔に消えていたかもしれません。まさに、私を作って下すった一言でした。私は十九歳でした。

終戦後、山本先生は、あやしげなお酒とヒロポンの常用で、みるみるうちに元気をなくされたようでした。先生のやわらかな神経は、戦後の混乱に耐えきれず、むちゃな痛飲やヒロポンに走るより逃げみちがなかったのでしょうか？

最後にお目にかかったのは、昨年、テレビと雑誌、二度続けての対談でした。例の「松の木の話」をしたら、お忘れなのか、とぼけているのか、テレたのか、「そんなこと言ったかな？」と首をかしげられました。「相変らず、心身ともにおしゃれな先生だな」と私は思いました。

東宝の友人葬で胸に抱いた、先生のお骨はずっしりと重く、久し振りに山本先生と私の距離が近くなったのを感じました。四角い箱の中から「重いだろう？　でこ」という先生の声が聞こえたような気がしたのです。「逃げられた！」と、私は口の中で呟きました。

（『文藝春秋』74年12月号）

●エッセイスト高峰秀子

あぁ、くたびれた。

高峰秀子
Takamine Hideko

「永坂一番地」というカッコイイ町名に惚れて、麻布に住みついたのは四十余年も前である。以後、中身の住人も老化したが、容れ物の家屋にもガタがきて、三回も建て直した。

以前は閑散としていたわが家の周りは、現在、右隣りがアメリカ大使館邸、左がサウジアラビア大使館、後ろがギニア大使館と、大使館だらけになって、小さな庭に住みついていた蟇《がま》や蛇は姿を消し、目覚まし代わりだった小鳥たちの声も激減した。

春夏秋冬、花鳥風月には浸る間もなく女優の道をただ馬車馬のように突っ走っていた若い頃は、「老女になったらこのあたりを優雅に散歩でもしよう」と楽しみにしていたが、さて老女になってみたら、すっかり様変わりした付近の喧噪をかき分けてヨタヨタと散歩するなどはとんでもないこと、ひたすらくたびれるばかりである。

だが、くたびれるのはトシのせいばかりではない。麻布界隈には滅多矢鱈と「坂」が多いからだ。司馬遼太郎先生の文章によれば、「……まことに江戸は坂が多く、名称のついた坂だけでも三百以上ある……」そうだ。麻布周辺だけでも二十以上あるのだから、くたびれるのも当然である。

爽やかな初夏の風に誘われて浮かれ狸よろしく私は久し振りに自宅近くの植木坂を下ってみた。大黒坂下の商店街でちょっと買物、暗闇坂を戻って鳥居坂の国際文化会館でひと休み。わが穴倉へ辿りついた時はもはやヘトヘト。玄関を入った第一声は「あぁ、くたびれた」だった。


（『文藝春秋』'95年7月号）

高峰秀子の部屋

「こんちは。

バナナある？　うんとね、そんなにはいらないなぁ……。あ、ちょっと、一緒にいてくれないと困るのよ。あたし一人だと万引きしてるみたいに写っちゃう。しちゃうよ、ホントに（笑）」

ルテチヤ・カンカン対談……

巴里よいとこ

高峰秀子 Takamine Hideko
渡辺一夫 Watanabe kazuo

渡辺教授のいた巴里の下宿に住んだ高峰さん

高峰　先生、しばらく。今日は先生にお会いできるというので、とても楽しみにしていましたのよ。

渡辺　いやァ、それは光栄ですね。美しい女優さんから待たれるなんてことはめったにないですからね。いつだったかな、この前に会ったのは……。

高峰　「朝の波紋」の試写会でしょう。あれから、もう二本映画に出ています。

渡辺　あのときは高見（順）君に無理にひっぱり出されて見にゆきましたよ。

高峰　先生に最初にお目にかかったのは、新外映の鈴木さんのお宅でしたわ。ちょうど私が近くパリへ行くというんでパリのあちこちへ、先生から紹介状を書いていただいたでしょう。

渡辺　ああそうでしたね。なにしろぼくは、女の人には、親切ですからね。

高峰　その先生の御親切が忘れられないので、パリから帰ってきて、またぜひお会いして、いろいろお願いしたいと思っていたんです。

渡辺　それじゃァ、今日は高峰さんに引立て役になってもらうかな。

高峰　ええ、先生、私、よろこんでやりますよ。でもあとで私のお願いは、きいて下さいますね。

渡辺　あなたのおっしゃることなら……。それでどうでした？　パリは。

高峰　今から考えると、よく一人で行ったもんだと自分ながら感心しますわ。フランス語はできな

Au bord de la Seine
j'étais seule

セーヌのほとりにあたしはひとり（題字・渡辺一夫）

いし、パリのことは、なんにも知らないで、いきなり行っちゃったんですからね。

渡辺　えらい。それはちょっと勇気のいることですからね。

高峰　ええ、あの頃は、なんというか自分の境遇というものから、とにかく脱け出したいという気持でいっぱい。

渡辺　ぼくのパリ留学時代の下宿にいたそうですね。あそこのマダムはね。ソルボンヌ大学教授の未亡人でね。あの一家は、いまどうなっているかな。

高峰　マダムと、娘さんの二人ぐらしです。

渡辺　どの部屋にいました？　あそこの家はね、こうなってるでしょう。

（渡辺先生、こういいながら、そのパリの下宿の部屋の見取図を正確に書く。高峰さん、傍からのぞき込みながら）

高峰　ああ、その部屋です。

渡辺　この部屋なら、ぼくのいた当時は、デンマークの船長が住んでいましたよ。その隣りがドロシイというアメリカの娘さん。そのまた隣りが、ぼくの部屋だったかな。

高峰　よく覚えていらっしゃいますね。私その部屋に一人ぼっちで、夏じゅうを過したんですのよ。淋しかったわ。

渡辺　あの下宿といえば、面白い話があるんですよ。ぼくがいた当時ね、アンゴラ猫でハンニバルとかいう変った名前をつけていましたがね。ある日のこと、娘さんがぼくをよんでね〝ムッシュ・ワタナベ。あなたのバスルームを、ちょっと貸していただきたい〟というんですよ。なにごとならんと思って、そのわけをきくとね〝いまからうちの猫の結婚をやりたい〟というんですね。ぼくが承知すると、二匹の猫をバスルームに入れたまま外から鍵をかけて、その鍵穴から娘さんが様子如何とのぞいているのですよ。しばらくたって、ぼくが〝どうです、結婚はすみましたか〟ときくと、彼女の答えたセリフが、ふるっていましたね。〝だめでした。やはり気質のちがいでしょうね〟ってね……。いませんでしたか、その猫。

高峰　まさか、もういないでしょう。あのおうち、マダムも娘さんも、とてもいい人たち。それに紋付とかキモノ、カンザシなど日本のものをたくさんもっていて、わたしの家は〝日仏会館〟だからと。それを自慢してましたわ。

渡辺　ぼくのいたころは、シボリの羽織かなにかを着て喜んでいたな。

高峰　私も、とても親切にしていただいたので、感激しちゃったんです。でもなにしろフランス語が出来ないでしょう。だから帰りになにかお礼をいいたかったんだけど、自分の気持をよくいえなかったので、帰ってから長文の手紙を書きました。それをホンヤクしてもらって出したら、マダムから返事が来ましたの。

渡辺　その手紙をもってこなかったの。読みたいな。

高峰　ええ。今日は忘れちゃったけど、こんどもってゆきますから、先生、訳して下さいね。

ルクサンブールの噴水も出るのは土曜と日曜

渡辺　パリの話しようか。ルクサンブール公園は行ったでしょうね。あの頃はね、毎日、公園で軍楽隊の演奏があってね。それをベンチに寝ころんで聴くのがたのしみだった。

高峰　ルクサンブールは、すてきなところ。だけど一人ではね。つまんないでしょう。みんな二人連れなんですもの。軍楽隊は、やっていませんでした。噴水だって、土曜と日曜しか出さないんですもの。

渡辺　あのベンチに坐っていると、どこからとなくおばあさんが現れて、料金をとりたてて行ったもんだったな。あのころ二フランぐらいだったかな。

高峰　ええ。そのおばあさん、いまもいましたわ。でも料金は五フランか十フランでした。今日は誰もいないなと思って、そっとベンチにかけると、どこからともなく現れるんですね。

渡辺　あれは大戦の未亡人だということですよ。あのベンチにかけて、ぼんやり空をながめていると、なんとなく日本に帰りたくなってね……。モンマルトルは行きました？

高峰　あそこは一人ではこわいから……。

渡辺　昼ゆけばいいんですよ。サクレクールあたり、いいですよ。夜は女の人が一人で行ったらたいへん。

高峰　あのあたり、このあいだ「パリの空の下セーヌは流れる」ってフランス映画を見てたら、ずいぶんきれいに出てました。

渡辺　ああ、あれはぼくも見ました。ずいぶんアメリカ人が出ていましたね。いばっていたでしょう。あの連中……。

高峰　ええ。多かったけど、別にいばっているようには思いませんでした。なにしろアメリカ人は金持でしょう。だからやっぱり……。ルーブルへ行く途中のサントノーレのあの通りの店という店の豪華さ。衣裳、宝石、毛皮、帽子、すばらしいものばかりがずらり並んでいて、まるでアメリカ人の金持のための嫁入り道具を売っているみたいでしたわ。

渡辺　あの通りにマキシムという店があるんですがね。一八〇〇年代に出来たということを、ちゃんと書き出していてね。とにかく、あの辺りの店は、みんな古い歴史をもっていますからね。

「セーヌのほとりにわたしはひとりだった」

高峰　それから、そのサントノーレをちょっと歩いたとこにあるプラスバンドーム、あそこの宝石店のすばらしかったこと……。

渡辺　ああ、こうなるとパリの地図がほしいな。よし、ぼくがひとつパリ案内図を書きましょう。

（ここで渡辺教授、ふたたびペンをとって画用紙いっぱいに、パリの地図を描く。ときおり傍の高峰さんに〝……でしょう〟と同意を求めながら……）

渡辺　できた。ちょっとさびしいから、ここにお月様をいれるかな……。

高峰　うまいわ、先生、よく憶えていらっしゃるわ。では私がここにサインを入れますわ。

渡辺　そりゃあね。眼をつぶると、パリの街のすみずみまで、ちゃんとイメージにうかんでくるし、こんな地図ぐらいはね。

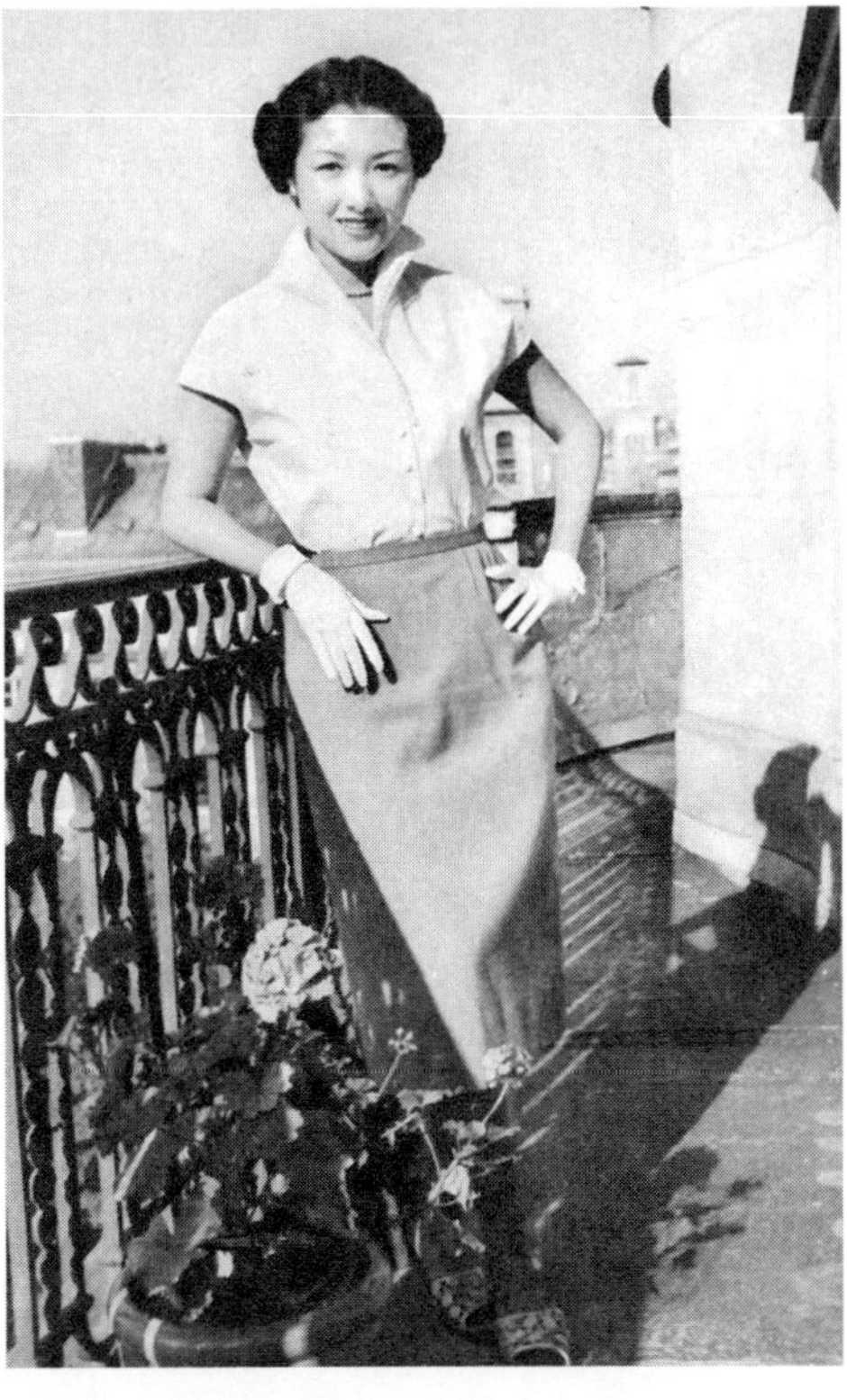

渡辺一夫氏も住んだパリの下宿のテラスで。

高峰　その地図、今日の対談会のカットに使っていただいたら、どうかしら。

渡辺　さあ、これで大体、パリがひと目でわかるわけですよ。（その地図を指さしながら）ここがカルチエ・ラタン。これがセーヌ。これがノートルダム。

高峰　先生、じゃ、この辺で私のお願いを、きいて下さいます？

渡辺　どうぞ、ぼくに出来ることなら。

高峰　私ね、あちらにいたとき、日記みたいなものをつけていたんです。見たり、聞いたり感じたことをそのまま書いたつもりなんです。それをこんど本にまとめることになったので、その本の題名を、フランス語で、先生につけていただこうと思って……。「巴里ひとりある記」って題をつけたんですけど。

渡辺　それは光栄ですね。ついでに本の装釘についてもちょっといわしてもらおうかな。専門家だからね。

高峰　ええ、どうぞ。表紙は私の紋……紋といってもね、自分で作った紋なんです。おもちゃのコマの絵、始終キリキリ舞いしているから、こうしたんですけど。このコマの色をフランスの三色旗にしようと思うんです。

渡辺　そう、「ひとりある記」か。どういう風に訳そうかな。

Au bord de la Seine j' étais seule

（セーヌのほとりに、あたしはひとりだった。）とでもしますかね。

高峰　うわァ、すてき。

渡辺　まだまだ。もっといいのが出ますよ。ええーと。おつぎは……。

Sous le ciel de Lutetia, ma Promenade était seule

（ルテチヤの空のもと、わがそぞろひはさびしかりき）

高峰　ルテチヤってのは、どういう意味なんですか。

渡辺　それはね、パリの別の名。東京を江戸といったような、そんな古い呼び名ですよ。さて、もひとつ……。こんどはパリのなつかしい名前をみんないれてやってみるかな。

Et sous le sacré-coeur, et á Notre dame et á Montparnasse, j'étais tota lement seule, seule……

（聖心寺《サクレクール》のもとにても、ノートルダムにても、モンパルナスにても、あたしは、とてもとても、ひとり、ひとり……）
これはどう、ちょっといいでしょう。

高峰　ええ、でも本のタイトルには、ちょっと長すぎるようですね。

渡辺　じゃ、お好きなのをどうぞ。

高峰　やっぱり最初のが、長さもちょうどいいんじゃないでしょうか。

渡辺　またちゃんと書きますよ。その本、ぼくにもくれるでしょうね。

高峰　もちろん。いちばん先に献呈しますわ。この本には自分で撮った写真をたくさん入れたいと思っています。

渡辺　あなた自身は写ってないの？

高峰　いいえ。あっちこっち歩いて、通りがかりの人にシャッターを押してもらったんですが、それが頭だけや首なしの写真が多くって……。ウフフフフ。

平山秀子ゆえに楽だったニューヨークの数日

渡辺　いまどんな映画をやってるの。

高峰　「カルメン純情す」を終えたところです。前の天然色の「カルメン故郷へ帰る」の続篇ですけど、とても面白いんです。ごらんになって下さいね。

渡辺　あなたの映画「銀座カンカン娘」のカンカンという意味、知ってる？

高峰　私も、あのときいろいろ調べたり、きいてみたんです。でも結局わからなかったわ。

渡辺　じゃ、その由来をきかしてあげましょう。これには説が二つあるんです。そのひとつはラテン語からきたという説。一八三五、六年、ちょうど作曲家のベルリオーズのはなやかなりし頃ですがね。その頃の若い学生が、ちょっとウロおぼえの学問を見せかけて、知ったかぶりをすることを、クァムクァム（quam-quam）といってひやかした言葉があるんです。これはラテン語からきた言葉で英語で（However）日本語なら、さしずめ〝子のたまわく〟ってやつですね。そのクァムが、カンカに転化したというのです。第二の説はね。フレンチ・カンカンという踊りを見たでしょう。あの踊りね、あれがアヒルの歩くときの形に似てるでしょう。あのアヒルの鳴き声を、フランス人

は〝カン・カン〟というふうに、表現するんです。だから、これが語源だという説。
高峰　第一の方がいいなあ。詩的でしょう。
渡辺　ところが、どうも第二の説の方が正しいらしいですね。こんどは、ぼくが聞く番だ〝デコちゃん〟というのは？
高峰　それは私の本名が平山秀子でしょう、だから名前の方をちぢめて呼ぶと〝デコ〟というわけ。
渡辺　高峰秀子という芸名は誰がつけてくれたの？
高峰　多分、父か母でしょう。平たい山より、高い峰ってわけかな。名前っていえば、こんどフランスからの帰りに、アメリカを通ってきたんですがね、パスポートの問題で、ニューヨークへ着いたとたんに移民収容所に入れられてしまったんです。それを知らないで日本の新聞記者の方たちが、毎日、飛行場の方へ問い合せるんですね。私、パスポートは本名の平山秀子になっているでしょう。だから高峰という名で問い合せても判らないんです。だからニューヨークでは新聞社の方へは誰も知られず、アメリカへ着いて一週間は、のんびりできました。
渡辺　ぼくね。あなたの映画は戦前に一本、戦後に一本と、合せて二本見ていますよ。戦後のは「朝の波紋」。戦前のやつはええーと、題名は、思い出せないけど、なんだか水車小屋のへんをかけて行くやつ……。
高峰　先生、ほんとう？　そんなに御無理なさらなくても……。いいんですよ。
渡辺　いやいや。ほんとうなんだ。見てますよ。ぼく女房と、たしか浅草で見た記憶がある。ぼくの奥さんにきけば、ちゃんとわかりますよ、こうしましょう。ぼくが今わが家へ電話をかけてきますからね、あなたも出るんですよ。
（渡辺教授、すでに大分よい御機嫌で、高峰さんを伴って電話で渡辺夫人を呼び出す。夫人との会話しばし。だが夫人も題名が思い出せなかったらしく、渡辺教授やや恐縮気味で受話器を高峰さんに渡す。高峰さんと渡辺夫人との電話を通じての会話しばし。電話が終って御両人ともやれやれといった表情）

（わたなべ　かずお・フランス文学）
（『毎日グラフ』'52年12月10日号）

妻としての高峰秀子

私は、青年松山善三と結婚したとき、彼に向かってこう言いました。

「私はいま、人気スターとやらで映画会社がたくさんの出演料をくれていますが、くれる金はありがたくいただいて、二人でドンドン使っちゃいましょう。でも、女優商売なんてしょせんは浮草稼業。やがて私が単なるお婆さんになったときは、あなたが働いて私を養ってください」

「ハイ。分りました」

高峰秀子

●作家のみた高峰秀子

艶の気配

村松友視
Muramatsu Tomomi

私は静岡県の清水市で育ったが、その清水には映画館が五つあった。一館は洋画専門で、一館は実演と映画の組合せ、あとの三館は日本映画の上映館だった。そして、小学校五年くらいから、私はそのすべてにかかる映画を、毎週見ていたのだった。東映のチャンバラであれターザンであれエノケン、ロッパであれ、松竹のメロドラマであれ、ランドルフ・スコットの西部劇であれ、何でも見た。つまり、映画という文化のシャワーを大雑把に浴びて育ったのだった。

そのころ、高峰秀子はすでにスター女優となっていたが、何しろ、チャンバラ映画や探偵映画の主人公を自分になぞらえる見方なのだから、〝大人の映画〟はついでに見るようなもので、いくらか退屈を我慢して時を過す世界だった。それに、あまりにも女っぽい女優には違和感が生じる少年らしい潔癖さもあって、あのころの私が許容する女優はきわめて少なかった。その少ない中に、高峰秀子という存在が入っていて、それはもしかしたら色気を感じさせない女優といった匂いが、少年の抵抗を薄めていたのかもしれないのだ。

初めてのカラー作品「カルメン故郷に帰る」などは、かなりきわどい色気を必要とする役だったのだろうが、少年の私も平気で見ていることができた。共演の小林トシ子の表情やスタイルには、何となくまだ直視してはいけない女の色気を感じたが、高峰秀子なら大丈夫という、今となっては申し訳ないような評価を与えていたというわけであります。

そのうち、私もしだいに色気に惹かれるように成長してゆくのだが、高峰秀子は色気をかもし出す女優というよりも、いわゆる演技派への道を着実に歩み始めた。「二十四の瞳」「渡り鳥いつ帰る」「喜びも悲しみも幾歳月」などが頭に浮かぶが、ひとりの女優というよりも、堂々たる座頭《ざがしら》的な雰囲気をそなえた主演女優というイメージが、高峰秀子にそなわっていったのだ。子役時代から特徴的である、聡明そうな額と大きく黒い瞳はそのままながら、どこかにきびしさが加わって、やはり色気とは一線を画した女優像が、輪郭をあざやかにしていった。私は、やはりかつてのように抵抗なく、安心して高峰秀子を見ることができた。それは、色気アレルギーが私に残っていたわけではなく、演技に対する信頼感みたいなもののせいだったにちがいない。

いずれにしても、私の中で高峰秀子という女優は、スクリーンへ登場して一目で主役に見える、神秘的な存在でありつづけたのだった。神秘的でありながら色気とは無縁のスター女優……考えてみれば、私にとって高峰秀子という女優はまことに奇妙な存在であり、他にそういうケースは思い浮かばないのだ。

ところが、私は一度だけ現実の高峰秀子を目撃したことがあり、そのときはハッとする女の色気を感じた。それは、どこか忘れたが北関東のある小さな駅のプラットフォームでのことだった。私は、「婦人公論」という雑誌の編集部にいて、講演会の担当をしていた。北関東の三箇所くらいのコースで、池田彌三郎氏、角田房子氏、それに松山善三氏の三人が講師だった。講演会のスケジュールが終り、講師の方々と編集部は汽車で東京へ帰ったのだが、途中の駅で松山善三氏だけが下車した。

汽車がうごき出し、私たちは手を振る松山善三氏に頭を下げたのだが、松山氏のすぐうしろのベンチに坐った女性が、こちらへ向って軽く頭を下げていた。それが松山善三氏の妻となっていた高峰秀子だと気がついたのは、すでにその姿がはるか後方へ遠のいてしまってからだった。池田彌三郎氏と編集長の二人は、どうやら松山善三氏がなぜその駅で降りたかを知っていたような表情を浮かべていたが、私はそのときあたりをはばかりつつ頭を下げた高峰秀子の姿の、得も言われぬ色気の余韻を味わっていた。昭和三十九年くらいのことであり、私は入社二年目の駆け出し編集者だった。映画の中で感じたことのない不思議な色気に触れて、意表を突かれたような気分に浸ったことを、私はあざやかに憶えている。

（あれは、絣《かすり》のような色気だったな……）

いま、喉の奥にそんな呟きが生じた。絢爛豪華な絹の世界を目指すことのない、絣のごとくぞんざいな色気……それが、高峰秀子の世界ではないかと思ったのだった。この、分りやすさと分りにくさを合わせ持つ艶の気配は、やはり比類ない領域と言えるだろう。ともかく、あれほどあざやかに艶の気配を記憶している、プラットフォームで松山氏のうしろから軽く頭を下げていたシーンにしても、その高峰秀子が洋装であったか和装であったかさえ、私は辿ることができないのである。

（作家）

（『不滅のスター　高峰秀子のすべて』出版協同社、'90年5月）

松山善三と。
絣のごとくぞんざいな……

●妻としての高峰秀子

神様からの宝物

斎藤明美
Saitô Akemi

「じゃあ、高峰さんが人生の中で、自ら望んでしたことは、結婚だけですか?」

するとと高峰は、ハタと気付いたように、一言、はっきりと答えた、

「そうねッ」

これは十数年前、私が『週刊文春』の記者をしていた頃、高峰に短いインタビューをした時のやりとりである。

五歳の時、養父が知人の大部屋俳優を訪ねて松竹蒲田撮影所に行ったら、中央の広場で映画「母」の子役オーディションをしていた。それを見た養父は、何を思ったか、秀子を背中からおろすと、並んでいた五十人余りの少女の最後列に、ポンと立たせた。野村芳亭監督が、秀子を選んだ。

五十年に及ぶ女優人生は、たったそれだけのことで始まった。

「自分は向いていない」、子役から成長するにつれ、高峰はその思いを強くしていったが、既に十数人の親戚の生活を担わされていた身に、〝やめる〟という選択肢は与えられなかった。

半年も姿を消せば、世間は自分を忘れてくれるだろう。遂に二十六歳の時、逃げるようにしてパリに発ったが、「行くならパリ紀行を書け」と出版社から言われ、書いたら次々と随筆の注文が舞い込んだ。

そしてもちろん世間も映画界も高峰を忘れることはなく、〝帰朝第一作〟と銘打った「朝の波紋」の撮影が待っていた。

悲願の女優引退は五十五歳。追いすがる編集者を振り切るようにして筆を折ったのは、七十八歳の時である。

それでも執筆がそこまで続いたのは、七十を過ぎた彼女を無理やり引張りだした私にも責任はあるが、「女優業と執筆業、選ぶとしたら?」という私の問いに、「そりゃあ、書くほうがいい。一人で黙ってできるから」という彼女の答えに理由はうかがえる。

「じゃあ」という私の冒頭の接続詞は、これらの話に続くのである。

人にとって結婚というものがどんな意味を持つのか、結婚したことのない私にはわからない。

だが少なくとも、晩年のその姿を見ていて私に確信できることは、高峰秀子という人間にとって、結婚とは、救いであり、幸不幸をくっきりと分けた分水嶺であったということだ。

リヤカー一杯の古本だけを持って、お手伝いさん三人と運転手さんがいる豪邸に〝輿入れ〟してきた貧しい青年の存在は、それまで容赦なく高峰から金を吸い取っていた養母や十数人の親類縁者を、遠ざけた。

そして、「三十になって、いい人がいたら結婚して、女優をやめる」、十代の頃からそう考えていた、高峰の願いを成就させた。

ただし青年は貧しかったので、脚本家として名を成していくまで、高峰の引退には時間がかかった。

「もしとうちゃん(高峰の夫)と出逢っていなかったら、どうなってたと思う?」

いつか私は訊いたことがある。

高峰は即答した、

「イヤぁなバアさんになってたと思うよ。今でも十分イヤなバアさんだけどね」

そう言って、微笑むと、

「いまだに親戚にたかられながら、あっちこっち引張って(整形をして)白粉つけて、女優をやってたと思いますよ」

もはや笑みは消え、その面差しには、忌々しさと憎悪にも似た暗さが満ちていた。

と言って、高峰は「性に合わない」女優業の手を抜いたわけではない。それは、彼女が遺した三百余本の出演作が証明している。

そして女優・高峰秀子を終生、〝売り手市場〟

に立たせ続けたのは、まぎれもなく、その痩せた貧しい青年の努力による。

朝起きると、夫を起こさぬようにそっとベッドから出て、顔を洗い、前夜用意してある台所のカウンターの上のコーヒーメーカーでカフェオレを作る。そして夫が食するリンゴ半分とヨーグルトも用意する。

夫が起きると、高峰は寝室の雨戸を繰り、夫が身支度を終える頃、朝食を食卓に並べる。昼は、「満腹になると、午後、頭が働かなくなる」と言う夫のために、うどんやチーズトーストなど軽食を用意した。

夫が地方に出かける時は、彼の要望に応えて、お重箱に弁当をこしらえて持たせた。

夜は、「これできます」というメニューをカウンターに立て、夫が選んだものを即座に供した。

「とうちゃんが帰ってきた時、暗いと可哀相だから」と、全ての門燈を煌々と点けた。

「とうちゃんが大嫌いだから」と、自分が好きな漬物も梅干しも口にしなかった。

高峰が炊いたご飯があまりにも美味しいので、私が「美味い、美味い」とパクついていると、

「あんたに炊いたんじゃないよ。とうちゃんのために炊いたんだからね」。

魚を焼けば、「勝手にとるんじゃありませんよ。とうちゃんにとってもらいなさい」と、大きな切れを松山の皿に、小さな切れを私の皿にのせた。

「とうちゃんが」「とうちゃんが」……。

耳にタコができるほど、私は高峰からその言葉を聞いた。

小さな手で懸命にかぼちゃにトンカチを当てて包丁を入れようとしている高峰に、「とうちゃんにやってもらえばいいのに」と私が言うと、「お宝亭主にそんなことはさせられません」。そう言って、私に任せることもせず、かぼちゃと格闘し続けた。

お宝亭主――。

高峰にとって、夫・松山善三は「宝」だったのだ。

「新婚旅行に行く時間がなかったから結婚式の夜、帝国ホテルに泊まったんだけど、そしたら、とうちゃんの脚がね、毛が一本もなくてツルーンとしてバナナみたいだったの。だから『あなたの脚は昔からこんなバナナみたいなの？』って訊いたら、

『ううん、違うんだ』と。木下（惠介）先生のお下がりのサッカー地のズボンを履いて撮影所を走り回ってたから、ズボンで脛毛が擦り切れたんだって。とうちゃんは嘘つきじゃなかったの。本当だったの。その証拠に、それから机にかじりついて脚本を書くようになったら、フサフサ生えてきたよぉ」

そして一拍置くと、胸を張るようにして私に言ったものだ、

「ズボンで脛毛が擦り切れるほど働く男。どうだ、素敵だろう！」

何と答えてよいか返答に困るような、こんな当てられっぱなしの二十年を、私は老夫婦のもとで過ごしたのである。

「とうちゃんのどこを好きだと思った？」

私が訊くと、何をいまさらというように、

「何もかも」

「何もかもって何？」と訊くと、言うのももどかしいという感じで、

「私が持ってないものを全部持ってる人」

なおも「全部って何？」と訊くと、んん、もう、というように、

「私は結構いい加減でチャランポランなところがあるけど、とうちゃんは真面目そのもの。誠実が洋服を着たような人ですッ」

ある日、台所の流しで菜っ葉を洗いながら、高峰が、ポツリと言った、

「かあちゃんは小さい時から働いて働いて……。だから神様が可哀相だと思って、とうちゃんみたいな人と逢わせてくれたんだね」

私は何も言えず、涙が出るのを隠すように、ただ高峰を抱きしめた。

「結婚して五十年、私は松山に何をしてやれたかしらと考えると、何もないのね。でも、もし唯一あるとしたら、それは私が一度も寝付かなかったこと」

そして高峰は、人生の最期の最期に、たった一度だけ、寝付いて、逝った。

先の高峰の言葉には、続きがある。

「三十になって、いい人がいたら結婚して、女優をやめる。そしてその後三十年はその人に尽くして、もしもその時まだ自分が元気なら、それからは自分のために時間を使う」

その通りにした人だった。

夫第一に過ごした後半生は、「宝物」を授けてくれた神様への感謝だったのか、あるいは苦界から救い出してくれた男へのせめてもの恩返しだったのか……。

「病気のデパート」と呼ばれるほど数多の病気に罹り、医師に「長生きはできない」と言われた夫は、この春、九十一歳を迎えた。

「かあちゃんは結婚して五十年、皿一枚割ったことがないよ」

「かあちゃんは、のろいけど、速いんだ」

そう夫に言わしめるほど、丁寧に家事をこなし、汚れ一つない台所で、毎日毎日、心づくしの料理を作って食べさせた。

それ以外に、松山が九十一までながらえた理由は、ない。

女優として文句なく一流だった。

物書きとしても優れていた。

だが、それよりもなお、高峰は、妻として超一流だった。

宿命に準じた人が、八十六年の生涯でたった一つ、己の意志で選んだこと。

松山善三との結婚。

高峰秀子はただ、彼を、愛したのだ。

（作家、松山善三・高峰秀子養女）

憩いのひと時

スターに聞く五十問 3

高峰 秀子

本名 平山秀子 昭和四年子役で松竹に入社、のち東宝に移つて「綴方教室」「馬」に出演し現在の基礎を築く、昭和二十六年パリに外遊帰京後「朝の波紋」「カルメン故郷に帰る」「雁」などに出演。個性の強い頭の良さで好感を持たれている。誕生日三月二十七日、現住所 東京都港区 趣味絵画（チャーチル会会員）

①健康法・美容法	特別にありません、夜寝る前に顔を洗う位、そして食べないこと
②理想とする身長と体重	五尺二寸、十二貫
③外出前のお化粧時間	三十分位
④バッグに入っているもの（化粧品を除く）	小さい手帳、近眼鏡
⑤持っているサングラスの型	ボストン型（茶色）
⑥好きな色 嫌いな色	黒、灰色 ない
⑦一番嬉しかつた贈りもの	真心の感じられたものはみんな嬉しかつた
⑧今一番欲しい物	別にありませんネ
⑨好きな時間 嫌いな時間	ひとりになれた時間 朝おきるとき
⑩愛好している文明の利器 不愉快なもの	めざまし時計（どっちにしても）
⑪好きな乗物、嫌いな乗物（自家用車をのぞく）	飛行機 モーター付自転車（ウルサイから）
⑫好きな花 嫌いな花	バラ、くちなし キンセン花
⑬好きなダンス曲	イン・ザ・ムード
⑭好きな匂い 嫌いな匂ひ	花のにおい クサイにおい
⑮古今東西を通じて一番好きな時代、嫌いな時代	明治 終戦直後
⑯行つた外国 行きたい外国	フランス、アメリカ、ベルギー スペイン、南米、北京
⑰犬と猫とどちらが好きか	犬
⑱逢つてみたい人	特別になし
⑲尊敬している人	梅原竜三郎先生
⑳好きな外国スター	イングリット・バーグマン

（『趣味の手帖　スターとともに』1954年版）

㉑好感をもつている架空の人物	
㉒結婚の条件	常に自分の意志をはつきり持つて何事にも立向える人
㉓夫との年令差は	理想は十位上の人
㉔初恋の年令とその感想	十六歳　あの頃はよかつたなア
㉕美男の要素	清ケツ、明朗
㉖好きな果物嫌いな果物	みんな好き
㉗好きなお菓子嫌いなお菓子	ショートケーキ　ねり切り干菓子
㉘自慢料理	ワツフル焼き（たゞし、誰がやつても同じに出来る）
⑤絶対に食べられない食物	馬肉、その他ゲテもののたぐい
㉚女優でなかつたら、どんな職業を	高級女中、つまり秘書
㉛眠れないときはどうするか	眠れるまでおきているより仕方がない
㉜影響を受けた書物	「小僧の神様」志賀直哉著
㉝文科系と理科系とどちらが得意	得意なものぜん〳〵なし
㉞新聞の最初に読む欄	映画欄
㉟手紙の常用終尾句	では御きげんよう
㊱ゴシツプについて	税金の一種
㊲一番つらかつたこと	自分の自由になれない時
㊳憂鬱の解消法	自然にまかせます
㊴気にする点無頓着な点	清ケツ
㊵一番嫌いなもの	へび、くものたぐい
㊶厭な電話に出たときは	仕方がないとカクゴします
㊷意識している愛すべきくせ	なんてありませんね
㊸自分の長所	小器用でねばりの足りないところ
㊹自分の短所	右に同じ
㊺信長・秀吉・家康のいずれに属するか	信長、エヘヘ
㊻芸名の由来	知りません、本名が平山なので高峰としたんでしよう
㊼一番好きな呼称	秀子さん、秀子ちやん
㊽好きな言葉	おはよう
㊾何才迄生きたいか	五十歳
㊿男と女を寸言で言うならば	大きなガキ　相手の出様でどうにでもなる動物なり

●妻としての高峰秀子

「人生の店じまい」を始めました。

思い出だけは持ち運び自由だもの

高峰秀子

Takamine Hideko

——女優の暖簾《のれん》は下ろしたままですか？

「ジョン・ウェインでもあるまいし、私は何も手ぬぐい配って〝辞めました〟って宣言するほどの役者ではないですからね。自然消滅していけば、分相応なんじゃないかしら。三十歳で結婚してからは、とにかく夫（映画監督の松山善三氏）第一にしてきましたから、役者業はずるずるなのね。今は雑文書きが主だけど、大したものは書けないし」

——いや、文章の名人といわれています。

「とんでもない。構えずに、手紙を書くように身辺のことを書いちゃうだけ。ろくに小学校も行ってないのに、六歳くらいから映画雑誌にロケ日記のようなものを書かされていたのね。それで書くことが自然に身についたの。六十銭で買える岩波文庫を、撮影の合い間に読むのが楽しみでねえ。それと、何より自分の周りを見ることが一番の勉強でしたね。何でも、気持ちの持ち方ひとつです。バスに乗っている人や、隣でご飯を食べている人を見るのも大変に勉強になります」

——そうした人生経験を経て、衣食住すべてに本物志向を貫く「生活の達人」です。

「そんな立派なものじゃありませんが、好き嫌いははっきりしています。ひらひら、ちゃらちゃらしたものは大っ嫌い。

結局、おかっぱ頭の頃から、物の好みは変わってないのね。六歳の時から映画の世界に入って、すぐにスターになっちゃったから、毛皮の襟巻きなんかさせられる。〝いや〟ってはっきり言うの。だって子供は風の子なわけでしょう。でも小さいから、それをうまく説明できないのよ。生意気だって養母からずいぶん叱られた。とにかく外見だけを良く見せようとする、上げ底のものは全く受けつけない。実質が伴ったものが一番好き。

たとえ高価なものでも、飾っておく趣味は一切なくて、すべて実用に使っています」

―― 家の中はいつも整然としているとか。

「無駄なものは置かないから。貰いものなんかを次々に飾るから、なんだか特売場みたいになっちゃうのよ。いただいて嬉しいという感謝の気持ちと、家に置くということは切り離さないと。冷たいようだけど、貰いものを置いてしまったら、もう最後です」

―― かなりのきれい好きともうかがいます。

「うん、整理整頓魔。潔癖を通り越して、病気って言われます。たんすの引き出しひとつを開けても、きちっとしてないと気持ちが悪いのね。子供もいないし、夫婦ふたりっきりだから、もし自分たちが旅先で死んじゃったら、後始末に他人が家の中に入ってくるじゃない。みっともないことは絶対したくないっていう気持ちがあるの。

子供の頃から、明治生まれの大人に囲まれて仕事をしてきたでしょう。だから大正十三年生まれだけど、自然と明治の気風が身についたというのかな。とにかく人に迷惑をかけることが、一番つらいことなのね。何でも自分でやる方が、よっぽど気が楽」

―― 大スターなれどお手伝いさんは雇わず?

「いいえ、最近まで三人いました(笑)。女優というのは、好むと好まざるとにかかわらず、生活が大きくなる時期があるんです。見栄でも贅沢でもなく、本当に三人必要なの。ひとりは付き人として仕事に連れて行くし、家には留守番も要るから、あとふたりいないと、おつかいにも出られなくなっちゃう。

私の場合、付き人は自分の世話を頼むよりも、むしろ付き人がいない共演者の方のためだった。〝ほら、あの人にいすを持っていってあげなさい〟〝この人にお茶をね〟って。だから仕事場では〝奥さん〟って呼ばれてました。助監督さんが、〝麻布の奥さん、出ですよ〟って呼びに来るの」(笑)

―― 「奥さん」は、気配り上手の優等生。

「そもそも好きでこの道に入ったわけじゃないので、ずうっと鳥のようにこの世界の人間模様を眺めてきたような感じなのね。

役者ってのは変身願望が強くて、他の人間になりきることをすごく嬉しがったりするんです。けれど私は、それに抵抗を持つ人間なのよ。せりふを覚える時も、〝うえっ〟ってゲップみたいな拒絶反応が出ちゃう」

―― そんなに役者が嫌いだったのですか?

「ええ、嫌でしたねぇ。だけど仕事というのは、好き嫌いという次元とは全く関係ないことです。で、引き受けた以上、とにかく一生懸命やる。せりふはきっちり覚える。NGは出さない。そんな根性が子供の頃から染みついてるから、五十何年、無遅刻無欠勤。

演技がうまいとかまずいなんて次の問題ね。やめたらご飯が食べられない、他にやれる仕事がないからやってるというような、非常に粗末なことだったんですよ」

―― 数年前、東京・麻布永坂のお宅をさっぱりと、小さくなさったそうですね。

「運転手さんを入れて四人の人間がおりましたから、もう会社みたいなものよね。皆交代で休むんだけど、夫と私だけが年中無休。しまいに、何のために働いているんだか分かんなくなっちゃった（笑）。

女優だから、生活が大きくなってしまう時期もあります。それは仕方がない。人間だから、環境が変わってゆくでしょう？　私はいつでも自分の身丈に合った、無理のない生活をするのが理想なんです。……で、今は、年をとっちゃったから、あまり出しゃばらずに静かにしていたいんです」

―― 静かな余生の第一歩は？

「生活の何もかもを、自分の手でやっていくようにしたこと。普通は一生懸命貯めたお金で人を雇ったりして、老後の負担を軽くすることを考えるわよね。私たちは逆のことをした。夫婦ふたりだけですべてをやっていく生活を始めるために、それまで働いて貯めた有り金を全部吐き出したんです。

家にいたのは皆長く勤めてくれた人ばかりでね。運転手さんなんて二十七年。けれどみんな納得してくれました。ひとりひとりに退職金を出して。今も遊びに来てくれたりしますから、その点は幸せね。

で、九部屋あった家を壊して、更地にしてから、三間っきりの小さな家に建て直すことにしたの。足りない分は絵や骨董を売ってね。この世の店じまいの手始めに、ひぃえーっとのけぞるような大枚をはたきました」

―― さすがに、がくっと気落ちされた？

「全然。しごく爽快な気持ちです。家が大きければ、お客が食事にやって来て、ついでに泊まっていったりもするでしょう？　だから終《つい》の住処《すみか》は三間だけ。夫の書斎、寝室、リビングキッチンでおしまい。つまりお客さんを招かないということです。

八人がけのテーブルセット、一二〇ピースのディナーセット、何ダースものクリスタル・グラス。大きな食器棚もソファーも、みーんな必要がなくなって、まとめて売りました。がんばってお金を貯めて手に入れた、家宝の梅原龍三郎先生の絵は、近代美術館や復元された先生のアトリエに寄付しました」

――数々受賞された演技賞のトロフィーは?

「ああ、全部捨てちゃいました。重いのよねぇ、トロフィーってのは。ブロンズの像に、大理石の台がついてたりして。松山の分も三十くらいあるから、合わせて百個はあったかな。いずれにしたって、ただ重いだけで何の役にも立たないもん(笑)。

映画の台本やスチール写真は整理して、川喜多財団のフィルムセンターに寄付したんです。昭和五年から四百本近く出ているから、子供の頃の台本なんて和綴《わとじ》の和紙。そんなもの今、どこ捜してもない貴重な資料でしょう。松山も蔵書の整理を始め、役職もいくつか降りました」

――そうした中で、どうしても捨てられなかったものは何ですか?

「要るもの(笑)。日常使っているもの。使い回しのきくもの。店じまいといっても、歯ブラシ一本くわえて、がらーんとした部屋につっ立っているわけにはいかないでしょ。

私、若い頃から骨董屋をのぞくのが、何よりの楽しみだったんです。親類縁者が大勢扶養家族になっていましたから、どんなに稼いでも、大金には縁がなかった。その中から、けちけちとお金を貯めては染付や李朝の陶器を買って。結婚してからは、パリの蚤の市に行くのが楽しみだった。夫婦ふたりで風呂敷を一枚ずつ持って、入口から別行動。よーいどんで、どっちがいいものを見つけられるかって競争するの。

そんなこんなで買ってきた古いものを、日常でどんなふうに使ったら息を吹き返してくれるかなと、使い方に頭をひねる。それは買い物よりももっと楽しいことでしたね。だから今、家の中にあるものはひとつひとつに愛着があるし、実用性のないもの、使わないものはひとつも置いてないの」

――さっき、お店で片口を見ていらした。

「片口は大好きなのね。皿洗い機を入れたので本物の塗りは無理で、プラスチックしか使えなくなった。あそこ問屋さんだけど、プラスチックのものがたくさんあるので、ちょいちょい行くの。片口はおかずを入れる器にもなるし、本来の使い方として、溶き卵をおすましの鍋に流し込む道具にもなるわよね。花器のように小さい剣山を入れて、なでしこでも挿して食卓に置いたら、古女房の手料理にいささか飽きている亭主どのも、にっこりするんじゃないかしら。

夫婦ふたりっきりの小さな生活には、そういう使いまわしがきくものが一番。縁がでこぼこした器は重ねにくいし、金縁の色絵皿にお煮しめのっけるのも、ちょっとね。やはり、すっきり、さっぱりがいいわね」

――ところが最近のものは、ごちゃごちゃ、くどくどが多いようです。

「この間も、電気釜を捜すのにひと苦労でした。新しいのはややっこしいものばっかり。ぱっと炊ければ、それでいいのよ。スイッチを入れる時間の予約だとか保温だなんて、絶対まずくなるに決まってるでしょう。ご飯をおいしく食べるには、炊きたてを食べること、それだけ。シンプル・イズ・ベストです」

――これからも、せっせとおさんどんしながら、ご主人との道行きですか。

「夫は一日だけでいいから、私に長く生きてくれって。〝お前が死んだら、おれは何を食えばいいんだ、次の日から〟って（笑）。〝自分が死んだら家を売って、ホテルに行きなさい〟って真面目な顔で言うんですよ。そんなことをごく日常的に話し合っています」

――何事もご主人次第……。

「松山は結婚してからあらゆる病気をしてきましたからね。仕事と病気が趣味なんです（笑）。看護する方としては、忙しくて病気になる暇もなかった。四十年間、松山の口述筆記を引き受けてきたから、右手の中指は変形しちゃいました。自分の原稿はおさんどんの合間に、ちょこちょこっと原稿用紙広げて書くの。鉛筆で書いては、消しゴムでくちゅっと消して。けちだから、一枚も無駄にしない。明治の女ですからね。

とにかく結婚してからは、亭主のために一生懸命にやってきました。結局、人間は人間のために何かをするよりほかないんじゃないかしら。古い奴だとお思いかも知れませんが、これ、古いも新しいもないと思うんです」

――人生の店じまいの仕上げは、どうなっていくんでしょうね。

「小林秀雄さんや白洲《しらす》正子《まさこ》さんが書いていらっしゃいますけど、明恵上人《みょうえしょうにん》っていう禅僧の話でね。若い頃修行するのに、健康体では没頭できないからって自分の耳をそいじゃうのね、ゴッホみたいに。

それで年をとってから、ある島に手紙を出すんです。『ごぶさたしておりますが、今もあの桜はきれいに咲いていますか。懐かしくなって、一筆致しました』。その手紙を弟子に渡す時、島の誰に渡せばいいのかって問われると、〝いや、別にあてはない。どこか石の上にでも置いてきてくれればいい〟って答えるんですよ。うーん、これってすごい心境だと思うのよね」

――はあーっ、何がすごいんでしょうか。

「やっぱり世の中、そういう無駄なことも必要なのよ。上質な無駄こそが、心を豊かにする。人間そんな心境になれたら、もっと聡明になれるだろうけど。これも、欲の塊のような若い時にはわからなかったことね」

――何事にも執着せずに、風の吹くままに？

「物を捨てて、新しく手に入れたものは、文字通り肩の荷が下りたという身軽さです。自由という何ものにも替えがたいものを得た。他人がいなければ、物は頼めない。だけど、借りも作らずにすむんですよ。

一遍捨てなければ、拾うこともできないのね。物にしがみついたって、ろくなことはない。思い出のようなものはいくらあっても重たくないし、持ち運び自由。良い思い出がたくさんあるだけで、もう充分ですよ。

だって裸で生まれてきたんですもん、裸で死んだらいいんじゃない？」

（『サライ』'94年2月3日号。取材・文＝田辺加代子／斎藤明美編『高峰秀子 夫婦の流儀』新潮社とんぼの本、'12年11月）

高峰秀子語録
◆「人生の店じまい」を始めました。」より
「だって裸で生まれてきたんですもん、裸で死んだらいいんじゃない？」

そろそろ「人生の店じまい」が始まった頃の、
高峰秀子『にんげんのおへそ』
（新潮文庫）

夫婦の対話…………

かなりひどい夫と相当ひどい妻でも、一人でいるよりは二人のほうがいい

松山善三 Matsuyama Zenzô
高峰秀子 Takamine Hideko

残り物に福はない

松山 きょうは何にしようか。いつものやつでいい？
高峰 そうねえ。じゃ、まず白焼きと……それからうなどんね。（仲居さんに向かって）ついつい食べすぎちゃうから、うなぎはちっちゃいのでけっこうです。
松山 別に小さくなくったっていいけどね（笑）。ぼくはどんぶりでないほうがいい。――かば焼きとごはんにしよう。
一本つけてね……　ぼくはことし五十五歳、たいした才能もなく、これから先もたいしたことできないとわかっちゃったから、あとは食いけだけだ。
高峰 子供はいないし、トシもトシで、ほかに楽しみがない。
松山 そう……このごろは一日のうち半分ぐらいの時間は、うまいもの、食いたいものを考えてる。ばち当たりだねえ。
高峰 朝食のパンかじりながら、夜の献立考えてるし、眠る前には、次の日、何食べるかを決めとかないと、落ち着かないんだから……。
松山 そう、もう病気だね。人のことは言えないだろ？　そっちのほうがうるさいじゃないか。
高峰 きょうはたまたまいっしょだからいいけど、いつもはお互いに、とんでもない場所で、とんでもないものを食べてるでしょ。だから、あなたが何食べたのかを知っとか

ないとね。主婦としては当然の役目です。

松山　昼、うなぎで、夜もまたうなぎだったら、これはたまらない。

高峰　ほんとうは、「あしたは何食べるの……あしたは？」と聞かれるのは、いやなものでしょう？　あしたにならなきゃわからないもの。

松山　そんなことはないな。うまいものを作るには、それだけの準備と手間暇がいりますからね。

高峰　それから材料を見分ける目を持っていないとだめね。これ、むずかしいの。

松山　魚屋さんにしても、昔は、季節季節で新鮮なものばかりが、一尾まるごと並んでいたけど、このごろは切り身が多いからごまかされるね。

高峰　頭《かしら》つきで売っている魚はほんとに少なくなったわね。魚はね、買いに行く時間が大事なのよ。うちの近くの魚屋さんだったら、午後二時ごろに行かないとだめなの。河岸で仕入れたものをさばいて、店先に並べるのが二時ごろなの。だから、たとえば同じあじにしたって、二時に買うと四時に買うとでは、格段の差があるわね。

松山　イキのいいやつ、うまそうなやつをみんなわれ先にと買うからね。

高峰　八百屋さんにしても同じこと。早いものがちなのよね。残り物に福があるってことは、絶対にない（笑）。

松山　お店の人だって、早く来てくれたお客さんにいいものを売ってあげたいと思うのが人情だ。

高峰　だからね、ちょっとした努力を怠ると、絶対においしい料理は作れないと思うよ。でもね、あなたには申しわけないけど、ひとつ手抜き法を披露しますとね。

松山　ぜひ聞かせてほしいね（笑）。

高峰　献立を考えるのがめんどうになったときは、あじを食卓に並べればいいのね。あなたは丑《うし》年生まれだけど、ほんとは猫年生まれかと思うくらいに、あじが好きだから……どうしてかしら？

松山　あじはね、一年間通して、だいたいうまいからね。ぶりにしてもめばるにしても、うまい季節ってものがはっきりしてるけど、あじはそうじゃない。もちろん、あじにも旬《しゅん》があるけど……

高峰　それにしても、海のものが好きねえ、あなたは。

松山　味が一様でないから……海の底にいる魚、まん中にいる魚、上のほうを泳いでる魚……それぞれ味が違っているでしょ。おまけに、えび、かに、なまこ……　しかも、春夏秋冬の季節によっても味は千変万化する。牛肉や豚肉にはそれがないだろ？　近江牛は冬がうまい、いや春だ、なんて話、聞いたことがない。

高峰　味がこまやかだからね、魚は……料理の仕方にしても、生《なま》でよし、煮てよし、焼いてよしとくる（笑）。肉は、牛、豚、鶏と、あと羊ぐらいだし、料理に変化がないわね。

松山　ぼくの魚好きは、海の近くで育ったせいもある。子供のころ、何食っていたかということは、大人になってからの食生活に非常に影響を与えるね。即席ラーメンばかり食べて育った子供の味覚は、哀れというか悲しいね。

高峰　私はどちらかといえば、魚より肉が好きだわね。

松山　だから、わが家の食卓には、いつも魚と肉が同席してる。食うために稼がなくっちゃ……（笑）

役者よりも主婦のほうが性に合うわ

高峰　ところで、わが家の食卓に絶対に上らないものってあるでしょう。

松山　（見るのもいや、といった顔をして）漬け物！　あれは全く受け付けない。漬け物アレルギーだな、ぼくは……しかし世の中には、漬け物狂いが多いから、ぼくは引っ込んでるよ。たくあんはなぜ気持ちが悪いか、なぜ嫌いか、なんて議論するくらいつまらない話はないからね。

高峰　旅に出て、お弁当を買えば、必ず漬け物が入ってる（笑）。そこで、わが家では、どうしても自家製のお弁当持参になるのね。

松山　漬け物のせいだけじゃない。前にすわった人と同じ弁当を食うのは、いやなんだ。これも理屈じゃない。

高峰　鮭と卵焼きのワンパターンですみません。でもね、あなたがマンション（二年前まで、松山氏は自宅近くのマンションの一室を書斎兼仕事場にしていた）に出勤してたころは、毎日のお弁当作りがわずらわしくなったこともあったわよ。うちでお昼を食べてってくれればいいのに、と何度思ったことか。歩いても五分とかからないのだから……（笑）

松山　いや、うちで昼めしを食べると、そこでまた腰が落ち着いてしまって、仕事する気がなくなってしまう。

高峰　でもねえ、できたてのお弁当を持って、お手伝いさんがあなたのマンションまで出前するなんて、いま思えば、これは大いなるぜいたくですぞ。

松山　……

高峰　二十五年間もあなたといっしょにいて、いま思ったんだけど、毎日毎日のメニューを考えるということは、たいへんなことですよ。どこの家の奥さんも、うんざりしてるんじゃないかしら……

松山　だけど、物を作るということは楽しいことでしょ？　毎日毎日違った楽しみがやってくる。

高峰　幸いにして、私は家事が性に合っているからよかった。役者よりも、物を書くよりも、家にいて料理作ったり、掃除したり、ごろごろしてるのがいちばん好きだわね。ことにあと片づけが好きなの。ヘンな女。

ニューヨークのおねしょ

松山　二十五年間っていう言葉が出たから思い出したけど、二人で初めて海外に行ったのは結婚した翌々年だったね。
高峰　あのときはニューヨークだったわね。
松山　何事につけても、最初ってのは緊張するからな。特に海外旅行は不安と緊張の連続だ。ニューヨークのホテルで、おねしょしちゃったな、おれ……（笑）
高峰　朝起きてみると冷たかったのね。シーツを見ると大きな地図が……　あわてて洗って、電気スタンドの笠をとって、電球に近づけて乾かしたわねえ（笑）。
松山　それくらいに緊張して、疲れきっていたんだな。海外旅行も二度、三度となれば、どうってことないけど。初めて行く人は、万全の準備と心構えが必要だね。
高峰　おしめも持ってね（笑）。
松山　七つ道具がいるなあ。絶対の携行品は金、薬、辞書、それからなんでも自分でやってみるという覚悟……それが楽しい旅につながるんだから。
高峰　でも、あの旅は、たしか映画の見本市の団長さんで……南田洋子さんや白川由美さんもいっしょだったわね。女優さんを数人も連れて、そのまとめ役だったから、疲れるはずよ。
松山　でも、見るもの聞くものがすべて新鮮だったなあ。
高峰　ほんと。未知の国に行けば、何かがあるものね。
松山　でも、君は景色に関しては、全然だめだな。ものすごい近眼だから……
高峰　目の前しか見えない。だから、いい景色のところに行きたいなんて思ったことないわ。写真で見るほうがよく見える（笑）。私は、その土地で出会う人間のほうがおもしろい。
松山　そうだな。何がおもしろいかっていえば、人間ほどおもしろいものはない！　その国の人が、朝、何を食べてるか。
高峰　でも、その土地の人々の暮らしぶりってのは、なかなかのぞけないわね。
松山　だからこそ見てみたい。話は変わるけど、去年の夏行ったエジプトの暑さは、想像を絶するものだったな。
高峰　夏、エジプトに行くなんて狂気の沙汰だって言われたものね。
松山　反対に、夏のエジプトこそ真の姿だ、なんておだてるやつもいてね。こっちは二人ともオッチョコチョイだから、そうだそうだ、それ行けって……

高峰　あの暑さ……60度とは、まいりました。

松山　でもね、いまになってみれば、たいへん印象深い旅だったと思うな。そもそも旅ってのは、旅先でひどい目にあった旅のほうが、かえって思い出として残る（笑）。

高峰　そうね。旅先で途方に暮れても、二人だったらなんとかなるものね。一人だったら、とても心細いし……こわいわね。

松山　仕事ならともかく、一人で旅行するなんて考えられないな。どんなうまいもの食っても、「これうまいな」と言える相手がいなかったら、これはつまらないよ。

高峰　この間、あなたがカナダ、私がアメリカに、全く別々に行って、ホノルルで落ち合ったときは、ほんとにホッとしたわね。

松山　そりゃそうだよ。まあ、お互いに仕事で行ったんだから、ひとり旅の味けなさみたいなものもなかったけど、それでも心強い味方ができた気分だったな。

高峰　でも、一人で旅をしてみたいなんていう男の人が多いっていうじゃない？

松山　「旅行に女房連れていくくらいバカなことはない」なんて言うやつがいるけど、そいつはよっぽどつまらない女房を持ってるんだね。

高峰　奥さんから逃げたくって旅に出るのかしら？

松山　そうだろうな。ぼくは、相当ひどい女房でも、いっしょに行ったほうが楽しいと思うな（笑）。外国へ行ったら、言葉が不自由になるから、いやでもお互いに話しかける。

高峰　おっしゃるとおりですわね……　かなりひどい夫でも、いっしょに行ったほうがいい（笑）。夫が頼もしく見えちゃったりしてね。いえ、逆かしら？

松山　（笑いながら）そうだねえ。お互いさまだ。この次は香港だね。また食うぞォ！

高峰　かなりひどい夫と相当ひどい女房と、旅は道連れですよ。よろしくお願いします。

（まつやま　ぜんぞう・脚本家、映画監督）

（『主婦の友』'80年4月号／斎藤明美編『高峰秀子　夫婦の流儀』新潮社とんぼの本、'12年11月）

女優・妻・師

松山善三　Matsuyama Zenzô

私が初めて高峰秀子という存在を意識したのは、神奈川県立第三中学に籍を置いていた、たぶん十六、七歳の時だったと思う。

映画スターのブロマイドをたくさん持っている友人がいて、その中から高峰のものを一枚貰った。してみると、その時、既に私は高峰秀子を好きになっていたわけだ。もちろん、当時日本中にいたであろう、何十万、何百万という「デコちゃん」ファンの一人にしかすぎないが。

高峰を好きになったのは、「希望の青空」という映画だ。冒頭で、多摩川に架かる鉄橋の上から高峰扮する女学生が水筒を落っことしてしまい、それが下の河原にいた池部良の頭に当たる。「ごめんなさーい」というのが高峰の第一声だった。顔がアップになった。

なんて可愛らしいんだろう。

少年だった僕は一目で彼女を好きになった。

もちろん、当時日本にいたであろう、何十万、何百万の「デコちゃん」ファンの一人であるが。

その後、中学を卒業して岩手医学専門学校に進み、亀の子記号がさっぱり理解できない私は、二年で中退して、親父に勘当され、職を転々とする。列車ボーイ、キャバレーのボーイ……時計屋に勤めようとしたら、僕の履歴書を見た店主に「中退したとはいえ、こんな立派な学歴のある人は、とてもうちでは雇えません」と、断られた。

やっぱり学校に行こう。受験勉強もせず一高を受けて、当然のように、落ちた。早稲田は、試験用紙を見ただけで、とても無理だと白紙で出した。

そしてフラフラと有楽町のほうに歩いて行ったら、日劇に「ハワイの花」という舞台がかかっていた。主演は高峰秀子。

僕は切符を買って、一番後ろのほうの席から高峰を観た。フラダンスを踊っていた。

可愛らしかった。

だが、それだけのことだ。

相変わらず生活の定まらぬ私は、どうにか神田にある小さな出版社に雇ってもらえることになった。昼間はリーダーズダイジェストを模した月刊誌の編集者として作家に原稿をもらいに走り、夜はリヤカーで紙を運んだ。

そのままなら、私は今頃、町の小さな印刷会社の親父になっていただろう。いや、この不況で、とっくに経営が立ち行かなくなり、路頭に迷っていたか……。

私の人生を決めたのは、その小さな出版社に勤めていた田子という先輩だった。

夜中、二人でリヤカーを押して紙を運んでいる時、彼が言ったのだ、「松山君、僕は脚本家になるつもりだ。今度、松竹にシナリオライター養成所ができたから、そこを受ける。君も一緒に受けないか?」

脚本の何たるかも知らない私は、先輩の強引な誘いを断り切れず、受けてしまった。そして田子さんが落ちて、私が受かった。

田子さんは我がことのように喜んでくれたが、数ヶ月もしないうち、結核で死んだ。その死に際に私は立ち会った。結核菌に脳を冒され、もはや私のこともわからなくなった彼の姿を、今も忘れることができない。

私は松竹に入り、初めて書いた脚本「みかん船」に木下惠介監督が目を留め、私を木下組に招んでくれた。初めて助監督として付いた作品は「婚約指輪」。

その間、私は高峰のことなどすっかり忘れていた。それどころではなかった。果たしてこのまま自分は食っていけるのか、仕事をしていかれるのか、それればかり考えていた。だから木下監督の「カルメン故郷に帰る」に高峰が主演した時も、嬉しいだの何だのという気持ちは全くなかった。本当にそれどころではなかったのだ。たまさか付いてしまった助監督という仕事を覚えるのに一生懸命で、毎日を新米の助監督として走り回り、下宿に帰って寝る、その繰り返しだった。

今考えても、よく高峰秀子に求婚したものだと、自分でも驚く。若さの無謀か、愛というものの強さか……。

若者には不可能を可能にする力がある。年をとった今、それをまざまざと感じる。

だが、少なくとも言えることは、現在の私があるのは、すべて、高峰秀子という女性のお陰であるということだ。まごうかたなき、師である。

彼女はすべてを教えてくれた。そして未熟児として生まれ「十歳まで生きられないだろう」と言われた弱い私を、この歳まで無事に生かしてくれたのは、他ならぬ高峰の健康的な手料理のお陰であると、確信する。

高峰が私にしてくれたこと――。

それはとても、書き尽くせない。語り尽くせない。大げさでなく、高峰秀子は松山善三という私自身を作り上げてくれたのだから。

映画人としての血肉、男としての生き方、人間としての過ごし方。高峰は私という人間を育て上げてくれた。

男として情けないじゃないかと人は言うかもしれない。

事実、私はずっと「高峰秀子の亭主」と呼ばれた。今もそうだろう。

だが、私はそのことに何ら痛痒を感じたことがない。負け惜しみではない。

高峰秀子という人はそれほどの女性なのだ。

追いついてやろう、追い抜いてやろうなどと思わせない人だ。

恐らくそのことは、彼女が女優として優れていることと無縁ではないと思う。

人間に対する時の、彼女の限りない慈愛。それがスクリーンの高峰秀子には横溢している。観る者に限りない愛情を注ぎ、生きることを励ます女性だと、私は思う。

だが私にわかることは、せいぜいそのぐらいかもしれない。

氷山の一角をかろうじて見ているような、そんな不思議な気がしてくるのだ、彼女のことを考える時。

「善三さーん、ご飯ですよぉ」

あ、ヨメさんが呼んでいる。

五十年の余も付き合いながら、今もって、高峰秀子は私にとって最大の謎かもしれない。

だが、彼女は私を大事にしてくれる。

それだけでいいじゃないか。


（脚本家・映画監督）

（『高峰秀子』斎藤明美監修、キネマ旬報社、'10年3月）

高峰秀子へ質問攻め……

〝はらのたつこと〟が多すぎて、多すぎて

高峰秀子さんへ20の質問

高峰秀子 Takamine Hideko

東京丸ノ内、新東京ビルの二階に、高峰さんが、二坪（六・六平方メートル）にも満たぬかわいいちっちゃな店を開いた。こっとう店である。その名を〝ピッコロモンド〟という。小さな世界という意味。女優さんや俳優が副業に、食べ物屋やアクセサリーの店を持つのが、このごろの傾向だが、高峰さんが、この店を持ったのは？

聞いてみたら、それは高峰さんの、ささやかなレジスタンスであった。なぜなら……。

＊

〈問1〉 お店を開くのがユメだったのですか。

〈答〉 イエ、ぜんぜん考えてもいなかったの。

〈問2〉 こっとう好きになったのは？

〈答〉 十四、五歳のころ。

〈問3〉 きっかけは？

〈答〉 古い物にしか、興味がわかないし、値打ちを感じられないたちなのね。

〈問4〉 副業ですか。

〈答〉 そうじゃないわ。だれにでも買える値段にして、もうけなくてもいいの。好きな人に、さわってもらうだけでもいい。

〈問5〉 お値段は？

〈答〉 三〇〇円の杯から、せいぜい三万円までの陶器、置物。ただし、日本、中国、フランス、イタリア、スウェーデン、各国のものがありますよ。

〈問6〉 ぜんぶご自分で集めたのですか。

〈答〉 委託品も少々ね。

〈問7〉 売れるとさびしいんじゃないですか。

〈答〉 そうでもない、私はモノに執着しないから。

〈問8〉 一つのもうけがいくらぐらいですか。

〈答〉 ゼロから五十円、百円というもうけ。はずかしいけど、お店番の人の給料が出ない。

〈問9〉 なぜ、そんなにもうけないのですか。

〈答〉 これで食べてくわけじゃなし……。それにね、私つくづく思うんだけど、いまあっちこっちに、手の出ないような値段で、外国のいろんな雑貨がひしめいているでしょ。日本人は心も貧しいけど、サイフが貧しい。貧しい人が多いのに、きらびやかな品物の山、一種の罪悪ですよ。そういうことも考えてね……もうけないしかけにしたの。

〈問10〉 〝ピッコロモンド〟というのは？

〈答〉 私は女優という小さな世界しか知らなかったという意味。店に来ると、いろんなお客さんが来て、二言、三言話すでしょう。私の知らない世間がわかって勉強になるわ。お客さんには、共通した顔があるわ。

〈問11〉 どういう顔ですか。

〈答〉 考える気持のある人……の顔。来ない人は絶対来ないのよ。

〈問12〉 なぜ、沖縄へ行かれたのですか。（高峰さんは急に思い立って沖縄へ行って、また大急ぎで帰ってきた）

〈答〉 松山（善三氏）にもそういわれたの。それで〝あやまりに行ってくるの〟といった。〝何にあやまるの？〟と聞かれたけど、私ね、沖縄は私たち本土にいるもの

の身代わりになって、苦しみ、血を流したという考えをもっている。その人たちに、あやまりに行きたかった。

〈問13〉 沖縄返還、基地撤去についてどう思いましたか。

〈答〉 基地のことですが、実感としては、それが急になくなったら、沖縄の人食べていけるのかしらと思った。沖縄の苦しみが胸に痛くて……。

〈問14〉 沖縄の人と話し合われましたか。

〈答〉 それが……女優という受取り方が強いので、サインばかり頼まれて。それで早々に帰ってきてしまいました。

〈問15〉 失望したのですか。

〈答〉 それは違います、沖縄の人の暖かさは、随所でわかりましたから。

〈問16〉 日本映画に対するお気持は。

〈答〉 いよいよ絶望的ね。

〈問17〉 なぜこうなったと思いますか、改ためて。

〈答〉 一人々々が無責任だったのね。映画界だけでなく、この世の中が住みよくなるためには、一人々々が責任を明確にとる、という態度が根幹だと思うの。そこからいい世の中が生まれてくる。

〈問18〉 腹の立つことが多いですね。

〈答〉 立たない日はないわね。子供が親におはようをいわないと嘆いたり、腹を立てたりする人がいるけど、そういうのに腹が立つの。嘆く前に、なぜおはようをいうべきか、説明もできず、しつけもせず、親のほうが不勉強じゃないかしら。

〈問19〉 腹立ちをおさめるときは？

〈答〉 どうしようもないけどね。

〈問20〉 何が一番楽しいことですか。

〈答〉 信頼できる人に会ったとき。それ以外に、何も楽しいことはないわ。

（『サンデー毎日』'69年7月6日号）

『わたしの渡世日記』上
（新潮文庫版）

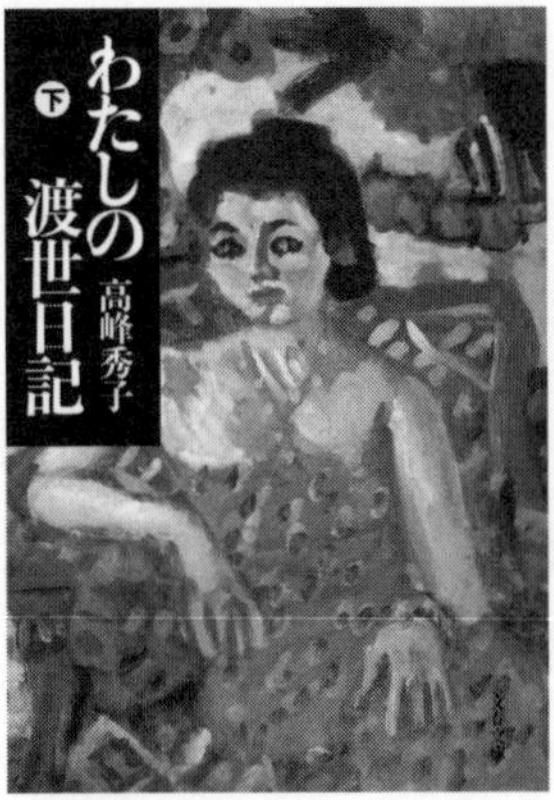

『わたしの渡世日記』下
（文春文庫版）

安野光雅装画・装幀の
『コットンが好き』
（文春文庫）

夫・松山善三との共著
『旅は道づれアロハ・ハワイ』
（中公文庫）

山本嘉次郎監督『馬』（東宝東京、'41）

女優高峰秀子対談…………

高峰秀子さんは、稀に見る美しい生き方を貫いた

仲代達矢　Nakadai Tatsuya
斎藤明美　Saitô Akemi

映画演技の先生だった

仲代　僕は高峰さんのことは、今でも先生だと思っているんです。新劇育ちの僕に、映画演技のことを教えてくれたのは高峰さんです。

斎藤　『「カット」って言われるまで動かないのッ」と高峰に言われたとか。

仲代　そうそう。『女が階段を上る時』（成瀬巳喜男監督、1960年）で、ふつうに喋っているつもりなのに、高峰さんから「仲代さん、大きな声出さなくていいの。耳が痛い」と言われてね。また、引きで撮ってから一度カットになり、次にカメラが寄りで撮る場面で、「あれ、煙草の位置はどうだったかなあ」と言ったら、「そういうのはちゃんと覚えておくの」って叱られました。「映画は場面をパズルみたいに組み合わせていくから、ラストシーンから撮ることだってある。監督が指導してくれるとはいえ、役者もつながりを考えないといけない」と言われました。

斎藤　高峰は五歳から子役として映画に出ていて、小学校も通算一ヵ月くらいしか通っていないんですが、一度だけ出た運動会の駆けっこで、歩いたんだそうです。周りから「バカ！」「のろま！」と野次が飛んでも走らない。撮影中だったので、転んで怪我でもしたら場面がつながらなくな

ると、子ども心に思ったのです。

仲代　それはすごいです。映画の全盛時代には、一年がかりで撮るような作品もある一方、お正月向けに各社のスターが総出演する顔見世興行みたいな映画もありました。自分の出番はたった二日くらいです。その時、高峰さんから、「一年でも二日でも一緒よ。二日だからって出演料を安くすることはないの。役者の価値はギャラなんだから」と教わりました。僕はその教え、わりと守りましたけどね。

斎藤　五歳から親を養ってきたわけだから、お金のことは常にシビアでしたよ。

仲代　『永遠の人』（木下恵介監督、61年）では、僕が高峰さんを殴りつける場面がありました。木下さんに「仲代君、思いっきり殴って。ここは殴ることが芝居なんだから」と言われて、本番で、バチーンと高峰さんの顔を叩いたのです。若気の過ちでね。後で高峰さんに、「力だけは強いのね」と言われました。僕はコンプレックスを感じていますから、「芸はまずいくせに」と言われたような気がして。高峰さんと初めて同じ映画に出たのは『あらくれ』（成瀬監督、57年）です。僕はガキの頃に『馬』（山本嘉次郎監督、41年）の高峰さんも見ていたから、出演が決まったとき、膝がガクガクしましてね。撮影では、成瀬さんに「君、新劇だろ。だったら何もしないでよ」「黒ちゃん（黒澤明）のときみたいに、暴れなくていいから」「じっと立っていればいいの」と言われました。こっちは物足りないんだけど、「じっと立っていればいいの」と言われて。

斎藤　『娘・妻・母』（成瀬監督、60年）でも、立っているだけで頼りがいのある誠実な人間味が出ていましたね。「立っていればいいの」と言われたのは、仲代さんに人間としての力があるからだと思います。そうでない役者さんが立っていたって……。名監督の目の確かさを感じます。

『人間の條件』は原点

仲代　当時の僕は、一年の前半を映画、後半は俳優座での芝居というふうに分けていました。撮影で東宝に行けば「新劇の役者が来た」と言われ、自分の家のように思っていた俳優座に帰ると「映画スターもどきが来た」と言われる。俺はどっちにいるんだ、という異邦人のような気持ちになりました。それでも映画に出てよかったと思います。監督にも、共演者にも恵まれましたから、戦争があったからでしょうか、僕よりちょっと前の世代の男性が欠けているんですね。相手役の女優さんはみなさんそうした世代の人たちですから、僕にとっては少し年上なのです。『人間の條件』（小林正樹監督、59〜61年・全6部9時間31分の大作。仲代さんは主人公梶役を務めた）で夫婦を演じた新珠三千代さんもそう。

斎藤　女優の豊漁期というのがあるのです。京マチ子さん、乙羽信子さん、淡島千景さん、越路吹雪さんは高峰と同い年（大正13年〔1924〕生まれ）。その下が新珠さん、池内淳子さん、山本富士子さん、若尾文子さんの世代（昭和一桁代後半の生まれ）です。男性のスター俳優が出る年代とはズレるんですね。

仲代　私より十歳くらい上に三船敏郎さん、三國連太郎さんがいて、間が空いている。

斎藤　むしろ仲代さんの年代には、あまりライバルがいなかったんじゃないですか。

仲代　石原裕次郎さんが二年下です。勝新太郎さん、中村（萬屋）錦之助さん、高倉健さんは同年配です。

斎藤　映画各社のカラーを背負った、娯楽映画、時代劇の方が多いですね。仲代さんが唯一、専属にならないでいろんな会社の作品に出てますものね。五社協定（東宝・松竹・大映・新東宝・東映が専属契約を結んだ俳優は、他社作品に出演できないという協定）があって、やりづらいこともあったのではないですか。

仲代　僕にとってはよかったのです。最初のうちは三船さんの斬られ役でしたし、主役はなかなか来なかったけれど、いろんな監督のもとで仕事ができました。映画デビューは『火の鳥』（井上梅次監督、56年）です。この時、日活で専属になれと言われましてね。まあ、結局お断りしましたが……。楽屋で、『太陽の季節』を撮影中の裕次郎さんと一緒になった。裕次郎さんは寝ているんです。こっちは台詞を一所懸命覚えているのに、役者なんて男子一生の仕事じゃないという感じでした。

斎藤　裕次郎さんは俳優ではなくて、タレントのはしりですよ。素でやって許される人ですから。

仲代　その素がよかったんですよ。自然体でね。

斎藤　演技をしているけれど自然体に見せるのと、そのまま〝自然体〟でいるのとでは、プロとアマの違いがあると思いますよ。

仲代　それを言ったら今はみんなアマチュアですよ。八十歳になるから言わせてもらいますけれど。

斎藤　もちろんそうですよ。お世辞ではなく、仲代さんは最後の役者だと思います。それに今は、仲代達矢を使える監督がいないです。『切腹』（小林監督、62年）や『人間の條件』を観ると、仲代達矢はこれだよっていう映画で、本当にすごいとしか言いようがない。ただ小林監督の映画は悲惨すぎます。『人間の條件』の梶だって、死んじゃだめですよ。9時間以上、観客にあれだけの人間の極限を見せつけて、雪原に埋もれてしまうなんて。よく梶は生きのびた、と希望を与える演出はなかったのかと思いましたよ。

仲代　いや、仲代達矢はあの映画を原点に抱えたからこそ、こうして今まで役者として生きのびられたんですよ。僕は『人間の條件』（第6部）の高峰さんも好きでね。その中の台詞で「兵隊さんにはめずらしいおすまし屋さんね」というのがあるんですが、ずいぶん冷めたもの言いというか、なんだか台詞ではなく、本当に高峰さんから仲代達矢に言われているような感じがしました。

斎藤　先日、高峰について講演したとき、「『人間の條件』が高峰さんの代表作だと思う」と言った観客の方がいました。私は「そういう見方をしてくれたら高峰も喜ぶと思います」とお答えしたんです。

仲代　おっ、そうですか。あのときの高峰さんは素晴らしかったですね。ブワーッと情感を出す女優さんが多いなかで、高峰さんはスーッと引いて冷ややかに、どこかニヒリストの匂いを感じさせました。

二人の共通点

斎藤　高峰は女優業が嫌いで、ずーっとやめたかった人です。女優の虚栄心というか、仕事をしていない時も女優を引きずっているのを嫌っていました。私も、仕事で出会った女優さんにいい思い出はほとんどないです。高慢ちきで意地悪で、女の嫌なところを凝縮したのが女優だと思いますよ。そういう意味で、私は高峰と気が合ったのでしょうね。

仲代　そうですねえ。

斎藤　高峰と仲代さんを見て思うのは、どちらも添え物になれないということです。仲代さんはまだ若かったから、『あらくれ』『女が階段を上る時』で高峰の脇を演じられたけど、その後共演がなくなったのは、仲代さんがもはや絶対引けない役者になってしまったからです。本当は中年になってからの高峰と仲代さんを見たかったのですが、それはお互い無理だったのでしょうね。

仲代　高峰さんが女優業が嫌いだったというのは、僕にも共通点があります。もともと目立ちたがり屋じゃなくて、卒業写真でも一番後ろで顔が半分しか写っていないような子どもだった。人前で何かやるというのは、いまだに天職だとは思ってないんです。

斎藤　でも、ご本人の性格と存在感は違いますよ。その人間の持っている力というのがあると思うんです。仲代さんが生まれ持った資質を、名監督は見抜いた。『人間の條件』の梶をほかの役者が演じたらどうなったと思います？　『用心棒』（黒澤監督、61年）の卯之助は？　『椿三十郎』（黒澤監督、62年）の血飛沫《ちしぶき》の名シーンだってないですよ。

太陽が燦々と当たる子ども時代ではなかったからこそ、その後の仲代さんの人間がつくられたと思います。それと奥様（故・宮崎恭子《やすこ》さん）がいなければ、今の仲代達矢はなかったでしょうね。

仲代　女房は女優でしたが、57年に結婚してしばらくすると、女優をスパッとやめたんです。「役者としてこの人（僕のことですが）には負ける」と思ったからだそうです。

斎藤　ご自分が引いて仲代さんを育てるほうが、いかに演劇界・映画界のためになるかという点で、奥様の目は正しかったと思います。

仲代　私のほうが徹夜つづきのキツい仕事ぶりでしたから、当然彼女は私が先立つのを見届けるつもりだったのでしょうが、彼女のほうが先になってしまいました。

斎藤　高峰も同じでしたよ。夫の松山（善三氏、脚本家・映画監督）は、つねづね「先に死んでくれるな、一日でも後まで生きてくれないと僕は飢え死にする」と言っていました。松山は文字通り、高峰に育ててもらった人ですから。仲代さんの奥様も、まさに仲代さんを育てた方だと思いますね。仲代さんは結婚する前と後とでは、人生の明暗を分けたという感じがしますよ。

仲代　そう、僕は役者だけをやっていればよかった。その意味では、結婚後は幸せだったと言えるのかもしれません。

斎藤　仲代さんも高峰も、周りにいる人はまるで大木が育つために刈られる下草のようになる、二人はそんな存在なんです。酷だけれども、高峰にとっての松山がそうだったし、仲代さんの奥様もあえてそうなることを選ばれたのだと思います。早く亡くされたとはいえ、仲代さんはそういう奥様がいて幸せですよ。悪妻は山ほどいるじゃないですか。

仲代　俳優になる前の二十歳までは、戦争もあって滅茶苦茶な人生だったけれど、その後は非常に幸運でした。人との出会い、作品との出合い、女房との出会い。でも、そろそろいいんですよ。今度この稽古場（無名塾仲代劇堂）で、観客は五十名限定の、今までやりたくても難しくて手が出なかったウージェーヌ・イヨネスコの『授業』を上演します。ドクターストップがかかって、途中で投げ出すことになるかもしれませんが。

（なかだい　たつや・俳優）
（さいとう　あけみ・作家）
（『婦人公論』'13年2月7日号）

小豆島から……

高峰秀子 Galleryによせて

香川京子／司　葉子／出久根達郎／松本幸四郎
安野光雅／野上照代／星由里子／市原悦子
鈴木京香／中江有里／北大路欣也

香川京子

「女の暦」という映画のロケーションで、小豆島に滞在したときのこと。高峰さんが、「二十四の瞳」の撮影の合間を縫って、私たちのお姉さん役で出演しておられた。田中絹代さんを訪ねて来られたのです。あの時の驚きと楽しさは忘れられません。高峰秀子さんは、私が心から尊敬する方です。高峰さんのギャラリーを訪れた方達に、高峰さんを通して、日本映画の素晴らしさを知って頂けたら、と願っております。

（女優）

司葉子

高峰秀子さんの大ファンになったのは私が十七才頃でした。映画「銀座カンカン娘」を見た時からで、明るく楽しく主題歌が素晴らしかったのです。自転車で街を走る時、主人公の高峰さんになった気分で歌を口ずさんだものです。私は偶然映画界に入りましたが本物の高峰さんとの出会いがありました。撮影所の結髪部での昼食の時、いきなり「葉子ちゃん、メザシ食べる」と電熱器に網を乗せて焼いて下さった時から非常に親しくしていただきました。共演作「ひき逃げ」では多くの事を学び教えて下さいました。私の大きな夢は東宝の芸術座で高峰秀子演出の舞台でした。実現したら大当たりの一幕。今でも大きな心残りの一つです。そしてあの面白い会話もトークももっともっと聞きたかったです。今でも再会したい一番の方です。(女優)

出久根達郎

泣きみそ先生の大石先生が演じた高峰秀子という不世出の「大石」女優 (小説家・随筆家)

松本幸四郎

木下惠介監督の「笛吹川」で、ただ一度、大女優と「18歳の若僧」は共演した。キレイな人だと思った。生き方も素敵で、シンプルな暮らしを好み、文を綴り、和洋のいい骨董に囲まれ、美貌を超越してカッコイイ。こんなハンサムな女優は、空前にして絶後だと思う。

（歌舞伎俳優）

野上照代

「俳優は、その人物になってしまえばいい。〃おや、こんな処にキャメラもいたのね〃という位に」という高峰秀子の言葉は、どんな演技指導よりも核心を衝いている。

黒澤明監督の言う「僕は、被写体を作っている。キャメラも演出家も零《ゼロ》にならなければいけないのだ」この言葉とも通じるような気がする。

（スクリプター・元黒澤明監督助手）

安野光雅

わたしが「二十四の瞳」を見たのは、小学校の教師をしていたときだった。組合の代議員として東京へ出て早く終わったので池袋の映画館に入った。大入り満員だった。「二十四の瞳」が見たかったわけではなかったから、ほかの映画館へ行こうかと思ったとき。わが大石先生は落とし穴に落ちたのである。

改めてはじめから見直した。やはりこの映画を見てよかったとおもった。わたしは「大石先生のような先生になろう」と、涙とともに誓ったのだ。しかし、その志は一頓挫したが。それはさておき、軍隊にとられ、幟をたてて田のあぜ道をいくとき、「天に向かいて不義を撃つ忠勇無双の我が兵は」と、……同じ軍歌がうたわれ、それはわたしの出征にかさなって、勿論その他の場面でも涙を隠すことができなかった。そういえば、まっちゃんが働きにだされ、その町に来た同級生の遠足の一行を、見え隠れしながらかくれて見送っている、その女の子を、一分一秒でも休ませまいと、浪花千栄子の演ずる主が、ハエをたたきながら叱る場面など、(高峰さんに言わせると、あれは自分の演技で振り付けではない)本当に腹のたつオニババアとおもって、どなりこんでやる、と思いながら見た。そしてやっと映画なんだ、と気がついた。ところで、とおもう。高峰さんが永坂のあの家にいて、わたしなんかと話しをしてくれたのは、映画ではなかったのだ。

(画家)

星由里子

瀬戸内海の美しい「小豆島」！　霊場八十番子安観音寺様と御縁が有りましてお訪ねいたします機会が御座いますが　此の度「二十四の瞳映画村、BOOKCAFE」に　高峰秀子様のギャラリーが出来るとの報を聞き　此の後は　小豆島をお訪ねすれば　高峰様にお会い出来る大きな楽しみが増えました。

私がかつて高峰さんと御一緒させて頂きましたお仕事は　いずれも　巨匠成瀬巳喜男監督の映画でした。一九六一年の『妻として女として』一九六二年『女の座』一九六三年『女の歴史』そして千葉泰樹監督の映画『沈丁花』では　京マチ子さん、司葉子さん、団令子さんと私が四姉妹のお役でしたが、この姉妹の衣装を高峰さんが担当されました。女優のお仕事もすごいなぁ　と思っていましたところ衣装まで研究段取りされており若い私は驚くばかりでした。後には　ご主人　松山善三監督の時代劇　映画『虹の橋』におきましてもお衣装を担当され　松山先生を支えておられました。東宝の撮影所には　運転手さん付のジャガーに乗ってこられ　凛々しいお姿で乗り降りされる高峰さんを　憧れをもって見つめておりました。

東宝映画でデビュー致しました私に　初のテレビドラマ出演

のお話がありました。脚本が松山善三先生の『さくらんぼ』と言う当時のナショナルゴールデンドラマでした。

若大将シリーズのマドンナ役「澄ちゃん」を卒業した私のテレビドラマ初仕事になりました。このドラマが大変好評で「フルーツシリーズドラマ」として長く続きました。私が出演させて頂いた13本を撮り終えましたが　松山先生からお食事のお誘いを頂き　お宅にお尋ねいたしました。なんと　高峰さんが「おつかれさま」とお迎え下さり　手料理でのおもてなしを受け大感激でした。何を食べさせて頂いたのか　美味しかったのか　緊張の為　全く覚えていない状況でした。高峰さんは沢山の本も書かれており　素敵な女性の生き方を学ばせて頂きました。中でも私にとって『台所のオーケストラ』のお料理にはおおいに助けてもらっています。今夜の夕食は何がいいかな？と迷うときには必ず登場します。和、洋、中、何でも教えて頂けます。結婚式のお祝いには必ず『台所のオーケストラ』を添えて喜んでいただいています。

全てに偉大な大先輩　高峰秀子様　いつまでも私の憧れです。小豆島　お訪ねいたしますのが楽しみです。

（女優）

市原悦子

松山（善三）監督の「われ一粒の麦なれど」と「ぶらりぶらぶら物語」で高峰さんとご一緒したのですが、残念なことに高峰さんと同じシーンはなかったんです。でもご著書を拝読したり、何かの時に拝見する高峰さんのご様子から、すべてがスッキリしていて、自由に生きていられた姿が、女性の道しるべでした。そして、女優としての姿は、「浮雲」や「妻として女として」「女が階段を上る時」に代表されるような、暗くて深い悩みを表現しながら、その中で自分の道を探していくという演技がとても好きでした。なのに素の高峰さんは、それらの主人公とは逆に、腹をくくったような伝法的なところがあり、それでいて一方では、あっけらかんとした、物事に拘泥しない態度が、本当に素敵だったと思います。

何より、品格がありました。女優として人として多くの指針を頂いたと思っています。

（女優・声優）

鈴木京香

初めて小豆島を訪れた時、まず思ったことは
「二十四の瞳」の島に来たんだということ。
そして高峰秀子さんはこの島でどう過ごしていらしたのか、
ということ。

一度もお目にかかったことはありませんが、
高峰さんはずっと私の憧れの人です。
女優として、文筆家として、人として。

また小豆島に旅したいと思います。
高峰さんへのファンレターを心の中で
したためながら。

もっと深く知りたいのです。
美しく潔い、にんげん高峰秀子さんのことを。

(女優)

中江有里

高峰秀子さんの言葉に触れると、背筋がピンとする。女優という仕事の芯の部分をしっかりとつかまえ、特別ではなく普通の職業として全うされた姿は、同じ世界の片隅に生きる私の灯台そのものである。

（女優・脚本家）

北大路欣也

敬愛なる高峰秀子様

一九六七年、松山善三脚本、監督作品「続・名もなく貧しく美しく　父と子」に出演させて頂き、松山監督はじめ秀子さま、スタッフの皆さんが優しく迎えて下さった事を昨日のように思い出します。

充実した撮影が進行する最中、とんでもない失態をしでかしてしまいました。監督さん、秀子さま、父親役の小林桂樹さんはじめスタッフの皆さんを二時間半も現場で待たせてしまいました。

出来たばかりの高速道路の渋滞に巻き込まれ、二進も三進も……当時は携帯電話もなく、連絡が取れぬまま現場に到着、平

身低頭、ごめんなさい‼

その時、秀子さまに厳しくお叱りを受けました。私は母親にきつく叱られた息子のような感覚を今もはっきり覚えています。以後、無遅刻です。それから一九七六年、木下恵介原作、脚本、監督作品「スリランカの愛と別れ」に抜擢され、大緊張の私を、温もりと優しさとユーモアをもって木下監督にご紹介してくださったのが秀子さまです。海外ロケという環境の中での長期撮影、役への取り組みに悩み、苦しむ私の姿をみかね、後ろからそっと支えてくださり、時には力強く背中を押して頂き、何とか木下演出にくらいついて行くことが出来ました。最後に秀子さまとの感動のシーンも全身で感受させて頂けました事喜びと感謝の想いでいっぱいです。今も大愛なる秀子さまのオーラの中で、息づく自分を実感しております。木下恵介監督、高峰秀子様、藤本真澄プロデューサー、そして北大路欣也、揃っての記者会見の模様を忘れる事が出来ません。

（俳優）

＊これらの文章は、小豆島の一般財団法人岬の分教場保存会「二十四の瞳映画村」に設けられた高峰秀子Ｇａｌｌｅｒｙに寄せられたものです。転載させていただきましたことを記して感謝致します。

女優・高峰秀子とその素顔

関根　徹　Sekine Tôru

初めて高峰さんにきちんとご挨拶したのは、斎藤明美さんの「高峰秀子の捨てられない荷物」の装丁の打合せだった。高峰さんと一緒にホテル・オークラのロビーに入ってきた斎藤さんがかなりの大きさの紙袋を手にしている。装丁の参考にするため高峰さんが用意していた本だと聞いて、私は内心赤面した。本来こちらがしなければならないことである。装丁担当の友成修さんがいいデザインを提示したこともあって、大筋はすんなり決まったが、ほかにどんなお話をしたのかよく憶えていない。無意識のうちに緊張していたのだろう。ただ、カラッとした明るいお人柄に見えたのが意外だった。自分を殺して世の理不尽に耐えてゆく古い日本女性の典型というイメージを持っていたからだ。

主演が高峰さんだと認識して見たのは「名もなく貧しく美しく」が最初だった。つつましく生きる聾者同士の夫婦に次々と不幸が襲ってくる。そのあまりに過酷な運命に滂沱の涙を流した。中学一年の時である。その後、様々な役柄の高峰さんを見ているのだが、若い脳裏に深く刻まれた薄幸の女性像は消えなかったのだ。

ところが、お会いしているうちに、そんな思い込みはきれいに払拭されていった。実際は、生き方は爽快、言葉は明快という方である。さらにまた、怖いという感じも抱いた。別に、すぐ怒るとか、気難しいということではない。何でも見透かされてしまうという怖さである。嘘などすぐ見破られてしまうし、お世辞も通用しない鋭い感性の持ち主だと思われたのだ。だから、食事をご一緒することになった時は、嬉しいと同時に、何を話したらいいだろうかと考え込んでしまった。人生経験はあちらの方がはるかに豊富だし、演技の話などおこがましくてできるものではない。しかし、そんな心配はまったく必要なかった。高峰さんが楽しい話題をいろいろ披露してくださるのである。恐ろしいほどの眼力の持ち主は、心配りの行き届いた方でもあったのだ。幸せな機会は三度くらいしかなかったが、メモをとりたくなるようなお話をずいぶん聞かせていただいた。

中には木下惠介監督の失敗談もあった。イタリアへ行った時、ローマの空港であわや逮捕されかかったという。あちらで結婚した養子さんにプレゼントしようと大きな宝石を持っていったのがまずかった。税関で、密売するのではないかと疑われたのである。高峰さんの巧みな話術を再現できないのが口惜しいが、日本を代表する大監督が、言葉も通じない異国であたふたする様子は、ドタバタ喜劇を見ているかのような面白さだった。「そんな大きな宝石なんか持っていくからいけないんですよ。ほんとにおかしな人」とサラリと言ってのけた。取りようによっては悪口に聞こえるかもしれないし、ご自分のことを悪口の天才だとも言っておられるが、少しも嫌な感じを受けない。悪意というものがないからだ。監督を追悼した「私だけの弔辞」には、高峰さんにだけ見せた顔、高峰さんだからこそ打ち明けた話が綴られているが、このエピソードも高峰さんにだけ愚痴ったのだろう。鋭いセンスで完璧といえる映画を作ってきた巨匠が、少し身近かになったような気がした。

私が酒飲みだと気づかれたのか、時折お酒を贈ってくださった。「知人からの到来ものですが、珍らしいのでお届けします。市販はされておりません」というお手紙がついてきたことがある。これは貴重なものだと、それなりの肴をととのえ、さて、と口に含んだ時、ふと奇妙な思いがわきあがってきた。卑下するわけではないが、東北の片田舎のどうということもない家の生まれ育ちである。そんな身にとって、映画はまさに銀幕と呼ぶにふさわしい夢の世界であり、高峰さんはひたすら仰ぎ見る文字通りのスターだった。そのスターからのお酒を今、味わおうとしている。これは果たして現実のことだろうか。

（元文藝春秋編集者）

代表作対談……………

『浮雲』について

高峰秀子 Takamine Hideko
成瀬巳喜男 Naruse Mikio

高峰　成瀬先生とは『秀子の車掌さん』『稲妻』と、こんどの『浮雲』で三度目ですね。
成瀬　秀ちゃんも随分大きくなったものだ。すっかり育っちゃったね。
高峰　いやだわ。育ったなんて……（笑声）
成瀬　秀ちゃんが最近めきめきうまくなって『女の園』『二十四の瞳』『この広い空のどこかに』で今年の女優演技賞ものだっていわれているけど……
高峰　そうでしょうか？
成瀬　それもやっぱり育ったせいだね。長年の年期がものをいったのだと思う。もっとも、『綴方教室』や『馬』の時代に演技賞というものがあったら、当然もらっていたものなんだけどね。
高峰　有難うございます（笑声）。こんどの『浮雲』の原作を、四年前にパリの下宿で読んだんですけど、何んだか暗いものがずしんと心に応えて、二、三日ユーウツになってしま

『浮雲』映画ポスター

いました。

成瀬　そう、林さんの小説はどれもそうだけど、特に『浮雲』には女の哀しみというものが全篇にしみわたっている。

高峰　まさかあたしに、ゆき子の役がまわってくるとは思わなかったし、とてもむずかしくて演れそうにもなかったので再三ご辞退したんですけど……でも女優だったら誰でも一度は演りたい役でしょうね。

成瀬　主人公のゆき子は、秀ちゃんより他にはいないよ。

高峰　あたし、いままで、情痴というと大ゲサだけど、べったりした恋愛ものに出たことがないの。富岡謙吾になる森さんと、仏印から東京、伊香保また東京、伊豆長岡から鹿児島へ行き、屋久島で病死するまで、二人がついたり離れたりする、大恋愛劇なんですもの。それに、森さんと一緒におふろに入ったり、接ぷんシーンをやったり、酔っぱらって、くだまいて口説いたり、生れて初めてのことばかりなんですもの……

先生は、林さんの作品を『めし』『稲妻』『妻』『晩菊』と手がけられて、これで五度目、一人の監督さんが、一人の作家の作品を五回も手がけられるということは珍らしいことですね。

成瀬　余程、林さんの作風と肌が合うんでしょう。でも、恐らくこれが最後の作品になるでしょう。ほかのどの小説をもってきても同じでしょうから……

高峰　先生の作品は、いつも下町情緒で、淡々としていらっしゃるんですけど、『浮雲』は随分油っこい……

成瀬　『あにいもうと』も相当アクドいものだったけれど……ゆき子という主人公は、少

東宝の正月文芸作『浮雲』は成瀬巳喜男監督、高峰秀子、森雅之、岡田茉莉子らの主演になるもの。このほど東宝撮影所のセットにその成瀬監督を訪ね扮装で髪をバラバラにした高峰さんともども『浮雲』について語ってもらった。

女時代に義理の兄さんに犯され、農林省のタイピストとして仏印に赴任し、そこで富岡と結ばれる。富岡を生涯の男として慕うが、帰国した男には妻があって結婚できない。この男と同棲するが、生活のためにパンパンになったり、再び義兄の世話になったりするが、結局屋久島で病死するまで離れられない。男の方も離婚できないまま同棲し、生活能力がないので女と心中しようとするが、バアの若妻にずるずると惹かれて死ねない。再起しようと発憤して屋久島に渡り、そこで女に死なれて初めて女の愛情というものをしみじみと感じる。というように、あちこちと場所がうつり、その間、ほとんどゆき子と富岡の二人の話ばかりなので、相当ねつっこいものになりますね。でも、一人の人間が、全然別個の境地に進むということは、なかなかできるものじゃないから、この映画もできあがってしまうと、案外ぼくのいつもの作品と同系統のものになってしまうかも知れない。

高峰　割り合い長い映画になるようで……

成瀬　ぼくのものとしては、異例の作品となりそうで、二時間以上の長さになる予定です。それだけ長いとね、途中でどうしてもダレるでしょう。今、心配しているのは、富岡が病気のゆき子を連れて屋久島へ渡る連絡船に乗って鹿児島を離れていくシーンで、お客はここで終るんじゃないかと思われそうなんです。どうにかしてお客を立たせないように、いま一生懸命やっているんですがね。それにあれだけの長篇小説を、二時間余りの映画の中に全部盛り込もうとするとストーリーを追うことと、セリフを言わせるだけでも一杯です。いま、シナリオを再整理しながら撮影している始末です。

（なるせ　みきお・映画監督）

（『日刊スポーツニッポン』'54年12月24日／『映畫読本・成瀬巳喜男』フィルムアート社、'95年1月）

成瀬巳喜男監督と

女優高峰秀子対談……

子役スターから女優へ

高峰秀子 Takamine Hideko
佐藤忠男 Satô Tadao

成瀬巳喜男と木下惠介

佐藤　高峰さんだとずいぶんいろんな監督さんとお付き合いがあって、その方々の現場での仕事の進め方の特色のようなものを、よく御存知だと思うのですが、それをぜひ知りたいと思うんです。たとえば木下惠介さんなんかですと、いまも活躍していらっしゃるから、いろいろ人から話を聞くこともあるのですが、豊田四郎さんとか、成瀬巳喜男さんも非常にいい仕事をなすったわりには地味な方で、あまり語り継がれてこなかったものですから。

高峰　私、十何本かずつあるんですよね、木下先生と成瀬先生。木下先生のほうは仕事のときにおしゃべりもするし、仕事と仕事の間にごはん食べたりなんかしていてもおしゃべりする。成瀬先生のほうはね、ほとんど会話がありませんでした。

佐藤　皆さんどなたに聞いても、成瀬さんという人はしゃべらない人で、ただひたすら空いてる時間には台本のセリフを削っているんだという……（笑）。

高峰　だいたい映画の済むころには台本は丸くなってましたね。擦り切れちゃって、小判型になってましたね。

佐藤　それは撮影しながらしょっちゅう検討するんですか。

高峰　そうなんです。こうひっくり返したり、あっちへひっくり返したり。私は、あんまり何にも言ってくれないものですから、一度、『あらくれ』のときだったかしら、ちょっとお世辞のつもりで「今度はどういうふうにやったらいいでしょうね」と言ったんですよ。そしたら、「やってるうちに終わっちゃうだろう」って、それ一言でした。で、もうこの方は何か言ってもダメと思って、いろんなこと聞かないで、黙ってやる。

佐藤　たとえば黒澤（明）さんという人は、何か一カットやるたんびに監督が気

少女の頃
（五所平之助監督『新道』'36）

に入ったか気に入らないか、その態度でわかっちゃうけれども、成瀬さんという人は、気に入ったのか気に入らないのかもわからないので、みんな困ったという話をよく聞くんですけど、そういうことはないんですか。

高峰　ウーン、でもそれは、やっぱり何本もやってれば、わかりますよ。第一ね、木下先生もいつも言ってるけど、「僕は若い人をぶっ叩いて仕込むほど暇がない」って。だから、初めから自分が信じている、何とかやってくれるだろうと思うような俳優しか選ばないわけで、成瀬先生もそうなんですよね。ですから、わりに自由にさせてもらっていたというか……。

佐藤　でも、木下さんはずいぶん新人を……。

高峰　ええ、昔若かったころは。もちろん厳しいところもありましたね。成瀬先生も、木下先生も。

佐藤　成瀬さんの場合はどういうふうに。

高峰　たとえば『女が階段を上る時』をやりましたときに、わたしがバーのマダムですね。バーテンがこっち向いて「おはようございます」って言うんですよ、わたしが入っていくと。そのバーテンのシーンが気に入らないって、朝からずっとやって、わたしはもう朝の九時に支度していたけど、待てど暮らせど呼びにこないんですよ。お昼になっちゃった。お昼になっても呼びにこないから、どうなっちゃってるの、何してるのと思ったら、そのワンカットでずうっとこだわって、とうとう中止になっちゃった。次の日、全然違う人がバーテンになってました。だから、たったワンカットでも、いやったらいやだったんですね。それで成瀬先生のほうが木下先生よりもっと酷だと思いました。

　ところが、木下先生だったら、やっぱり何だかんだ文句はおっしゃるんですけども、後ろ向かしちゃうとか、違う方法で何とか撮ります。その人ができないならば何とかごまかす。成瀬先生はそれしませんでしたね。ボンと切り捨てちゃうほうですね。

佐藤　成瀬さんの作品はアップが多くて、セリフが少なくて、ただ、そのアップの重ね方が非常に細かいですね。ちょっとした視線の動きみたいなものが芝居になっているんですね。

高峰　ええ、そうなんです。それを五、六カット続けて撮っちゃうんです。だから、一つアップを撮ってバラバラに崩しちゃうと、二度と戻らないわけですね、ライティング一つでも。たとえばわたしが「お母さん」というと、「エッ」といって三益愛子さんがお母さんでこっち向く。わたしが「ナントカよ」というと、今度は三益さんが「ナニ」と、こうなりますね。これを全部撮っちゃうんですよ、こっち側を。もちろん、つなげてじゃないですよ。「カット」といって、「はい、その次」「はい、その次」「はい、その次」って。だから、そういうことが全部わかる人じゃなきゃ、つまりいやだったんですよ、あの先生は。非常にわがままというか。

佐藤　それにアップもあまりサイズも変わらないし、アングルも変わらないですね。

高峰　全然変わらないです。それで大きいのが、つまりわざとというのが、いやでしたね。これはお二人ともそうなんです。わざとというのが嫌いな方ですね。ちょっとでも大きい芝居すると「へへへ、大きいなあ」って、よく言ってましたよ、成瀬先生も。木下先生もわざとらしいというのが一番嫌いな人でしたね。

佐藤　確かに成瀬さんの作品は非常に細かい自然な動きだけれども、かなり晩年の作品はアクセントの強い芝居をしてたんじゃないですか、そうでもないですか。『あらくれ』とか……。

高峰　わたしはね、『放浪記』が好きだったし、成瀬先生も『放浪記』が一番好きでした、『浮雲』よりも。それはなぜかというと、両方勝手なことしてた。勝手なことして好きなようにやっちゃおうといって、やった仕事ですね。

佐藤　失礼ですけど、あれは世評は『浮雲』と比べると全然……。

高峰　全然。ぺけでした。

佐藤　悪口のほうが多かったりして、そのへんは……。

高峰　それは関係ないなあ。別に割前がくるわけでもないし、大入袋が出るわけでもないし、やっぱり自分のやりたいようにやるということが一番いいですね。それであのときに、ひどいメイクアップして、ちょっとねこ背みたいな変なふうにする必要があるのかとかなんとかという批評が一番多かった。けれども、そんな美人でスーッとしていたら、あんなに男に捨てられませんでしょう。

佐藤　それはそうですね。林芙美子もだいぶねこ背でね。

高峰　そう。だから、この女じゃ、やっぱり宝田明には捨てられるなというような、そういうものがないと。頑張っていってだんだん美人になっていくんならいいけども、初めからスッとした美人じゃどうにもならない。それであういうことをやったわけですよね。ですから、草笛（光子）さんが出てきても、草笛さんがずっと美人で、あれにとられちゃったというのは、見てわかるわけですよ。でも、普通の観客というか、批評家の人は、あんなに汚さなくてもいいんじゃないかとか、林芙美子が怒って墓石が揺らぐだろうとかっていうような批評が多かったですけれども、もし美人映画にしてしまったら、あの映画は全然ダメだったと思う。普通のファンは、きれいな高峰秀子が出てきて、林芙美子ふうの頭を結って矢絣着てというので済むかもしれない。でも、やっぱりそれじゃ成瀬先生もいやだったし、わたしもいやだったし、好きなことやっちゃえというので、やっちゃったら、さんざんな目にあったんですけれども、成瀬先生は『放浪記』が一番好きでしたね。

　それと成瀬先生の最後、話だけで終わっちゃって亡くなってしまいましたけど、何もなしで、白バックの前で役者が芝居をする、そういう映画を撮りたいとおっしゃっていました。

佐藤　それは何か具体的なプランあったんですか。

高峰　ないですけどね。「そのときは出てくれる？」なんて、めずらしく話しかけられたことがありました。木下先生もそうなんですけど、成瀬先生のほうが、さっき台本削るというお話じゃないけど、こうやってて、「それ要らない」とか、「これも要らない」……だんだん物がなくなっていくんですよ、セットの中から。だからそれの極端な、つまり何も要らないんだ、物があるとじゃまなんだ、それからカラーも色がゴタゴタあるとじゃまなんだ、何もない白バックの前で一本撮りたいなといってたのが、最後のセリフでしたね。

佐藤　いろいろ話し合うというようなこともないんですか。

高峰　ええ、わたしの場合は全部決まっていました。秀ちゃんで何をやろうかという話になっているわけ。そのとき、わたしは何がいい、かにがいいなんて、そんな大それたことは言いませんから、黙ってそばにいるだけです。おでん屋でおでんでも食べて……。

佐藤　あまり主張はなさらないんですか。

高峰　全然しません。そんなこと言って下手やっちゃったらバカみたいですから、一切わたしは自分の仕事で、これがやりたいとか、あれがやりたいとか言った覚えがない。たった一つ、これは成瀬先生じゃないんですけど、『雁』のお玉、あのときに大映で一本撮ってくれといわれて、「どんなものをやりたいですか」といわれたときに、「大映だったら、現代劇よりもちょっと時代がかった、たとえば『雁』のお玉みないいなのを」と言ったら、『雁』のお玉になっちゃった。でもお玉というのはうりざね顔でもっと美人なんで、こっちはお玉というより卵みたいに丸いほうですから、そんなつもりで言ったんじゃなく、『雁』みたいなのというのが、『雁』になってしまったので、そのときだけです。だから、そのときびっくりして『雁』のお玉がやりたいと言ったわけじゃないと言ったけど、もう、間に合わなかった。あのとき、豊田先生もわたしも借りられて大映へ行ったわけですね。

『小島の春』と豊田四郎

佐藤　気がついたときには人気スターだったと思うんです。おそらく小さいときにはほとんど何も考えないでやってらしたと思うんですが、演技というものを意識されたような経過は……？

高峰　それはずいぶん遅かったですね。あれはね、戦争中ですか、『小島の春』というの……。ともかく忙しくて、私はあまり自分の映画だって見てないんですよね。でも、撮影と撮影の合間に東宝でも松竹でも、たまたま完成試写、ゼロ号というのをやりますね。試写室の前を通るとジーッと音がするからわかるんですよ。そういうときにちょろっと人の映画でものぞいたりなんかする。そのときたまたま『小島の春』だったんです。そのとき杉村春子さんが出た。杉村春子という人も知らなかったです、わたしはね。それで癩病で後ろ姿だけで、庭で、夏川静江さんでしたか、看護婦さんみたいな人が……。

佐藤　巡回調査をしている女医です。

高峰　女医かな。訪ねていくという、そこだけ見たんですよ。どうも女医らしいのね、かばん持っててね。そうすると変に甲高い声出して、髷くっつけた農家ふうな格好した人が後ろ姿で、物干しに物を干している。こっち向かないんですよね。つまり癩だから見せないわけです。それ見て仰天しましてね、これは一体何だろうかと思って。後で聞いたら、それが杉村春子という人だと。役者というものはやっぱりうまい下手というものがあるもんだなと思って、目からうろこが落ちたほどでもないけれども、それで初めて自分のやっていることは何だろうかということを考えた。

当時、録音も悪かったですけども、わたしは口跡が、自分ではちゃんとしゃべっているつもりが、女三船みたいにモゴモゴいっているわけ。それで、どうしてわたしはちゃんとしゃべっているのに、こういうふうにきちっとマイクへ入らないのか、そんなことを考えているところへ『小島の春』を見たもので、ああ、やっぱり役者としてやっていくんだったら、しようがないからもうちょっとうまくならなきゃしようがないんだなと思った。それで奥田良三と長門美保という人についてオペラの発声をやったわけですよ。で、どんなちいちゃな声でも通るようになってきたとか、やっぱり『小島の春』を見たことによって、何か考えたんじゃないでしょうかね。

佐藤　その『小島の春』は豊田さんだったんですね。その豊田さんによる『雁』はどうだったですか。豊田さんの演出というのは。俳優に対する態度とか……。

高峰　豊田さんはたった二本ですね。『恍惚の人』と『雁』。『恍惚の人』は豊田さんはほとんどおりませんでした。心臓が悪くて、大体お昼ごろ帰ってしまわれた。

佐藤　じゃ、どなたが指揮されたんですか。

高峰　森繁さんとわたしとカメラの岡崎（宏三）さんと三人で撮りました。起きてられなくて、苦しくなっちゃうらしいんですよね。「あとよろしくお願いします」といって帰ってしまう。あれ二〇日間で撮った映画なんです。めちゃくちゃに急いで。何でもいいから撮っておいて、あとは編集で何とかしてもらえばいいやってんで、「じゃ、ここでアップ拾っとく？」なんて、三人で相談しながら。よくつながりましたよ（笑）。でも、ラストの森繁さんが雨の中を歩く、あそこらへんは豊田さんはいらっしゃいました。いたりいなかったりでした。

『雁』のときはもうおじいさんだか、おばあさんだかわからないような顔しちゃって、かなりしつこい方でしたねえ。

佐藤　ああでもない、こうでもないとおっしゃるんですか。

高峰　たとえばそのころ、肌ぬぐなんてことは全くなかったわけですよね。だけど、東野さんが後ろから抱きついて、胸をだんだんだんだん、「もうちょっとね」「もうちょっとね」……、「もうちょっとね」なんていっているうちに、いつの間か見せちゃうとか、そういうような粘る人でした。木下さんとか、成瀬先生は絶対そういうものはありませんでしたからね。わたし、木下、成瀬両先生で二〇本ぐらいずつやってますが、キスしたこともなきゃ、手握ったこともなきゃ、抱きついたこともないですよ。両方とも、一本も。そういうこと似合わない役者なんだと思う（笑）。

佐藤　まあそうですね（笑）。
高峰　だから、少女役からいきなり子持ちになっちゃったという感じですよね。

山本嘉次郎と小津安二郎

佐藤　少女役から子持ちになる境目に、何だったかな、あれは……。
高峰　境目はあまりなかったんじゃないですか。
佐藤　ありましたよ。『愛よ星と共に』かな……。
高峰　それ、いきなり子持ちですよ。一生もんです。『愛よ星と共に』って、あれは少女から……。
佐藤　バーだか、キャバレーみたいなところで歌っている……。
高峰　そうそう、そうなんです。あれは少女のときには池部良さんが牧場の息子で仲良くなって、大メロドラマ。それで東京へ出て女給さんになったり、ナイトクラブへ勤めたり、牢屋へ入れられたり、ややこしい。で、赤ん坊ができてなんとかする——見てないから忘れちゃったけど……。それがいきなり子持ちでしょう。その前はほら、『カンカン娘』だとか。
佐藤　市川崑さんのあれ……。
高峰　『花ひらく』『三百六十五夜』。あれはお嬢さんですね。
佐藤　非常にかわいい子役、溌剌とした子役ということでやっていらっしゃったんでしょう。それがアイドルスター、カンカン娘のころですね。
高峰　もうちょっと前かな。
佐藤　山本嘉次郎の『綴方教室』……。
高峰　あれは一二歳ですから。
佐藤　それから『馬』があるでしょう。あのころはどうでしたか。いかにも演技派になっていく……。
高峰　ダメですね。
佐藤　考えてないですか。
高峰　『小島の春』まではダメですね（笑）。フワフワワフワ……。やっぱり五つからやってますとね、別にカメラの前だからとか、うちにいると同じというと失礼だけども、ただ渡された台本、なぜか人の書いたものを暗記してしゃべる、そのぐらいの意識しかなかったですね。
佐藤　そのころ監督さんで何か印象に残っていらっしゃる人、いらっしゃいますか。
高峰　やっぱり山本嘉次郎さん。
佐藤　どういう点ですか。
高峰　ウーン、やっぱりちょっと今、ああいう人いないんじゃないですか。人間もしゃれてるし、大人だし、愉快に気持ちよく仕事をしたいというような人でしたね。そのころ両方に、お寺の仁王みたいに谷口千吉さんと黒澤さんが常にぴったとついていましてね。
佐藤　大男が二人もね。
高峰　大男が。立派でした。山さん首一つぐらい小さいけど、山さんも立派でしたけども、両方へ大きい男がついて、向こうからずんたかずんたか歩いてくると、やっぱりちょっといいもんでしたね。
佐藤　黒澤さんは、そのころからかなり演出に口を出していたというふうに語り伝えられているんですが、実際はどうだったんですか。
高峰　『馬』なんていうのは、ほとんど黒澤さんが撮っています。あのころは『エノケンのちゃっきり金太』とか、『江戸っ子三太』とか、山さんは大忙しだったんですよ。それであれは三年かかっている映画ですから、三年べったりくっついていられないわけです、山本さんは。

佐藤　あれ、三年もかかりました?

高峰　わたしが、一六、一七、一八歳まで。だんだんお乳が大きくなっちゃったりなんかして困りました。わたしのほうは背は高くならなかったけど、弟か妹がどんどん大きくなりましてね、衣装から膝っ小僧が出ちゃったりなんかして大騒ぎしてました。花が咲いたっていっちゃ岩手へ行き、雪が降ったといっちゃ秋田へ行き、やってましたから。馬市のところは山本嘉次郎さんがいたのを覚えています。それからセットは、いましたね。ですから、夏のシーンだとか、どんなスナップ見ても山本嘉次郎さんはいないですよ。黒澤さんがいますよ、カメラの隣に。あれ見ればわかります。だから、こういうふうに、こういうふうにといわれて撮っていたんじゃないですか。山本さんがくるとびっくりしたりなんかしてね、めずらしい人がきたなんていって(笑)。

それで馬市のところで、『エノケンのちゃっきり金太』をぬけ出してくるわけでしょう、秋田までね。もう疲れ果てているわけですよ、山本先生。それで、朝は必ず自分の隣に私を座らせてごはん食べて、全員でごはん食べるのがしきたりでした。ある朝「おはようございます」といって見たら、洗面所から出てきたとき、片っぽうひげがないんですね。「ひげ、どうした」っていったら、「へっ、ひげ」なんて。「ひげ半分ないよ」といったら「あらっ、あんまり疲れて剃り落としちゃった」(笑)。わたしが子供のくせに「それはみっともないから、もう片一方やっぱり剃ったほうがいい」って言ったのね。そうしたらまたその洗面道具もっていって、両方ひげ落としてきた。そんなようなおもしろい人でした。

佐藤　『綴方教室』なんて、非常にちゃんと役を意識してやっていらっしゃるように……。

高峰　それがね、初めて見ました、ニューヨークで。ずいぶん長い映画ですね、あれ。

佐藤　あれはだけど、日本の映画としてはセミドキュメンタリーというか、ネオリアリズム調のはしりじゃないですかね。非常に立派な作品で。

高峰　わたし、あれ山本先生がよかったなと思います。山本先生というのが、アドリブというのかな、だれがホン書いているのか知らないけども、あれやっぱり黒澤さんあたりが一緒に書いたんだろうと思うんですけども、山本さんはほんとに子供の気持ちのわかる人だったんですね。それで、あそこの中でたき火していて、「冬の朝っていいにおいがするね」って言えっていうんですよ。冬の朝ってツーンと藁を焼くような何ともいえないにおいがするもんですよ。いいにおいがするってこと、わたしも子供でわかる。子供の気持ちがわかるから、山本さんがそういうセリフを言わせるわけですね。それでたき火してて、「冬の朝っていいにおいがするね」って言うと、弟がバカでわかんないから、「何?」と、いうと、「ううん、いんだ」って正子が言う。ピピッとわかるわけですよ。わたしも、あっ、この人は子供の気持ちわかる人だなと思うし、山さんもそれを言って、わたしがスッと言うでしょう。そういうふうにとってもツーカーでした。
実際に家が成城で山本嘉次郎さんの真ん前にいたんです。しょっちゅううちへ遊びにいってまして、子供のように、いつも奥さんに「デコはかわいい、かわいい」と言ってらしたそうですよね。

佐藤 それはおもしろいですね。でも自分のイメージに押し込もうという人もいらっしゃるわけでしょう。

高峰 まあ黒澤さんなんていうのは、その最たるもんじゃないですか。あの方もそうですね、小津先生ね。だけど、小津先生の場合は、わたしは『宗方姉妹』しか出ていないんです。あとは子役のときにたくさん出ているんです。

佐藤 『東京の合唱』はそうでしょう。

高峰 ええ、あんなもんです。それでフィルムもない、記録にも残ってないけど、いつも小津さんがいたということを覚えているから、ずいぶんたくさん出てるみたい。で、『宗方姉妹』のときは、田中絹代さんがちょっと迷っちゃって、アメリカから帰ってらして、それでいろんなことをいわれたんで、身投げしたいみたいなこともおっしゃったくらいあのころ悩んでいて、どっちかというと小津先生もちょっと使いあぐねちゃったということがあるんですね。それで、そう大ぜいに神経使っちゃいられないから、わたしの場合は、ちっちゃいときよく知ってるし、「デコは思う通り、好きなように自由にのびのびとやんなさい」と言っただけで、何にもいわれませんでした。ただ、非常に笠(智衆)さんなんか緊張して「ヨーイ、ハイ」というと、手がブルブル震えちゃう人ですから、その震えているのを見ると、わたしも震えなきゃ悪いんじゃないかと思って、そんなに震えるのはなぜかしらと思うと、向こうで小津先生がこっちにらんでいるから、わたしも一緒にガタガタしたりしまして(笑)。田中さんがちょっと硬くなってましたね、あのとき。そっちのほうに一生懸命に……。

佐藤 あのころ田中絹代さんはずいぶん徹底的にやられていましたね。

高峰 そうなんですよね。やっぱり田中さんという人は、人がいいんだな。人がいいんだと思う。わたしみたいにずるかったらもっとうまいことやりますけどね。カッとなっちゃったでしょう、あんまり悪口いわれてね。わたしだったら、言うやつには言わしておけって、かまわないけど、あの人はやっぱり相当悩んで、「秀子ちゃん、わたしは鎌倉山——鎌倉山に絹代御殿というのに住んでて、わたしはそこへしょっちゅう泊りに行ってましたから——ここから飛び下りれば一巻の終わりで、何もかも……」と言いましたからね。だから、相当苦しかったんじゃないですか。

佐藤 ちょっとアメリカかぶれしたのが気に入らないので、みんな怒った……。

高峰 それだけなんですよね。ウフンなんていっちゃってね、サングラスかけて。そういうところも人がいいから、あんなふうになっちゃった。素直に受け入れちゃって。わたしみたいにずるかったら絶対そんなことしませんよね。だって、行くときに能衣装着て行ったんですからね。

能衣装着て、簪さして行ってよ、帰ってきたらキツネの襟巻して投げキッスでしょう。まずいですよね（笑）。わたしみたいに人が悪かったら、絶対そんなことしませんね（笑）。あまりの豹変。でも、田中さんはきっとそのほうが喜ばれると思ったんでしょう。田中絹代がパッと変身して帰ってきて、そのほうがまた新しい役もくるだろうし、ファンも喜んでくれるだろうと……。大きな誤算だったですね。両方が食い違っちゃったんじゃないですか。

アイドル・スターから女優へ

佐藤　高峰さんは、わたしみたいに人が悪かったらということを繰り返しおっしゃるけれども、そういうふうに自分を客観視するような意識というのはずいぶん早いころからお持ちですか。

高峰　そうですね。わたしはほら、嫌いだったからね。

佐藤　映画界が？

高峰　映画界が。何でこんなもの覚えてしゃべんなきゃならないんだと（笑）、五つのときから思っていましたから。それでやってれば好きになるだろうというものじゃないんですね、役者って。だけど、やっぱり月給もらってるし、それで生活しているし、仕事の厳しさというのは五歳のときからわかってますね。ですから、わたしいやな子供だなと思うんだけど、親に物を買って貰ったことが一度もないです。四つでもらわれて五つから働いているんだから。そうすると親がピンクのおリボンというと、わたしは白がいいといったら白がいいんです。わたしが買うんですもの、親が買うんじゃないもの。そういうことを承知しているガキは気持ちが悪いですね。それがいまだにずっときているわけですから、かなり歪んだというか、頑固というか、ふてぶてしいというか、スレているというんじゃないけども、普通とちょっと違うんじゃないですか。

佐藤　その普通とちょっと違うというふうに思われたのはいつごろからですか。物心ついたときというわけじゃないでしょう。

高峰　やっぱり何年か映画でやっているうちに、いろいろな人を見ますね、それが子供だからってかわいがってくれるわけですよ。かわいがってくれるんだけど、この人は本気で物を言っているか、「秀子ちゃん」なんていって、赤ん坊扱いするなとか、ちゃんとそういうことを判断してましたね。ああ、この人本気で物言っているから、こっちも本気で聞きましょうとかね。いいかげんなこと言うなよとか、ずうっとそういうことを考えていた。それと大きな失敗があっても、うやむやにだれに責任があるということなく済んでいってしまう社会。これはいまテレビ時代だからもっと激しいかもしれないけど、その当時でも一本上がればもうおしまいなんですよ、どんなことがあっても。そういういいかげんな社会なんだなということとか、そういうものをジーッと見ていたんですね、撮影の合い間に。

それでいろいろな人に化けられて、いろいろな人生を生きられるから俳優ってのは魅力があるんですってね、そういうことを皆さんおっしゃる。でもこっちはめんどくさい。この間一本終わったのに、今度看護婦になるのでなもんで、めんどくさいわけですよ。

それがお金もらっているものですから、一応一生懸命になるんです。一生懸命にならないと悪いでしょう。一生懸命になるからくたびれちゃう。それでだんだんいやになって、だんだん重い役がくると苦しくて、やれ一丁上がり、ああ、やれやれと思うと、またくるじゃない？　一生懸命の余り疲れた。ということは自分が好きでないから、他人より一生懸命にならなきゃ覚えないんですよ。俳優という仕事、たくさんセリフがあってうれしいわなんていう人はベロベロと覚えちゃいますよ、やりたいんだから。わたしやりたくないんだから、覚えないんですよ。「あ」の次が「い」で、「い」の次が「う」でというような、げろ吐くような感じになるんです。

佐藤　これは失礼な質問かもしれないのですが、非常にかわいいアイドルスターから、非常に重厚な女優さんにかわるころ、『浮雲』のちょっと前ぐらいからですか、あのころ人生はもううんざりだみたいな役をずいぶんおやりになったですね。そしてそれが完全な演技なのか、それともそんな気持ちと関係があるのか、そのへんが……。

高峰　ありますねえ。

佐藤　その頂点が『放浪記』と『あらくれ』あたりじゃないかという気がするんですけどね。

高峰　やっぱり人間嫌いでしたね。それでちっちゃいときにちやほやちやほやしてくれる人も、本気でかわいがってくれるのかとか、こんなものはあぶくみたいなもんだ、こんなものは信用できるもんじゃない、人気なんてものはバカバカしいものだ、泡のようなもんだということをいやというほど、自分で考えていたですね。それは自分のことだけじゃなく、他人を見ていてもそうなんです。ワーッといっていたと思ったら、結婚したら全部離れていっちゃうようなファンでしょう。そんなものは要らないやという気がわたしはあったんですね。そういう非常にふてくされたというか、そういうのは人間不信というのかな、人間嫌いというのかな。いつも何かちょっとひねているというか、よくない性質ですね。

佐藤　俳優さんの中には、ファンにサービスすることにほんとに献身的な人もたくさんいらっしゃる。

高峰　それは好きだから。好きで、つくった以上は見てもらわないより見てもらったほうがいいんでしょうけどね。逆にいえば、わたしは大変めちゃくちゃに恵まれていた俳優なんですよね。何でもかんでもお客さん入るのがあたりまえで、入らないほうが不思議みたいな、五つのときからずっと続いているものですから、非常に甘やかされているというか、ぜいたくというか、日本映画がピークのときにそこにわたしがいたということです。そのときたまたまわたしがいた。ですから、そういう意味では自分は幸せな俳優さんという感じですね。女性映画といわれる成瀬、木下という人に巡り合えたのが二六歳か二五歳ぐらいのときでしょう。『カルメン故郷に帰る』というので初めて木下惠介という人に出会ったわけです。それで木下、成瀬、木下、成瀬、木下、成瀬って、二〇年ぐらいやっていたんですよ。

佐藤　木下さんの仕事はどうですか。

高峰　おもしろいですね。全く成瀬先生と違うんだけれども、大もとは同じですね。不自然なことを嫌うとか、僕はわざとというのが一番嫌いだなんていってますけどね。ずいぶん『カルメン故郷に帰る』なんかわざとなんだけども……。

佐藤　わざとらしい。いやいや、あれはそういう芝居ですからね。それで成瀬さんとの違いはどこですか。

高峰　違いはね、成瀬先生は、ほとんど全部が、日本の女で、一見しとやかで、だけど普通の人というと変だけど、いささか利口なところもあって、芯が強くてみたいな人、そんな日本の女をどんどん詰めていくでしょう。木下先生の場合には、「秀ちゃん、今度何やっちゃう?」なんて、全くとんでもないテーマを見つける方ですよ。コロッとね。だから、木下先生の場合はストリッパーになってみたり、未亡人になってみたり、忙しいったらありゃしない。だけど、成瀬先生のほうへいくと、いつも静かで、ただちょっと違うという感じですね。大げさに違わなくてね。だから、木下組へ行くと肉体的にくたびれて、成瀬さんのところへ行くと、あああっといって、休みに東宝へ帰ってきましたという感じでしたね。

佐藤　でも、たとえば『稲妻』なんて大映ですね。非常に細かいちょっとしたしぐさみたいなものが、非常に意味がある映画のようなものですね。『稲妻』は私、高峰秀子さんの最高傑作の一つだと思っています。

高峰　忘れちゃった。あれはバスの車掌さん……。

佐藤　バスガールで、浦辺粂子さんの娘で種違いのきょうだいがいる、村田知栄子と三浦光子と。植村謙二郎が村田知栄子のご主人で……。

高峰　それでわたしどうするんですか(笑)。

佐藤　それであなたは、よりよく生きたいという理想を持っていて、だけれども、実に現在の生活がみじめったらしい。経済的にみじめったらしくというのではなくて、精神的にもみじめったらしく、何も物を考えていそうにない家族ばっかりで、こんな家にいるのはいやだと。いやなんだけれども、血肉の愛情があって、捨てるわけにもいかない……。

高峰　それで浦辺さんと移動で歩いてて、浦辺さんが何か拾ったら、ビンの栓だった。そこだけ覚えている。あと何にも覚えてない。

佐藤　それはお金かと思って拾った。何てまあいじましいでしょうという。

高峰　そうそうそう。あれ変だな、だって『秀子の車掌さん』というのもバスガールですね。

佐藤　成瀬さんの『秀子の車掌さん』は、井伏鱒二の原作で、あれはもっぱらさわやかで、とても健気なさわやかな役で、藤原鶏太さんが運転手で……。

高峰　ああ、怖かったな、あの人の運転は。

佐藤　自分で運転したんですか。

高峰　そうですよ、バスの運転手ですもの。ちゃんと真っ直ぐいってくれるのかしらと、とっても怖かった（笑）。
佐藤　だけど、実にさわやかな顔して、名所案内していましたね。
高峰　夏川大二郎さんもいましたね……。

宇野重吉・森雅之・佐田啓二

佐藤　山本嘉次郎さんで『春の戯れ』というのがあるでしょう。あれはよかったです。
高峰　ええ、『マリウス』。宇野（重吉）さん。わたしは宇野さん、森雅之というのは大好きなんですけども、いくら好きでも、役者と役者、波長が合わないということあるんですね。あの『春の戯れ』というのは新派でやってくれといわれたんですよ。山本嘉次郎さんにね。だから「おまえさん、ナントカダよう」という、あの新派の……
佐藤　節をつけて……。
高峰　そう。ところが宇野さんが全くできない。向こうは新劇、こっちが新派（笑）。とっても困りましたね。一間ずつ一間ずつ遅れていっちゃうんですよ。
佐藤　でも、あの映画よかったですよ。山本嘉次郎さんの最後の傑作じゃないかしら。
　森雅之さんとは？
高峰　森さんは一番多いですね。わたしは森さん、仲代（達矢）、小林桂樹、この三人が多い。あっ、佐田（啓二）さん。木下先生の場合は常に松竹だから佐田さんでした。
　森さんはうまい人ですね。ほんとに『浮雲』がよかったといわれるのは、決してわたしがうまかったんじゃなくて、森さんがうまかったからです。
佐藤　高峰さんがとめどもなく愚痴を言うときの、その受け方がね、もう実に絶えずアクセントがあってね。
高峰　そうなんですよ。黙ってね……。あれをただ、でくの棒みたいにこうしていられたらできませんよ。
佐藤　あれはうまいですね。掘っ建て小屋みたいな、進駐軍の兵隊がくる小屋のね、あすこはうまいなあ……。やっぱりやってて張りがありますか。
高峰　そうですね。そういうことはあるでしょうけど。
佐藤　その点では佐田啓二さんはだいぶ逆でしょう？
高峰　木下先生の場合、佐田さんとずいぶん共演しても、佐田さんのほうを重くしてないでしょう。こっちが車輪になって、向こうはヌーッと立っているというようなものばっかりでしたね。向こうから積極的に何かという映画は一つもなかったですね。
佐藤　まあそういうのを女性映画っていうんでしょうけどね。
高峰　いい人でしたね、あの人は。役者になったのは間違ったんじゃないかなと思うくらい、いい人でしたね。
佐藤　でも、いい人だなという感じはちゃんと画面に出てますね。
高峰　出る、出る。それは出る。あれは悪い人はできない人だったかもしれない。『喜びも悲しみも幾歳月』のとき、灯台というのはみんな突端にあるんですよね。地図で見ても、隅っこに。あれは御前崎だか何だか忘れたけども、暑い暑い夏で、そのとき早く仕事が済んだのかな、お昼ごろ部屋にいたら、「ごめんください」

なんていって、あのころひどい宿屋ですからね。スウッと障子があいたら、廊下でしょ。そこに佐田さんがスイカ持って立っててね、何ていうんですか、こういう大阪の人が着るじゃないの、ちぢみのシャツ。それで腹巻してるのね、あの美男が。それでらくだ色の腹巻で、下はちぢみのずぼん下で、スイカもって「スイカ食べませんか」といったとき、あら、この人はもう役者はやめたほうがいいと（笑）。わたしのほうがよっぽど恥ずかしい。佐田さんがスイカ一切れ持って自分の部屋からこの格好で歩いてきたのかと思ったら、まあ、この人ほんとに間違って役者になったなあと思いました。役者って、どっかチラッと気取っているところがあるもんですよ。あの人全くなかったですね。

佐藤　とにかくいい人だという感じだけは、ちょっと類がない……。ああいう人はほんとの二枚目なんですね。

東宝争議の頃

佐藤　いまでは忘れられた巨匠ですけれども、阿部豊さんというのはどういう人でした？　何本かやっていらっしゃるでしょう。

高峰　阿部さんは『細雪』がそうでしょ。それから「頰白先生」という内田百閒の。あと何かあったかしら……。

佐藤　『愛よ星と共に』。それから『破戒』を撮りかけ始めて……。

高峰　『破戒』はきれいなラッシュでしたけどねえ。少し撮ったんです、長野でね。それでストライキになって中止になった。

佐藤　監督としてはどういうタイプでしたか。

高峰　よき時代の、という感じですね。山本先生もそうですよ。のんびりした、よき時代の、明るく楽しい東宝映画という感じのころの巨匠というかな、ハリウッドにいた方でしょう。「オーライ、カット」と英語で号令をかけて。しゃれたモダンな人でしたね。だから、『あの旗を撃て』なんていうのでもしゃれてました。戦争映画だけどしゃれてましたね。それと三村明というカメラマン、あの人もハリウッドにいて、ハリイっていわれていた人で、窓ひとつ撮ってもしゃれているんですよね。非常にしゃれた戦争映画で、ダメといわれたけど、わたしたちはしゃれてていいなと思いましたね。

佐藤　古きよき昔の活動屋、東宝争議のころから変わったんですか。

高峰　そうですね。

佐藤　東宝争議についてはどう感じていらっしゃいますか。

高峰　全然わからなかったです。それこそ『破戒』撮ってて、中止って会社から命令が来て、明日の何時に撮影所へ行って下さいって。二一歳かな……。

佐藤　あのとき俳優さんたちが新東宝へ一〇人いらっしゃったでしょう。そのときは何か結束みたいなものはあったんですか。

高峰　ある日大会があって、大会だっていうので、みんな入ったら、バシャッとしめちゃったんですよ、ステージのドアを全部。行動隊がね。

佐藤　それは若い人たち？

高峰　こんなにいたのかと思うほど、きのうまでニコニコしていた人たちがおっかない顔してドアを固めちゃって、宮島義勇さんが演壇へ上がってものすごい演説を、そうじゃなくてもおっかない顔なのに、真っかっかになっちゃって、恐ろしくて、みんなとにかくびっくりしちゃって、すごかったですよ、その迫力（笑）。それから録音の安恵重遠さんとか、プロデューサーの伊藤武郎さんとか。ニコニコしていた人がまるで違う人間になったみたいでね。それで何時間か缶詰になって、中は暑かったんだか、寒かったんだか、とにかく疲労困憊で、夕方になって初めてドアをバーッと開けたんです。そのときに自然に二つに分かれたんです、行列が。ステージの扉から出てね。それで片方は新東宝で、片方は東宝。自然に……

佐藤　それは非常に自然にという感じだったんですか。

高峰　自然にでしたね。わたしは青柳信雄とか、原節子とか、そういう人たちの後ろへくっついていったら、テーブルがあって、連判状みたいに巻紙みたいのが並んでいて、それにみんなサインしたんですよ、何となく。ほんとよくわからない。

佐藤　でも、おっかなくなった組合側の人に対する反発はあったんですね。

高峰　ありましたね。苦しかったから。それでやっぱり映画人というのは、一匹オオカミですから、こうしろといわれてやるようなタマじゃないです、だれだって。

佐藤　命令されるのは……。

高峰　そうです。それの誤算があったと思います。とにかくぞろぞろサインをしまして、次の日に行ったら入れてくれないじゃないの、門から。スクラム組んで入れてくれない。それで行くところがない。撮影所へ行っても行くところがないもんだから、お寺かなんか借りて、みんなでお寺の境内でどうする？　なんていって、大河内（傳次郎）さんとか、みんなで集まった。それでとにかく仕事しなきゃしようがない、もちろんお金ももらえないしというので、そのころ撮影所の、東宝で間に合わないときにちょっと仕事するステージが二つ三つあった。大蔵スタジオといったか、何といったかな、祖師谷大蔵に。そこに入って仕事。それでそれが新東宝というのになった。やり始めたら、ほんとに仕事の好きな人ばっかりが集まってましたね。それで新東宝で仕事しても仕事してもタダでね。お金ないんだから、出演料がみんなただで、くれないんです。暮らせなくなっちゃって、それでわたしはフリーになったんです。フリーになって『カルメン故郷に帰る』というのに出たんです。

『カルメン故郷に帰る』秘話

佐藤　なるほどね、『カルメン』ですか。

高峰　『カルメン故郷に帰る』ね。その前にわたしは『破れ太鼓』に出ることになってたんですよ。

佐藤　あの小林トシ子さんの役。

高峰　そうです。それで売られたんです、新東宝のあるプロデューサーに。プロデューサーが実は松竹へ自分が交渉して、向こうで貸してくれというから、出てくれというわけですよ。それから、わたし木下恵介という名前知らなかったけど、その前に『花咲く港』『お嬢さん乾杯』

見てびっくりしていたのね。すばらしい監督だと思って。まあすてきな監督が出てくるもんだねと思った矢先だもんで、木下恵介というので台本を読んだら、阪妻さんのもので、わたしは別に出なくてもいいような感じですね。それで「これ出ない」って言ったら、冗談じゃないと、金全部もらっちゃったというわけですよ。だれがといったら、「僕が」と……（笑）。

佐藤　あれはあんまり重要な役じゃないですものね。

高峰　そうなんです。それで頼むから出てくれと。わたしは、出ないと。そうしたら三〇〇万だか、それこそとんでもないお金を、また渡すほうも渡すほうですけど、当人じゃなくそのプロデューサーに渡しちゃった。その人は使っちゃった。それで、じゃどうしようか。わたしは新東宝の社長さんのところへ駆け出していった。それよりも何よりも木下さんはわたしが出ると信じているわけだから、それから考えて、これは駆け込み訴えするよりしようがないと思って、「もしもし、木下恵介先生ですか」なんて、いきなり電話をかけた。ちょっとお話ししたいんですけれども、会ってくださいと。何もこんにちはでもなければ、初めましてでもない。そうしたら向こうも、あっいいですよ、じゃあしたロケハンに銀座へ行きますから、銀馬車だか、花馬車だか、どことかで会いましょうと。そしてお昼行ったら、颯爽と入ってきました。「実はわたしはこうこうこういう目にあって、売られちゃいました。わたしはお金の顔も見てない、だけどある人が使っちゃいました。でも、わたしはあの役は出たくありません」、普通だったらとても怒ると思うんだけど……。

佐藤　切り口上でおっしゃった……。

高峰　切り口上で言いました、パチバチッっと。そうしたら向こうのほうが怒っちゃって、「そんなケチのついた気持ちの悪い仕事なんて僕だっていやですからね、やめちゃいましょう、やめちゃいましょう」って言ったんですよ。「私はあなたのためには新しく書きますから」と。それが『カルメン故郷に帰る』。『カルメン故郷に帰る』はその『破れ太鼓』が済んで、しばらくして、それでいきなり木下先生から直接電話があって、「できました、できました」って。それが初めてです。だからそのときに、わたしに、何だいなまいきな、この女優断りやがってというような人だったら、会ってないでしょう、それ以来ずっと木下先生には。でも、ちょっと変わってる人だから、それで、じゃ、やっぱりあのときにホン書くというのはウソじゃなかったなと思って、読んでみたら、バカのストリッパーじゃないの（笑）。ああ、木下さんはやっぱりわたしのことバカのストリッパーが一番いいと思って書いたんだなと思って笑っちゃったけど。

佐藤　でも、それは実にいい話ですね。

高峰　だから、あのとき向こうが、やなやつだね、人を呼び出しておいて断るなんて、というような人だったら、それっきりですよ。それから十何本やっているんですものね。

（さとう　ただお・映画評論家）

（『講座　日本映画6・日本映画の模索』岩波書店、'87年6月）

【特別インタヴュー………

ただ女性としてそこにあった

レオス・カラックス

聞き手＝上野昂志

―― レオス・カラックスさんが成瀬巳喜男監督『乱れる』（一九六四）の高峰秀子をとりわけお好きだという話はつとに伺っています。今回はその高峰秀子についてお聞きしたいと思います。

「最初に観たのは『浮雲』（一九五五）のフランス公開時だったはずです。八〇年代半ばのことです。その後パリでも成瀬巳喜男のレトロスペクティヴがあり、そのさいに多くの成瀬の作品を観ました。日本に初めて来たときには、ジュリエット・ビノシュとともに、高峰秀子さんに会いに行くことができました。それは本当にすばらしい出会いでした。偶然にも最近、ジュリエットと私と高峰秀子さんとご一緒に撮った写真を発見しました。数年前に『メルド』（『TOKYO！』中の一篇、二〇〇八）の撮影で長く東京に滞在したときは、お会いすることはできませんでしたが、じつは高峰秀子さんのことを撮影できないかとお願いをしてみたのです。お年を召されたということだったか、理由は覚えておりませんが、丁重なお断りを頂戴しました。」

―― 仮に高峰さんが『メルド』に出演なされていたら……。

「なにか彼女のための部分を作ったと思います。はっきりと決めていたわけではありませんが、裁判のシーンでしたでしょうね。裁判官かあるいは別の役柄で。」

―― 成瀬の映画と同時に女優・高峰秀子を発見された、というところに格別のものを感じます。

「私にとって『浮雲』は世界で最も美しい映画の一つです。映画作品で、最も多く観て、最も深い感銘を受けたのが『浮雲』です。成瀬の作品すべてを観たわけでありませんが、私が一番すばらしいと思うのは、やはり高峰秀子さんが主演の作品です。いま手許の成瀬のフィルモグラフィをざっと見ていますが、私が好きな作品には他にも、『稲妻』（一九五二）、

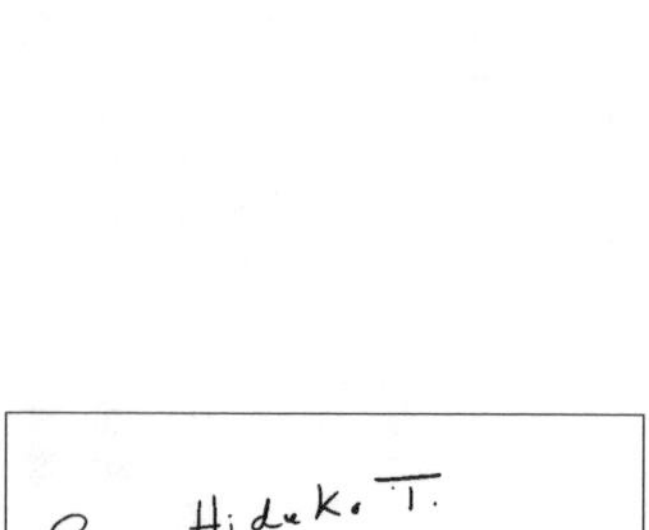

「私が深く愛する
ヒデコ・Tのために
――友愛を込めて
レオス・カラックス」

『女が階段を上る時』（一九六〇）、『娘・妻・母』（一九六〇）があります。」

――映画史のなかで高峰秀子と成瀬巳喜男の関係は特別に思われますか。

「私は、監督と女優というカップルがとても重要なものだと考えています。いつも同じ女優を起用する監督、ということです。そうした監督と女優との組み合わせのなかに、成瀬と高峰が存在します。映画史上のそうした監督と女優のカップルといっても、例えばロッセリーニとバーグマンや、ゴダールとアンナ・カリーナは実人生でもカップルだったわけですが、成瀬と高峰はそうではありません。実人生でも傍にいる女性が女優であってその人の映画を撮る、という例は数多くあります。カサヴェテスやフィリップ・ガレルも自分の奥さんをずいぶん撮影していますし、私自身も長い間自分の恋人を女優として使い続けてきました。自分が撮影をしたいと思えるような女優を見出したとき、その人が恋人であるか否かにかかわらず、映画作家は最高の作品を作るのだと思います。」

――成瀬巳喜男と高峰秀子の場合、成瀬のフィルモグラフィの経過と、高峰本人の年齢を経ていく時間とが響き合っていますね。実際の高峰秀子の年齢にふさわしい役を彼女は演じてきました。

「そうした例は、成瀬・高峰以外には、カサヴェテスとジーナ・ローランズしか思い当たりません。映画作家が一人の女優をそんなに長い間追い続けるということは珍しいものですから。」

――カラックスさんが見出した高峰さんの魅力とはどのようなものでしたか。

「私が高峰秀子さんの映画を初めて観たのは、二十五歳くらい、若い時でした。当時、もちろん女優がとても好きで、女優を通じて映画を観ていたと言ってもいいでしょう。監督に興味を持つ以前に女優に興味を持っていました。しかし、高峰秀子さんの場合は、そうした私が持っていた女優に対する興味の持ち方とはまったく違うところで初めて惹き付けられた女優だったのです。私はマリリン・モンローに、アンナ・カリーナに恋をしていた、それは彼女たちの美しさにいわば誘惑されていたわけです。高峰秀子の場合は違いました。肉体的な魅惑ということではなく、ただ女性としてそこにあった、そのことに惹き付けられたわけです。二十五歳でしたから、高峰さんよりも遥かにセクシーな美女が好きな年齢でした。ところが彼女に惹かれたのは、そうした官能を通じてということではまったくなかった。もちろん、高峰秀子さんも成瀬監督が時々とてもエロティックに、官能的に撮影している瞬間があります。『浮雲』の温泉のシーンのように。けれども、エロティックな意味で興味をもったのではない、そうした意味で私には初めての女優でした。私にとってはエロティックではない女性を、映画作家がエロティックにしたのだと思います。」

二〇一三年一月二十七日、
アンスティチュ・フランセ東京にて収録
通訳＝福崎裕子／構成＝中村大吾

［構成者付記］二〇一三年一月、『メルド』以来の新作『ホーリー・モーターズ』を携えて来日した映画監督レオス・カラックスに、彼が敬愛する女優・高峰秀子について話を伺った。故あって篋底に仕舞われていたインタヴュー原稿だが、機会を得て、ここに発表する。

●作家のみた高峰秀子

不思議な女優

山田風太郎
Yamada Fûtarô

僕は、今、高峰秀子《たかみねひでこ》に手紙書いてるの。

——高峰秀子というと、女優のですか。

うん。このあいだ、高峰秀子が僕の随筆集を欲しい、そしてサインしてもらってくれと、ある出版社に頼んだんですよ。それで随筆集二冊送ったの。そしたらソバを送ってくれたの。浅草の泥鰌《どじょう》屋の近くにソバを売る有名な店があるでしょう、「麦とろ」だったか、あそこでソバを売ってるんですよ。行けば食わせるだろうけど、それを送ってきたものだから、礼状を書かなくちゃあと思ってね。

——先生は、高峰秀子はたしか戦後の美人のベストいくつかに入れていましたね。

美人という点でも、ベスト3に入る。もちろん彼女が若いときですよ。今は僕と同じ年くらいだから、大ばあさんでしょう。けど、大変なものですよ、小学生時分から女優をやっていて。しかも、筆も立つんですよ、ツボをはずしたことをいわないからね。

僕が男で尊敬するのは一番に黒澤明《くろさわあきら》(映画監督)、どうしてあの二人が結婚しなかったんだろうと思ってねえ。若いときは、恋愛関係にあったのよ、あの二人。けど、しないほうがよかったのかもしれんなあ。していたら、喧嘩《けんか》しなくちゃいけないが、高峰秀子が負けちゃあいないからな。

――高峰秀子さんとは会ってみたいと思いませんか。

いや、会いたいと思わない。年とって悲しいのは、自分が年とることではなくて、美人の老いたのを見るのが悲しいと思っているくらいだからね。「ええっ! あの、ばあさんが」と思うくらいなら会わんほうがいい。美人は、原節子《はらせつこ》みたいに、きれいなうちに消えるべきだ。

――よほど、実感されているんですねえ。

高峰秀子というのは、不思議な女優でねえ。たいていの俳優は、若い時分は自分の職業を馬鹿にしたようなことをいっていても、年とると、俳優は修業が大事だとかいいだすんですよ、「この道には果てしがない」とかね。ところが、高峰秀子は、いつも自分の職業について馬鹿にしたようなことをいうんです。それでいて、名女優なんですよ、カンがよくてね。

十三や十四で主演映画をつくったのは、高峰秀子しかいないんじゃないかねえ。そういえば美《み》空《そら》ひばりがいるけど、あれは歌の人気でだからね。「綴方《つづりかた》 教室」(昭和十三年作品)なんて、高峰秀子が十三歳くらいのときじゃないのかな。「馬」(昭和十六年作品)も、十六歳くらいでしょう。品がいい顔しているから、貴族の娘にもなれるし、一方では、庶民的なところがあるから、裏長屋の娘もできるしね。

(作家)

(『コレデオシマイ』角川春樹事務所、'96年12月)

高峰秀子

浅間山の大爆発にあわてず「先生、きれいよ」

木下恵介
Kinoshita Keisuke

秀子さんはとにかく気を遣わせない女優ですから、監督にとってはありがたい存在です。撮影中の監督は考えることがたくさんありますから、女優に〝女の魅力〟を発揮され、甘えられると面倒臭くなります。「先生、疲れたわ」と肩寄せられてきても困りますし、「暑い、暑い。早く終わって帰りたいわ」「早く撮ってちょうだい」なんて言う女優も面倒です。その点、秀子さんは違います。どんな時でもじっと耐えています。松竹にはそういう伝統があるのでしょうか。田中絹代も絶対、監督に気を遣わせない人でした。

秀子さんとの初めての仕事は、昭和二十六年に封切られた日本初の総天然色映画『カルメン故郷に帰る』でしたが、会社がカラーの仕上りに不安を持っていて、カラーと白黒の二本を撮影しました。だめだったら白黒にしようと思っていたのです。俳優は一生懸命で覚えた台詞を、「ＯＫ」でそのカットを終わればぱっと忘れたいものでしょう。何回もやった末、やっと撮れた本番です。それをもう一回では、気分的にたいへんだったと思いますが、秀子さんは三カ月にわたる長い撮影期間中、いやな顔ひとつ見せませんでした。

撮影場所は浅間牧場、宿は千ヶ滝ですから、結構距離があります。毎日、浅間山の山麓を行ったり来たりするのですが、ある日、煙がぱったり止まりました。「そのうち爆発するよ」と僕はバス

日本初のカラー映画
『カルメン故郷に帰る』
映画ポスター

の中で言いましたが、それから四、五日たった夜、ドーンと地震のような大きな音と共に浅間山は火を噴きました。

三階の少し離れた部屋にいる秀子さんが心配で、すぐ部屋を飛び出しましたが、ドーンという音で電気はみな消えて真暗です。廊下の雨戸が斜めに倒れて、壁の方にもたれかかっているのが見えず、思いきり向こう牖をぶつけて怪我をしました。それでも雨戸をまたぎながら秀子さんの部屋にたどりつき、息を切らせて「秀ちゃん、大丈夫?」と声をかけると、「先生、早くいらっしゃいよ。きれいよ、浅間山」と落ち着いた声です。

たしかに二階の窓から見る真赤な火を噴く浅間山はみものでしたが、いい度胸だなと思いました。佐野周二などはあわてて表に飛び出して宿の人から「出ちゃだめですよ」と注意されていました。間もなくザーッと夕立のような音がして灰と石が降ってきましたから、中にいる方がよかったのです。それにしても女だから怖がるのではないかと思っていたのですが、向こう牖の傷を見て、「もう、あわてもんなんだから」などと言われてしまいました。

ロケ現場での秀子さんは、よくスタッフにお茶を入れてくれました。五歳でデビューして以来、ずっと大スターなのですが、庶民的でおかみさん的なところもあります。気を遣うというのではなく、手が足りないと見ると、じっとしていられない性分なのでしょう。

とにかく合理的で無駄がきらいな人です。その場その場で思ったことをズバズバと言いますから、秀子さんはこわい、と思った人もずいぶんいるようです。

面白いと思ったのは、戦後、物のない時代から少し抜け出た頃、お宅へ伺った時のことです。近くの「狸穴《まみあな》そば」から出前を取ろうという話になりました。お手伝いさんが「ざるを三枚」と電話をかけていたら、「なに言ってるの。ざるなんかじゃなくていいのよ。もりでいいの。うちでのりをかければおんなじ」。金を惜しむ、ということよりは、普段からそういうことがバカバカしいと思っている人なのですよ。

（映画監督）

（『文藝春秋』'90年2月号）

デコとボク

山本嘉次郎
Yamamoto Kajirô

「良人の貞操」を作ったとき、デコこと、高峰秀子が東宝へ入社した。そして、ボクの「良人の貞操」に出演した。東宝初出演である。劇中で、小まっちゃくれた役を演じたが、御当人も、それに負けず、小まっちゃくれていた。

十二か三であったろう。仕事がすんだら、ドッカに遊びにつれてってよオ、というから、どこへ？　と聞くと、どこでもいいわ……よし、そんなら、いいとこへ遊びにゆこう。え？　どこ？

……ヨシワラさ！

とボクがいったら、デコは、カンカンに怒ってしまった。ヨシワラというところもしっていれば、アソブということも、しっていたのである。おそるべき子供（アンファン・テリーブル）である。

「綴方教室」で、デコは、はじめて主演をとった。十四五であったろう。撮影中に、作者の豊田正子が見に来た。ボクは、二人は、すぐと仲良しになると思った。二人とも、気質がよく似ているからである。勘がよくって（むしろ、勘ばかりで……）負けずぎらいで、他人の気持がよくわかるくせに、その気質の裏をかきたがる癖なぞ、多分に共通していた。

二人は、会うと、ツン、ツンとした。お互いに、フンッ！　という顔だった。こいつは面白いぞとおもった。ボクにしては、カブト虫に角力をとらしてるようで、面白かった。はたせるかな、新聞社が、豊田正子に、撮影所訪問記を書かせたら、その中で、さかんに、デコって生意気な、いやな

『綴方教室』撮影風景

子だと書いていた。デコも負けずに、ハンバク文を書いて、やりかえした。

……だが、二人が、こんなにムキになる理由は、ひとつもないのである。ただ、会ったトタン、ひとりが、フンッ！　という顔をしたので、負けずに、フンッ！　と応じたまでである。要するに、どっちでもいいことである。命にかかわることではないのである。用のすんだ鼻紙よりも、もっと、とるに足らぬことなのである。

こんなつまらないことに、デコというひとは、よくこだわる。そのために思わぬ損をする。そして、自分も悩む。そして、ひとまで悩ませるのである。

「馬」の撮影のとき、ひばりが鳴いている春の盛りに、山形県新庄の郊外に、ロケーションをした。デコの十六七のときである。田舎のワラシ（童）どもが山のように集まって来て、

「なアんと、なんと、キレイなもんだデヤ」

と青洟をすすりながら、デコを取り巻いた。すると、デコは、なにを感じたか、シクシクと泣き出した。

「どうしたの？　見物を追払ってやろうか？」

といっても、デコは首をふった。なにを聞いても、デコは首をふるばかりである。なんの理由で泣いているのか、わからない。そのうちに、ワアワアと大声を上げて、泣きはじめた。このときのデコは、じつに強情であった。なにを聞いても、ただワアワアと泣いて、三時間も泣きとおした。とうとう撮影が出来ず、一日を棒にふってしまった。

ここで、徳川夢声氏の著「同行二人」から抜き書きをさせてもらう。夢声氏とデコ氏の対談の中で……、

デ　大人って、どうしてこうバカなんだろうと、ショッチュウ思ったよ。ここらで大人を困らしてやろうと思うと、わざと分んないダダこねてね、仕事を遅らしてやったりした。そうすると、周囲の大人たちが大騒ぎしてね、よってたかって御機嫌をとるのよ。それが面白くってね、夜中なんか、何かお菓子でも買って来て、と思ってもないでしょう、仕方がないから、撮影所前のおでん屋から、コンニャクのおでんなんか買って来てね、串にさしたやつを持って来たりね……だけど、ちゃんとこっちは呑みこんでるの、もうこれ以上はいけないな、という限界をね。で、急に時分を見計らって、機嫌を直してやったものよ……。

これは、デコが子役で、松竹の蒲田に出ていた頃の話である。七八才のころだろう。新庄で泣いたデコは、十六七である。でボクは、メンスではないかと思った。もしかすると、はじめてかもしれないと思った。

すると、ボクの助手をしていた黒沢明は、

「デコの奴、馬がこわかったんですよ」

と後でいった。そういえば、この日が、デコがはじめて、馬の手綱をとる撮影だったのである。

馬がこわい……これは、すべてを優越していると思っていた、田舎の子供たちに、一番の弱点を露呈することになる。といって、一旦こわいと思い出したら、もうだめである。

ここにいたって、デコは、進退谷《きわ》まった。唯一の逃げ場所は、泣くことである。そこで理由もなく、三時間も泣きつづけたのである。デコとは、こういう女でもある。

そのデコが、その翌年、放牧してある馬群の中に入って、馬と馬とを掻き分けながら、自分の馬を探す場面をやった。馬の群れは怖ろしい。一頭が蹴れば、蹴られたのが蹴りかえし、その騒ぎはたちまち全体に波及して、大混乱となってしまう。もし、その中に人間でもいれば、肉挽きで挽いたミンチのようにされてしまう。

牧夫でも、馬群の中へ入るときは、怖ろしがっている。それをデコは、入っていった。その怖ろしさを知りながら……。

このときの撮影は、ボクは用事があって東京へ帰り、黒沢君が代って監督した。だから、デコは、やったのである。デコは、黒沢君に惚れていたのである。黒沢君の命令なら、死んでもいいとおもったのである。デコが、生涯に、ただ一度、まっとうな心をさらけ出した瞬間である。

ボクは二人から、結婚の仲介をたのまれた。ボクは内心、二人が結婚することには、同意しかねた。しかし、これをいったところで、聞く人たちではない。ボクは、引きうけて、時間をのばすことを考えた。冷却期間をもうけようとした。やがて、冷えた。二人は、結婚しないでいいことをした。ボクは、なんども仲人をしたが、このときの仲人が、一番成功したとおもっている。

いまデコは、日本一の人気を得ている。しかし、デコほど、悶えて、苦しんでいる女優はないだろう。

「アタイ、一体、どうすればいいんだよう」

いつでも、ボクにこう訴える。自分の行くべき道はどこか、どんな勉強をしたらいいか、どういう仕事をやるべきか、自分の悪いところは何処か教えて下さいと印刷して、知人先輩に配ったこともあった。こんなことをした女優は、デコひとりである。

　デコは、子役から、そのまま、ヌーッと今のようになってしまったことを、悩んでいるのである。子役上りで、大物となったことがない！　こういう迷信を信じている。いわば、劣等感（インフェリオリティ・コンプレックス）にわれとわが身をしばりつけて、悶えているのである。だから、デコほど、大胆不敵に見えながら、臆病なのはいない。

　だが、モーツァルトでもハイフェッツでも、團十郎でも菊五郎（六代目）でも羽左衛門（先代）でも、みんな子役から上ったのである。ただ、映画には、音楽や踊りのように勉強のハッキリした階梯がない。モヤモヤと、なんとなく仕事に馴れ、仕事をおぼえてしまうのである。デコは、人一倍、勘が鋭いだけに、モヤモヤとおぼえてしまったことが、不安でたまらないのであろう。つまらない劣等感なんかカナグリ捨てて、もっと裸になって、まっとうに取組んでゆく勇気を出さねばいけないのだ。

　一年ほど前、デコの知らぬ間に、松竹との契約がなされて、しかも、その契約金の百万円は、間に立ったものが着服してしまったことが、新聞に、デカデカと出たことがある。その間に立ったというのは、ボクの親友であり、また仕事の友でもあるプロデューサーの青柳信雄である。

　この問題は、ボクには、なんの関係もないので、どうでもいいようなものの、ボクと親しい二人のことなので、なにか、気がかりであった。

　おかしなことには、デコは青柳信雄を訴えようとしないし、青柳信雄もなんら釈明しようともしない。時が解決してくれるでしょう、なんて、すましている。それより、もっとおかしなことは、デコを弗《ドル》箱としている新東宝の社長の佐生氏が、自分の部下の青柳信雄に向って、なんらの譴責も追及もしないで、いつもと同じように、「オイ、信さん……」なぞと親しい口をきいて、どんどん次の仕事をやらしていることである。新聞に、あんなふうに書かれながら、こんなおかしいことがありますか、といいたくなるのは当り前であろう。

　これはきっと、なにか、関係者のすべてが、いいたくないことがあって、お互に口をつぐんでいるのだろうと思った。もしそうであるなら、このときこそ、デコが、勇気をふるって、裸になるべき、いいチャンスだと考えていた。そうしたら、芸術家として、一歩飛び上がれるのにな……と期待していたが、モヤモヤとこの事件は、なんとなく消えてしまった。ところが、その後、意外なことが、ボクの耳にはいった。ある人が、ウチへ来て、

「ひどい奴が、いるもんですねえ……」

と前置きして、或る俳優ブローカーのことを話した。そのブローカーは、かねてから、松竹からデコを引き抜くことを依頼されていた。だが、正面からいったのでは、デコが承知しないことを知っているので、裏面工作をやった。新東宝の会計係を買収して、新東宝に現金のない日を、知らせてもらうように頼んでおいた。今日はない、と報告があるや、これも、酒と女で手なずけておいた税務署の役人を、デコの家にさし向けて、差押えをさしたのである。デコは、三十何万円かの税金を滞納していた。払いたくても、新東宝が金をくれなかったからである。

差押えが来たので、デコはあわてて、新東宝へSOSをかける。ところが、新東宝にはその日、現金がない。デコが困って、ウロウロしているところへ、そのブローカーが、ブラリと遊びに行ったような顔をして、お立替えしましょう、と現金を百万円ほど出す。その代り、松竹に一本だけでもいいですから出て下さい。デコは、背に腹はかえられず、契約書に判を押してしまった……これが、百万円事件の真相ですとその男は語った。

いかにも、ありそうなことである。ボクは、怪しからんことだ。もしそれが本当なら、そのブローカーを、映画界から放逐してしまうといきまいた。

そのとき、その場へ、前に書いた英ちゃんこと尾上英二郎君が来合わせていて、

「よし。それを、いただきましょう」

という。そのとき英ちゃんは、もう俳優をやめて、新聞記者をしていた。デコであり、税務署であり、ブローカーであり、大したスクープ（特種）になるというのだ。

「ちょっと、待ってくれ。もし、それが、本当でないとすると、いろいろな人たちの名誉を大変に傷つけることになる。慎重に調べて、事実であることが確証されたら、ドシドシ書いて、その悪徳

ブローカーを世の批判にかけてくれ。それまでは、どうか伏せておいてくれないか、たのむ！」

「そうですかア……残念だなア……親しいあんたの頼みでなけりゃア、今夜の夕刊にでも出しちゃうんだがなア……」

と惜しそうに帰っていった。

その翌日から、英ちゃんの新聞の親会社の大新聞の、ボクと面識のある記者たちから、ボクは追いかけられた。早く、出させてくれというのである。もう少し、もう少し……と三日ほど引っ張ったが、とうとう引っ張り切れなくなって、

「じゃ、こうして下さい。関係者一同、対決させて、お互に真相をぶちまけ合って、それで、本当のところが確められたら、出してもいいです！」

その次の日、みんな集った。青柳信雄も出た。ブローカーも出た。ボクも出た。記者が、検事のようにひとりひとりを訊問した。ところが、聞けば聞くほど、雲をつかむような話で、とうとう、どこまで嘘か、どこまで本当か、わからなくなってしまった。

大新聞の大記者は、とうとう匙を投げた。そして、しきりと首をひねりながら、

「……おかしいなア……火のないところに煙は立たないというが……煙があるくせに、火がないなんて、一体、どこから、こんな話が出たんだろうなア……」

と残念そうだった。

そこでボクが、記憶をたどって、もう一度考え直しているうちに、ハッと、思い当って、思わず卓を叩いてしまった。

「そうだッ！　それにちがいない」

「えッ？」

記者は、緊張した。

「ボクが、その話を聞いた日は、丁度、今月の一日だった」

「一日……？」

と記者は、しばらく考えてから、

「なんだ、エープリル・フールだったのか」

記者は、プリプリしながら帰ってしまった。それにしても、誰が、こんなにうまい、うがった話を考え出したのであろう。

カツドウヤというものは、こういうことをさせたら、大した天才である。


（映画監督）

（『カツドウヤ紳士録』大日本雄弁会講談社、'51年2月）

▶ロング・インタヴュー………

高峰秀子の映画渡世

高峰秀子 Takamine Hideko
聞き手・構成
長部日出雄 Osabe Hideo

高峰秀子さんの映画は、子どものころから数えきれないほど観てきて、お手紙をかわしたこともあるが、お目にかかってお話をしたことはない。

今回、小説新潮編集部を通じてインタビューを申し込んだところ、「電話でなら……」というご返事をいただいた。

打合せで決まった時間にボタンをプッシュすると、直接出られた高峰さんは、まず「電話なんかでどうも相すみません」といわれ、「こちらこそ。インタビューをお引き受けいただいて有り難うございます」と挨拶をかわして、以下の話がはじまった。（長部日出雄）

知られざる名作

―― 最初にこのインタビューを申し込んだきっかけなんですが、これからご紹介する話は、高峰さんがちょっと照れるかもしれませんけど、読者に知っていただくために、まあ聞いて下さい。

二〇〇四年の秋（九月三日～十一月十九日）およそ二箇月半にわたって、東京国立近代美術館フィルムセンターが、日本映画史と昭和史をともに体現した不世出の大女優へのオマージュ……として行なった大規模な特集上映「映画女優　高峰秀子」が、三万四千人以上の入場者を集めるというたいへんな盛況裡、好評裡に終了しました。

私もたびたび行きましたが、いつも一時間前から長い行列ができて……。

高峰　なんだか見損なった方がずいぶん……。

―― そうなんです。作品によっては入場できない人がたくさん出るほどの熱気でした。

高峰　長部さん、ご覧になっていただいたんですか。

―― はい。

高峰　有り難うございます。

―― 高峰さんが子役としてデビューした昭和四年の野村芳亭監督『母』から、昭和五十四年の木下惠介監督『衝動殺人　息子よ』にいたるまで、ちょうど半世紀の間の百六十本を越える出演作から、八

成瀬巳喜男監督『稲妻』映画ポスター

十本以上の作品が選ばれて連続上映されたわけですが、なかにはこれまであまり評判にならなかった映画もふくまれています。

私がこんど初めて観て、その見事な出来映えに心から感嘆し、「知られざる名作」というのはやはりあるんだな……と実感させられたのは、山本嘉次郎監督の『春の戯れ』(昭24)という作品でした。

まず、この映画の話から伺わせて下さい。

高峰 わかりました。これはマルセル・パニョルの戯曲『マリウス』の翻案なんですよね。山本嘉次郎監督は、『綴方教室』や『馬』で私の少女時代を作ってくれた演出家で、どんな映画でも――リアルなドラマでも喜劇でも、何でも演出できるたいへん才能豊かな方でした。

『春の戯れ』で忘れられないのは、山本監督から、芝居も台詞も新派調でやってくれ、といわれたことです。それで私は新派調でやったんだけど、マリウス役の宇野重吉さんは新劇調でしょう。ちょっとへんてこりんだったかな……と。

―― いや、その新派調と新劇調がうまく嚙《か》み合って、まことに面白い味が出ていました。脚本も書いた山本嘉次郎さんは、京橋生まれの東京っ子、慶応の理財科に学んだ粋で都会的なダンディーで……。

高峰 博識でなんでも知っていてね。

―― だから、新派調でもあるけれど、フランスの港町マルセーユの話の『マリウス』が、品川を舞台にした落語の人情噺に仕立て直され、台詞が江戸前で歯切れがよくて、スカッと胸がすくおもいがするんですね。

高峰 そうそう。こんなことがありました。品川の海辺の町で、天秤棒を担いで貝を売り歩く棒手振《ぼてふり》の私が、道端にしゃがんで貝をむいている若者のまえを通るところで……。

―― あの天秤棒を担いで行く後ろ姿が、じつに素晴らしかった(笑)。

高峰 ヒョイヒョイと腰を振ってね(笑)。あれはコツがいるんですよ。それを見てガキの一人が「ヨオヨオ! でっけえケツだなァ」と声をかける。脚本に書いてあるのは、そこまでなんです。ところが山本監督が「デコ、そこで何か一言、い い返しておやりよ。本番回すよ」って。それで自分で考えて「でっけえケツだなァ」といわれたあとに、「チェッ、色気づきやがって!」と負けずにやり返したら、スタッフがだれも知らないアドリブだったから、みんな吹き出してNGになってしまった(笑)。

―― じゃ、われわれが観たのは、二度目の本番の場面だったんですね。いまのやりとりのあたりにも、江戸の気分がそのまま残っていた当時の品川の雰囲気と、高峰さんが演ずるお花という娘の気っ風のよさが、鮮やかに出ていた。

時代は明治の初頭で、もう断髪令が出ているのに、徳川夢声さんはまだ頭にちょんまげを乗せている。

高峰 居酒屋の親父さんね。その息子の宇野重吉さんは、海外に憧れて、水夫になって外国航路の船に乗り、恋人のお花を置き去りにして品川から出て行ってしまう。

―― つまりあれは、何でもかんでもアメリカとヨーロッパ一辺倒になった敗戦後の流行にたいする山本さん流の批評だったんじゃないですかね。山本さんには戯作者魂がありましたから、周りがみんな外国かぶれになると、じゃあこっちは逆に新派調で行ってやろうと……。

高峰　台詞でも「そうしなさい」という意味の「そうおしよ」を、「そぅおしよぉ～」って、新派調でやれっていうんですよね。

——その台詞回しがとてもいい。高峰さんは、前半の娘時代が初初しく、それからいなくなった恋人の赤ん坊を産んで母親になり、大きな商家のおかみさんにふさわしい貫禄が出てくるまでの変化を、じつに上手く演じて、これは本当によく出来た完成度の高い映画だとおもうんです。

しかし、その年のキネマ旬報ベストテンで、『春の戯れ』に票を投じた批評家は、たった一人しかいなかった。新派調と人情噺仕立てが、戦後の時流に逆行しているようにおもわれて、古臭く感じられたのかもしれません。このあと山本さんは監督本数が急速に少なくなっていきますね。

高峰　人一倍優しくて、繊細な神経の持主でしたから、敗戦直後の混乱の時代を図図しく生きて行くことができなかったんですね。メチールとか変なお酒を飲んで、体具合を悪くしたこともあって、いつの間にか映画会社にとっては「過去の人」になってしまった。

亡くなられたとき、東宝撮影所で行なわれた友人葬も寂しかったけれど、終わりかけたときに四、五人のひとが駆けこんで来て、ステージの正面に飾られた山本さんの遺影に手を合わせた。たぶん照明部の人たちで、所内の別のステージで撮影中の仕事が、一区切りついたところで駆けつけて来たんですね。現場で働く人間にとって、なにより嬉しいのは、おなじ現場の人間に慕われることですから、山本さんはさぞ喜んでおられたことでしょう。そういうお人柄の方でした。

——敗戦後の山本さんの苦悩は、戦争中に『ハワイ・マレー沖海戦』と『加藤隼戦闘隊』を撮って大評判になったことも、一つの原因になっていたのでは……という気がします。

われわれの若いころはもう、山本嘉次郎さんは映画監督を引退し、テレビ（NHK『それは私です』）に出たり、『カツドウヤ紳士録』等のエッセイを書いたりする文化人、という印象でした。

『馬』（昭16・キネマ旬報ベストテン第二位）が名作だという話は聞いていましたが、伝説によれば、あれは助監督の黒澤明が優秀だったからだと……。

高峰　半分ぐらいは、黒澤さんが撮ってましたね。

——やっぱりそうだったんですか。

高峰　というのは、山本さんはエノケン（榎本健一）さんの映画をずっと撮っていたでしょう。ロケーションの現場から、すぐ東宝の撮影所に帰っちゃうんですよ。すると黒澤さんが、手間と暇がかかるロケーションの場面を引き受けて、現場の指揮を取ってましたね。（註・たしかに長期にわたった『馬』の撮影中、山本嘉次郎監督・榎本健一主演の映画は、『エノケンのがっちり時代』『エノケンのざんぎり金太』『孫悟空』前後篇と、何本も撮られている）

——『馬』は、東宝が前代未聞の金と時間をかけ、昭和十四、十五、十六、と三年越しで撮影した超大作で、クレジットタイトルの筆頭に、黒澤明が「製作主任」という肩書で出てきますね。

高峰　そう、製作主任。だから、山本さんがいないときは、黒澤さんが監督代理をやっていたわけですよ。

――岩手山の麓のあたりが主な舞台ですけど、ほかにも東北の四季のさまざまな風物が取り入れられて……。

高峰　新庄、鳴子、横手、尾花沢、湯瀬、盛岡、花巻……。いろいろと調べて、もっと景色がいいところ、もっと変わったところと、探し歩いてました。

――キャメラマンの数が、なんと四人。

高峰　四季に合わせてね。冬は雪を撮るのが得意な伊藤武夫さん、夏は空にポカッと雲が浮かぶ牧場を撮るのが上手な三村明さん、そんな風に、春は唐沢弘光さん、秋は鈴木博さん、と季節を分担して受け持っていたんです。

――まったく何から何まで、いまからすれば考えられないほどの贅沢さですね。

高峰　そうですね。

――高峰さんの少女時代の代表作とされていたこの映画を、私はずっと後になってビデオで観たんですが、じっさいに画面に接するまで、これほどの大傑作とはおもっていませんでした。作品のスケールがすこぶる壮大で、純真で意地っ張りな農家の娘に扮した高峰さんの演技も、本当に素晴らしい。

高峰　そんなことないですよ。まだまだ何にもわからなかったころですから。ただ東北弁を習うのが、ちょっと大変だったけど。

――その東北弁がすごい。ビデオを一緒に観たうちのかみさんは、主な舞台になった南部地方の近くの出なんですが、違和感が全然ないっていってました。よその人がしゃべる東北弁を、地元の人間が聞いて、違和感がないっていうのは、めったにないことです。

高峰　東宝の渉外課に、東北生まれの人がいて、その人が教えてくれたんです。全部口移しで、その通りにしゃべったんで、いいんだか悪いんだか、自分じゃさっぱりわからない。

――アクセントもイントネーションも東北弁で、しかも非常によくわかる。

高峰　教えてくれた人も映画会社の人間ですから、いくらうまくしゃべっても「わがんねえんじゃ、しゃあねえから」って、よその人にも通じるように教えてくれたんですね。

――映画は、馬の競り市の場面からはじまりますが、競り台に立って大声で叫ぶ人が、声の調子と気合の入り方からきっと本職だろうと思っていたら、キャメラがずっと近づいて行くと、顔が清川荘司。

高峰　「ハイ、二百五十両ッ、さ、ねえか？　ねえかッ？」って叫ぶ人でしょ。清川荘司さん。あの人、うまかったです。いい役者さんでしたね。

――ほかの役者さんも、そろってよく勉強されていて、細部のリアリティーの密度に驚かされる。

高峰　冬に縄をなうとき、家のなかでも寒いので、手拭で頰被りをしている。これはつまり、監督の山本さんがよく勉強していたから。

――山本嘉次郎さんが、たいへんな教養人だとおもうのは、当時の日本のインテリが、柳田国男の民俗学や、柳宗悦《やなぎむねよし》の民芸運動に抱いた興味や関心が、ちゃんと物語の細部に生かされているんですね。（原案・脚本ともに山本嘉次郎）

高峰　本当に博学でしたね。

――人間の役者ばかりでなく、馬もうまい（笑）。高峰さんが演ずる少女いねが、家の借金のために売られた子馬を買いもどすため、紡績女工になって働きに行く。しばらくぶりに帰って来て、可愛いがっていた子馬を、牧場の馬の群れのなかで探すんだけれど、すっかり育って面変わりしているので、なかなか見つからない。向こうはこっちを忘れてしまったんだろうか……とおもっていると、群れのなかから一頭の馬が、いねに近づいて来る。ここのところは馬も名演技で、どうしてこんなことが出来るんだろう、と不思議だったんですが……。

高峰　私が探して歩いている画面の外に、馬主がいて呼んでるんですけど、呼んだからって、馬はそう簡単に来るもんじゃありませんよ（笑）。半分は偶然ですね。

――傑作というのは、やはりそういう偶然や幸運に恵まれるんですね。

　ほかにも名場面が幾つもありますが、いねが裸馬に乗り、盛岡の工場へ行く弟が乗った汽車を追って走るシーン……。あそこにはとうぜん高峰さんの代役がいたわけですね。

高峰　あれは競馬の騎手、お爺さん。

――なるほど。騎手なら体が小さいから、少女の代役もできるわけだ。

高峰　最初は女の人を何人も頼んだんだけど、どうしてもうまくいかなくて困っていたところへ、現われたのが元競馬の騎手だったという小柄で細身のお爺さん。お下げのカツラに鉢巻、シャツにモモヒキという「いね」の恰好をさせて、いざ本番となったら、あの山の稜線を延延と疾走する長いシーンが、一発でOKになった。プロとはこういうものか……と感動しましたね。

――でも、スタート地点で、裸馬に乗っているいねは、高峰さんでしょう。

高峰　鞍のない馬に、手綱一本を頼りに乗るんですからね。怖かったですよ。

――しかも、その馬が走り出した。

高峰　止めようたって、止め方もわからない（笑）。黒澤さんやみんなが追いかけてきて、やっと助けられたんだけれど、怖くてしばらく体の震えが止まらなかった。

――そのあたりから、黒澤さんとのあいだに淡いロマンスが芽生えかけたのを、会社と義理のお母さんによって、引き裂かれてしまう。

高峰　『わたしの渡世日記』に、ちょっと書きましたけどね。（註・颯爽たる長身の青年助監督黒澤明と、十六歳の少女俳優のあいだに芽生えかけた淡いロマンスの経緯は、正《まさ》しく傑作の名に値する高峰秀子の自伝『わたしの渡世日記』〔文春文庫〕に、きわめて率直な筆致で記されているので、詳しく知りたい方はそれを読んでいただきたい）

――映画が最高の娯楽だったあの時代、高峰さんは日本中の若い世代の人気を一身に集める輝きの星で、東宝のドル箱でしたからね。引き裂かれるのも無理はない。

　私は引き裂かれてよかったとおもいます（笑）。おかげで高峰さんがその後に主演した数数の名作を観られたわけですから。

『馬』の話に戻ると、これは軍馬の育成奨励のための国策映画なんですね。冒頭に東条英機陸軍大佐の言葉が掲げられて……。

高峰　そう、国策映画と見せて、じつは、反戦映画なんですよ。

―― 私もそうおもいます。

高峰　ラストに、観客が戸惑うほど異常に長いシーンが二つあります。一つは、戦地に向かう軍馬の列が、いつ果てるともなく延延とつづく場面……。

―― その足取りが、ちっとも勇ましくない。頭を垂れてとぼとぼと歩いているように見える。

高峰　人間なら、戦死せずに帰って来る人がいても、徴用されて戦地に行って、帰った馬はいない。そういう山本さんの気持が、あのシーンには籠められているんですね。山本さん、本当は戦争反対なんです。

もう一つ異常に長いのはラストシーンで、軍馬に買い上げられて去って行く愛馬の後ろ姿を見送るいねのアップ……。

―― 連れられて行く馬の運命が、心配で心配で堪らない顔をしている。

高峰　片方の耳に手を当てて、じっと遠ざかって行く馬の足音を聞いているんですよね。そして横から弟が「また軍馬飼うべな」というと、「黙ってれ！」っていう。

―― 軍馬育成奨励の国策映画なのにね（笑）。並外れて繊細な神経の持主だったのに、それだけ性根の据わった映画の作り方をしていた。私にとって、今回の特集上映は、山本嘉次郎再発見のいい機会でもあったとおもいます。

観客を捕えるあの眼差《まなざ》し

―― つぎは、成瀬巳喜男監督の最高傑作で、高峰秀子の演技歴でも一つのピークをなす、林芙美子原作の『浮雲』（昭30）。

これは今回の特集上映でもいちばん人気が高く、反響も圧倒的だったと聞きました。私は、なくなった銀座の並木座やビデオで何度も繰り返し観ているので、今回は行かなかったんですが、行列から溢れる熱気が凄かったそうです。

これは最初、脚本（水木洋子）を受け取られたとき、自分にはできない……とおもわれたそうですね。

高峰　私は恋愛映画っていうか、男と女がぐじゃぐじゃする映画というのは、あの一本しかないんですよ。それまでいわゆる恋愛映画ってものに出たことがない。だから、脚本をもらったとき、自分の台詞だけテープに吹き込んで、こんな風にダメですからお断りします、って、藤本真澄さんというプロデューサーのところへ持って行ったの。

―― 大プロデューサーですね。断るつもりで持って行ったのが……。

高峰　それからどんどん話が進んで、とうとう出ることになっちゃった。

―― 成瀬巳喜男監督というのは、素顔はどういう……。

高峰　仕事中も、個人的にも、ほとんど口をきかない。意地悪なくらい何にもしゃべらない。こっちが芝居をしても、面白いんだか面白くないんだか、全然表情に出ない。何が何だかさっぱりわからないから、ほんのちょっとした言葉を頼りに、その裏の裏まで想像していくしかない。私は成瀬さんに、演技らしい演技をつけてもらった覚えがないんです。向こうが何にもいわないから、こっちも何もいわずに演技して、何もいわないけれどOKになったらしいから、つぎのカットに移る……といった具合でね。私はひそかにイジワルジイサンと呼んでいて、不安で、おっかないんだけれど、いちばん好きな演出家でした。

―― 成瀬さんは、翌日の撮影予定のコ

ンテ（カット割り）を、だれにも見せなかったそうですね。

高峰　見せません。見せてもらうと、段取りよく準備ができて、スタッフは助かるんですけどね。あるとき、助監督が「オッサンが台本忘れて帰っちゃった」と持って来たのに書き込まれていたコンテを、みんな大喜びで自分の台本に書き写したら、翌日になってみると、コンテがすっかり変わっていた（笑）。

―― それは成瀬さん、わざと忘れたふりをして帰ったんじゃないのかな（笑）。そんな風に自分の頭のなかでは的確にカットを割っていて、それを脚本に書かれた順序通りでなく、途中を飛ばして中ヌキで撮って行く。

高峰　どんどん中ヌキで進んで行くから、役者がよっぽど初めからおしまいまで暗記して、あ、これはここだ、これはあそこだ、って承知していないとできないんですよね。ややっこしい監督でしたよ。

―― 極端な話、あるカットを撮っているときに、そこで本当は何が起こっているのか、正確に知ってるのは監督だけ、ということもあり得るわけですね。

高峰　そうです。目線、今度こっち、今度はあっち、というだけでね。

―― ほんのちょっとした視線や表情の変化で、彫りの深いドラマを創り出す。考えに考え抜かれ、隅から隅まで計算され尽くして、しかもその計算を観る人に感じさせない、というのが成瀬巳喜男の映画でしたから、高峰さんは阿吽《あうん》の呼吸で、監督の頭の中を読み取らなければならない。

高峰　それだけに、面白いといっちゃ悪いけど……。

―― やり甲斐がある。

高峰　そうですよねえ。

―― しかし、監督が何もいわず、しかも中ヌキでどんどん撮って行くとなると……。

高峰　気味が悪いですよ（笑）。

―― つまりこれは、たいへんな真剣勝負だとおもうんですね。監督の頭のなかにはとうぜん望んでる画があるはずで、いわず語らずのうちに、それを高峰さんは実現しなければいけない。

　高峰さんはよく、映画女優という仕事を好きとおもってやったことはないという風に、書いたりおっしゃったりしますけれど、これだけ大きな期待をかけられて責任が重い仕事を、手探りでやらなければならないという苦労は、たいへんだったろうとおもいます。もっとも高峰さんもそうした苦労を、表面には決して出さないんですけれども……。

高峰　だから早くやめたかったんですよ。役者が苦手でしたからね。やってるときは、いちおう一生懸命やってました。好き嫌いと、うまいへたは別ですから。嫌いだからって、投げちゃいけないとおもって。これは商売だから、おカネもらってるんだからと、やるときは一生懸命やりましたよ。

―― そのプロフェッショナリズムが、映画女優高峰秀子の背景だったんですね。『浮雲』について具体的にいえば、言葉は悪いかもしれないけれど、男女の「腐れ縁」というものを、これほど徹底してリアルに、しかも切実な情感を漲《みなぎ》らせて描き切った映画は、世界映画史においても他に類がない。また高峰秀子が演じた幸田ゆき子ぐらい、二分の希望と八分の絶望を、痛切に表現した女性像もほとんど例がない。

高峰　いや、それは森（雅之）さんがうまかったからですよ。森さんがあんなにうまくなきゃ、あんなにいい映画にはならなかったとおもいますね。

いつも受け身でだらしなくて、ちょっとしたインテリで、生活力はないくせに、女をつぎつぎに惹きつけて破滅させていくだけの魅力をもった富岡の役に、森さんはなり切っていた。台詞が少なく、大した芝居もないのに、あれほど存在感のある俳優なんて、そうめったにいるもんじゃありません。あの役が、押せばへなへなと尻餅をつくような男優さんだったら、あれだけの映画にはなっていないとおもいますね。本当にうまかった。

――　森雅之は、男のニヒリズムとエゴイズムの表現に、とても秀でている俳優でした。

高峰　名優でしたねえ。

――　成瀬巳喜男との真剣勝負、それに森雅之との真剣勝負によって、薄情な富岡に捨てられてGIのオンリーや義兄の囲い者になる、あの幸田ゆき子という薄倖の女性が生まれたんですね。

高峰　幸田ゆき子が、泣いたり喚《わめ》いたりして、向こうがへなへなだったら、見ちゃいられないでしょう、芝居になっちゃって。それが森さんは、押しても引いてもびくともしない。痩せだけれど、どっしりとしていましたからね。

――　幸田ゆき子が泣いたり喚いたりしないから、観ているほうもその内心を推し量って、彼女の苦しさとか辛さとか悲しみに深く共感できる。だから、もともとこれは人気のある作品だけれど、こんどの特集上映でも圧倒的な支持を得たんでしょうね。

成瀬さんにとっては、俳優の芝居がいちばん大事で、それから目を逸らさせるような余計な小道具やなんかは、できるだけ排除しようとしたようですね。

高峰　これはいらない、あれもいらないって、どんどん省いていくんですね。

――　そして最後には、いつか白バックだけの……。

高峰　ええ、成瀬さんとの最後の仕事になった『ひき逃げ』（昭41）の撮影中に、「ぼくはいつか、装置も色もない、白バックだけの映画を撮ってみたいのよ。白バックのまえで芝居だけを見せるの。そのとき秀ちゃん、出てくれるかな」といわれた。それを撮らないうちに、亡くなっちゃいましたけど。

――　高峰さんの演技で、私がいちばんの特徴と感じるのは「眼差《まなざ》し」です。『浮雲』の幸田ゆき子は、内心の虚無感がはっきり読み取れる眼差しで、『放浪記』の林芙美子は、作家の業《ごう》というものをまざまざと感じさせる眼差しをしていた。

高峰　『放浪記』は、林芙美子に似ているとか似ていないとか、批評家に見当違いの悪口をいわれて、評判がよくなかったんですけど、成瀬さんも私も、とても好きな作品です。

――　似ている似ていないじゃなくて、あれは成瀬さんと高峰さんが創り出した林芙美子像ですよね。

高峰　そうなんです。

――　初めは、ちょっと変なメークアップであんまりきれいに見えない。

高峰　だって最初から美人だったら、おかしいでしょう。美人だったら、あんな風に男に捨てられたり、蹴飛ばされたりしませんよ。自分は美人じゃないというコンプレックスが大事な要素だとおもうんです。それが作家として認められるにつれて、それなりの魅力が出てきて、着物も似合うようになって行く。その変化を表現したいとおもったんですね。ところが、本物の林芙美子に似ていない、とか、原作者をバカにした扮装だとかいわれて……。

―― 私がこんど『放浪記』を観たのは、夜七時からの回だったんですが、やはり満員でした。みんな熱心に見入っていて、この人たちには、成瀬さんと高峰さんの創り出した林芙美子像が、きっと共感をもって受け入れられたとおもいます。

とにかく高峰さんは、眼差しでいろいろ複雑な感情を表現するんで、オーバーな芝居を必要としない成瀬さんにとっては、非常に気が合う女優だったんでしょうね。『浮雲』のほかにも、『稲妻』『流れる』『女が階段を上る時』など、何本もの名作が生まれた。

高峰 成瀬さんは、台詞もどんどん削る人で、こんなことは口でいわなくても、顔で、芝居でわかるよね……って。それで私の役柄は、いつも口でいうのを我慢しているような女の役だったから、眼で何かいわなければいけなかったんですね。

―― 高峰さんと成瀬さんのコンビというのは、お二人にとって幸運な結びつきでしたね。

高峰 そうおもいます。

―― それだけに、成瀬さんが亡くなられたときのショックはさぞ大きかったでしょう。

高峰 一言でいえば、女優なんかもういいや、という気になりましたね。役者としてのやり甲斐がすっかり薄れてしまったような気がして……。

自分を捨て、その役の人間になりたい

―― こんどは木下惠介の大ヒット作で、日本中の老若男女を泣かせ、国民的映画とまで言われた名作『二十四の瞳』です。

今回の特集上映では、トップを飾って初日第一回に上映され、満員の観客から終映後、盛大な拍手が起こりました。

この『二十四の瞳』が封切られたのは昭和二十九年の九月、『浮雲』は翌三十年一月封切で、観客は半年足らずのうちに、弾けるような明るい笑顔の大石先生と、暗い絶望的な眼差しの幸田ゆき子という、正反対の女性像を演ずる高峰秀子に接したわけです。

高峰 私は成瀬巳喜男監督と木下惠介監督のあいだを行ったり来たりして、ほぼおなじ本数の映画に出ましたけど、成瀬作品がだいたい一貫してガマンの女なのに、木下作品は一作ごとに役柄が全部がらりと違う。

だから成瀬さんは面白がって、「今度、木下君とこ、どんな役？」なんておっしゃってた。木下さんの映画には、とんでもない役もありますからね（笑）。

―― 高峰さんが半世紀のあいだに演じた役柄は、天才子役、快活で健気な少女、青春映画のアイドル、歌って踊るミュージカルスター、素っ頓狂なコメディエンヌ、文芸映画のヒロイン、理想の女教師、虚無と淪落《りんらく》の女、娼婦、人妻、バーのマダム、身体障害者、老け役……と、きわめて多岐にわたっていて、これほど多種多様な役を演じた女優は、おそらく世界の映画史でも、高峰さんだけじゃないかとおもう。

高峰 安野《あんの》光雅《みつまさ》という絵描きさんをご存

じですか。

―― はい、作品はよく知っています。

高峰　安野さんは、どんな絵でもお描きになれる。挿絵も描くし、ポスターも描くし、ちゃんとした絵もお描きになる。それで私があるとき「安野先生はどんな絵でも描けるんですね」といったら、「絵描きになったら、どんな絵でも描けなきゃ絵描きじゃないとおもうよ」といわれて、本当にそうだとおもった。

　私は絵描きじゃないけれど、俳優になったからにはどんな役でも、完全とはいわないけれども、ちゃんとこなしていかなくちゃいけないな……っておもいましたけどね。

―― 高峰さんのなかには、幼いころから、人間が表に出す面と裏に隠している面の双方が、とてもよく見える映画界という尋常でない世界で生きてきて、人生の裏の裏まで見通す冷徹なリアリストの性格と、それにもかかわらずだれにも愛され明るい笑顔と開けっ広げで人の心を和ませる温かい人柄という、まったく相反する要素が同居していて、それがどんな役でも演じられる秘密になっているような気がするんですが……。

高峰　自分じゃそんな難しいこと、考えたことない。まあ、一言でいえば、ある役柄が来たら、高峰秀子じゃなくて、その役の人間になりたい、とはおもってましたけどね。

―― 大石先生と幸田ゆき子、両方できる人なんていませんよ。幸田ゆき子も難しいけれど、大石先生はある意味でもっと難しい。大袈裟な芝居なしに、善意の塊のような女教師を、ああ、こういう先生が本当にいたんだ、と、観客に実感させなくちゃいけないわけだから……。

高峰　成瀬さんと木下さんは、資質がまったく違うんだけど、共通しているところもあって、さもわざとらしかったり、不自然だったりする芝居を、お二人とも極端に嫌いましたね。

―― 極端にいえば、演技も必要なくて、そこに幸田ゆき子がいる、大石先生がいる、という存在感が望みだったんでしょうか。

高峰　風が吹いてきて髪が乱れたら、自然に髪の毛を手で上げるでしょう。そういう感じが、お二人とも好きでしたね。風が吹いて髪が乱れてもそのままにしているような芝居は、不自然だとおっしゃる。

―― 高峰さんの最大の財産のひとつは、天真爛漫な笑顔だと、私はおもいます。『二十四の瞳』では「泣き虫先生」という性格設定との対比において、その輝くような笑顔がじつによく生かされた。よく日本人には顔がないといわれますが、私は映像で表現されたわが国の人物像として、男性代表に『七人の侍』の菊千代（三船敏郎）、女性代表に『二十四の瞳』の大石先生を挙げたい。

　あの大石先生をやったあと、全国の小学校の先生から、ずいぶんたくさん手紙が来たそうですね。私はいろんな職業のなかで、小学校の先生ほど大切で、しかも苦労が多く、割の合わない仕事はない、とおもうんですが……。

高峰　そう、あまりにも難しい仕事で、今日やめようか、明日やめようか、とおもい悩んでいたとき、『二十四の瞳』を観て、やはり教師をつづけることに決心した、大石先生を理想として努力する……というような手紙をいただきましたね。

『二十四の瞳』という優れた映画を作ったのは、木下惠介監督で、私じゃありません。私はたんに一個の材料としての俳優で、役をもらったから演じただけです。いまいったような手紙をいただくのは、面映ゆいし、お門違いのような気もしたけれど、考えてみれば、役者冥利につきる、ということですよね。

　私はぐだぐだとわがままや文句をいいながらつづけてきた長年の俳優商売が、間接的にもでも何かのお役に立ったということを、生まれてはじめて実感して、あらためてこの仕事の責任の重大さを考えさせられました。

――高峰さんは、木下監督について、十数本の作品に出たけれど、その間、ウンウンと苦吟したり悩んだりした顔を一度も見たことがない、まことにアッサリと、ケロケロと撮り上げてしまう、やはり「天才」というより仕方がない、と書いておられましたが、この『二十四の瞳』のときばかりは、そうはいかなかったようですね。

高峰　なにしろ相手が子どもですからね。木下惠介が天才だろうと大演出家だろうと知ったこっちゃない。みんないい子なんだけど、監督が声をからして説明しようと叫ぼうと、一人があっちを見れば一人がこっちを向き、一人が台詞をいってるときに一人はアクビをしている。ある長いシーンでは、みんなの動きが一致してOKが出るまで、本番が四十九回もかかった。

――さすがの木下惠介も、悪戦苦闘したわけですね。

高峰　子どもに引きずり回されて、周りはみんなくたくた。それと天候ね。天気がよくなきゃ撮れない。努力と工夫ではどうにもならない子どもと自然に、振り回され通し。

――それが出来上がってみると、あんな風に自然と人間が一体化して、静かに落ち着いた、抒情的な映画になっていたわけですね。

　この『二十四の瞳』とそれに先立つ木下作品の『女の園』、翌年の成瀬作品『浮雲』で、高峰さんは当時もっとも権威のあった毎日映画コンクールの女優主演賞を二年連続で受賞して、名実ともに演技派女優としての地位を確立された。

高峰　『女の園』も変わった役でしたよね。

――私は好きですねえ。いつもおどおどしている京都の女子大生出石芳江。

高峰　不器用で、勉強ができなくて……。

――ちょっと鈍いような……。高峰さんのように勘がよくて、反射神経の鋭い人が、あんな風に鈍重な感じの女子大生になり切ったのは、すごいとおもう。

　ほぼ一年のあいだに、『女の園』『二十四の瞳』『浮雲』で、三作ともまったく違った役柄を、それぞれ見事に演じられたのには、本当に感心いたします。

　さて、それから『二十四の瞳』の撮影中に親しくなった助監督松山善三と、昭和三十年三月二十六日に結婚して、五年後に作られたのが、松山さんの初監督作品『名もなく貧しく美しく』。最後はこの映画についてお聞きしたいとおもいます。

指先のバレエのように

――『名もなく貧しく美しく』は、昭和三十六年一月の封切時に接して以来、こんど四十数年ぶりに観たわけですが、吃驚《びっくり》したのは、主要な場面がほとんど、はっきり記憶に残っていたことです。それだけ画面に力があったんですね。

斬新で実験的な手法が随所に用いられていて、あの電車で別別の車両に乗った聾唖者《ろうあしゃ》の夫婦が、ガラス窓ごしに顔を見合わせて、手話で会話をかわす場面が、非常に象徴的な表情であったことがわかります。

高峰 あの映画から、聾唖者以外の人にも、手話が注目されるようになったんですよね。

――手話というのは、とても映画的ですね。

高峰 映画の手話は、当時じっさいに行われていた手話とは、かなり違うんですよ。

――ほう、どんな風に……。

高峰 映画では、画面に言葉の台詞がスーパーインポーズで出るでしょう。

――ええ。

高峰 手話がスーパーの言葉より先になってもいけないし、後になってもいけない。だから、口に出さずに台詞をいいながら、スーパーのテンポに合わせて、ゆっくり間を取って手を動かしていくわけ。

――松山さんは脚本家だから、そのスーパーで出てくる言葉が、じつにいい台詞なんですよね。私はこんどあの場面を観て、言葉というもの、コミュニケーションというものの本質を知らされた気がしました。

高峰 聾唖者の方に、小林（桂樹）さんと二人で習ったんだけど、実際の手話には、かならずしも美的とはいえない手つきもあったんです。それをきれいに見えるように工夫した。作り変えるんじゃなくて、流れるようにきれいに、いわば洗練させて……。

――なるほど。芸術的に昇華されていたから、こんなに強く記憶に残っていたんですね。

高峰 昔、有楽座って映画館があったでしょ。あのまえに靴磨きの男の人がいて、松山はときどき磨いてもらっていたんだけど、初めは聾唖者だってことを知らなかった。

あるとき出したお札にお釣りがなくて、あわてて立ち上がったその人が、お金を細かくしようと走り回った動きを見て、聾唖者だってことがわかった。それがヒントになって、『名もなく……』の脚本を書いたんです。

それを松山が監督することになって、こっちは手話を覚えるのがたいへんでした。だって全篇手話でしょ。観ている人がいやにならないように、きれいにきれいにしようとおもって……。

――まるで指先のバレエみたいでしたね。この第一回監督作品がキネマ旬報ベストテンの第五位に入って、松山さんは毎日映画コンクールとブルーリボン映画賞の脚本賞、高峰さんにはまたもや毎日映画コンクールの女優主演賞がもたらされた。

こういうと、ご本人はあるいはご不満かもしれないけれど、松山さんはこの『名もなく貧しく美しく』一本だけでも日本映画史にのこるとおもいます。いまの若い人も、観たら吃驚するとおもいますよ。

高峰 あの人は岩手医大の落ちこぼれで、医者になるつもりでいたのが、たまたま映画界に入っちゃったんですね。医学を勉強するのが好きだったから、聾唖についてもずいぶん勉強したみたいですよ。

――ヒューマニストの松山さんなら、きっとそうでしょうね。松山善三さんは、日本の映画界でもっとも純粋な理想主義者だと私はおもいます。あれほど人間の善意と理想を信じつづけた人はいない。そのいちばんいいところが、『名もなく貧しく美しく』には全部出ています。

高峰　いま、手話がすごく盛んでしょ。テレビでもよくやってますよね。そういうことは、あの映画のまえは一切なかった。聾唖者は後ろ指さされて、あまり人前へ出ずに引っ込んで暮らすのが普通だった。いまでは手話が、大手を振って通用するようになった。それだけでも意義があったとおもいますね。

――ちょっと急ぎ足でしたが、四人の監督の作品にしぼって、高峰さんの半世紀にわたる女優生活を振り返ってきたわけですけれども、いかがですか、最近のお暮らしぶりは……。

高峰　お暮らしぶりですか(笑)。もう八十一(註・数え)ですから、ほとんど寝てます。

――嘘でしょう(笑)。

高峰　ほんとよ。老衰だもん。

――嘘だとおもうな。だって、お声がものすごくお元気で……。

高峰　声のほうはあんまり年取らないの。

――高峰さんはご性格からしても、生き方からしても、ずっとお元気に長生きされるとおもっているんで……。

高峰　もうしましたよ。

――でも、高峰さんは、子役、青春スター、成熟した演技派……とあらゆる年代をすべて見事に演じて来られたので、これからも素敵な年の取り方を、ほんの少しでも見せてもらえたら嬉しいなとおもいます。

高峰　有り難うございます。

――最後に、とにかく高峰さんが出演した作品には、愚作や駄作というものがないんで……。

高峰　そうでもないけど、『カルメン故郷に帰る』から、私、フリーになったでしょ。

――作品を選べたわけですね。

高峰　東宝の専属だったときは、これに出たらついでに正月映画にも……なんて、いろいろ抱き合せがあったけど、フリーになってからは、脚本を読んで選べましたからね。

――これからはDVDによって、いままで観るのが難しかった作品も、つぎつぎに蘇ってくるとおもうので、これは読者にたいしての話なんですが、できるだけ高峰さんの出演作に接して、日本の映画の全盛時代というのは、どれほど豊かで、水準が高くて、奥行が深かったかを、全身の感性をフルに働かせて味わっていただきたいとおもいます。

高峰　昔は仕事が丁寧でした。

――ほんとにそうですね。

高峰　みんな職人さんでした。

――スタッフは、監督とともに高峰さんのことも、ちょっと怖かったんじゃないでしょうか(笑)。だから、みなさん全力を挙げたとおもうんですよね。かつての日本映画の豊かさを、将来につなげるために、ぜひたくさん観ていただきたいと、私はおもっております。本日は長い時間、本当に有り難うございました。

高峰　こちらこそ有り難うございました。

(おさべ　ひでお・作家)
(『小説新潮』'05年1月号)

黒澤明《クロさん》と高峰秀子《デコちゃん》

野上照代
Nogami Teruyo

ここに一枚の写真がある。

昭和一四年（一九三九）から、三年がかりで完成した超大作『馬』のロケ風景だ。

盛岡ロケだろうか。広い原っぱに、三人の男が同じ左方向を見て立っている。

山本嘉次郎監督と、キャメラマンの唐沢弘光。中央が製作主任兼チーフ助監督の黒澤明だ。

黒澤明の右脇には、彼の肩位の小柄な少女が、すがりつく様に体を寄せ黒澤と同じ方を見て立っている。

それが当時一五歳の高峰秀子だ。

何の動きもない一枚の写真だが、黒澤明とデコちゃんのほのぼのとした温もりが伝わってくる。

黒澤明は、二六歳で当時の東宝の前身P・C・Lに助監督として合格、入社する。

そこで幸運にも山本嘉次郎監督に彼の並々ならぬ才能を見出され専属助監督となった。

『馬』の時も山本監督は黒澤に現場を委せ「じゃ、後は頼むよ」と東京へ帰ることも多かったという。

現場へ向うロケバスでは、最前席の黒澤の膝に、いつも秀子がチョコンと坐っていた。

スタッフ室で打合せをしていると、突然ドアを開けて秀子が現れ一直線に黒澤の席へ行きその膝にのって話を聞いていたというから、スタッフの間でも微笑《ほほえま》しく公然たるものだったという。

当時の助監督堀川弘通の話によると、秀子が演じる少女いねが裸馬を飛ばして列車を追う場面の時、危険だから〝吹き替え〟でやろうといっても秀子はどうしても自分でやると言ってきかなかったそうだ。

「あれだってね、デコはクロさんのためなら死んだっていいい、みたいな気持だったんだと思うよ」と言って、笑った。

この時の話は、彼女自身『わたしの渡世日記』（上巻、文春文庫）に詳しく面白く書いている。

秀子の初恋の相手が黒澤明だったことは、彼女自身その著作の中で何度か告白している。

「人と人との出会いの時間というものがあるならば、たぶんクロさんとデコちゃんの出会いの瞬間はあの時だった、と私は思う」（『人間住所録』、文春文庫）

その出会いの時間とは、『馬』の前年、昭和一三年（一九三八）、山本嘉次郎監督の『綴方教室』の時であった。

秀子は当時まだ一四歳だったが、すでにこれが五一本目の出演になる程の人気子役だった。

最近、私はこの『綴方教室』を久しぶりに池袋で観て、その完璧さに感動した。

画面の隅々に至るまで心の籠った制作態度。その構図の奥行きの深さに、すでに黒澤明の息づか

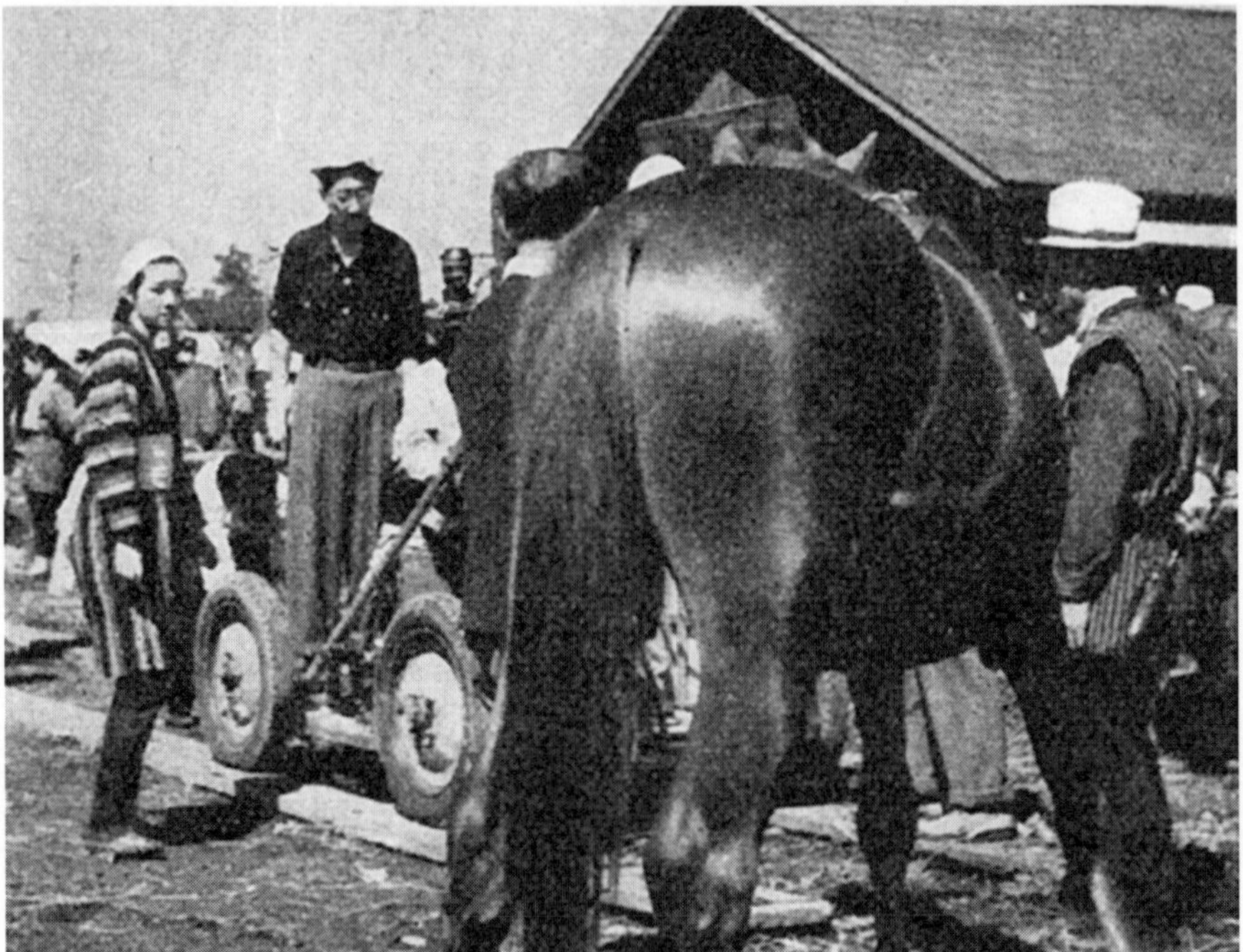

『馬』（1941）の山本嘉次郎監督（正面）と高峰秀子

いを感じるのだった。

この中で、主人公の少女正子を演じる秀子が、チャブ台で綴方を書き乍ら、腕に止まった蚊をピシャッ！　と叩く、ほんの一、二秒の演技がある。これは山本監督の注文で
「デコ！　そこで蚊が止った感じでピシャ！と叩いてごらん」と言われたそうだ。

そのとたん、キャメラ脇の助監督黒澤は「衣裳部さーん！　絹の黒糸をくれ」と叫び、秀子の前に胡坐《あぐら》をかいて器用に絹糸の〝蚊〟を作った。それを秀子の腕にのせニッコリしたという。

この時こそ〝クロさんとデコちゃんの出会いの瞬間〟だったのだ。

その後、二人の結婚説は当時の新聞にも報じられたが、山本監督の配慮で前途洋々たる二人の将来を思えばまだ結婚は早いと、思い止まらせた、という。


昭和二九（一九五四）年秋、高峰秀子と松山善三の二人が婚約発表をした時、マスコミをはじめ世間は大騒ぎだった。それはトップスター高峰秀子と、釣り合いのとれない程の無名の一助監督、松山善三だったからだ。

松山善三は名匠木下惠介監督の助監督で、現場ばかりでなく数多くの脚本を書いている。

私は、松山監督の仕事を手伝ったことがあり、松山家に招かれたことがあった。

その時の秀子さんの、賢明なる世話女房ぶりに驚嘆したものだ。兎に角その手料理の速いこと、美味しいこと。

結婚後の二人については、養女明美さんの筆で面白く描かれていて目に浮ぶようだ。

あの、デコちゃんの〝出会いの瞬間〟が成就して、黒澤明と結婚していたら、彼女は映画スターなど放り捨てて、さぞ献身的な世話女房になっただろう。

黒澤明はそれでも才能のままに傑作を創り続けたかも知れない。

しかし、あの名女優高峰秀子は姿を消し、この世で『カルメン故郷に帰る』（一九五一）も、『浮雲』（一九五五）も観ることは出来なかったことになる。

私達は幸運の女神に感謝しよう。

（スクリプター、元黒澤映画スタッフ）（『ユリイカ』'15年4月号）

着物対談……

装いとうるおい

渋さの中に個性の閃きを感ずるのが好きです

高峰秀子 Takamine Hideko
安達曈子 Adachi Touko

流行とは自己の個性を消化するもの

安達 高峰さんは流行に振り回されていますか。

高峰 お仕事のときは、洋服と和服とどちらが多いですか。

安達 人前では着物ですが、人が見ていないときは洋服です。

高峰 ズボンとセーターのひどい格好で……(笑)。やはり〝労働〟ですものね。着物をきてスーッとしていたのでは、とてもお花はできませんでしょう。

安達 ええ。本当にお花をいけるときには、大きな材料やゴミの山なので、軽装で立てひざをしたり、あぐらをかいたり……。

高峰 洋服の流行というのは、ことしはイタリアン何とか、メキシコのピンクだとか、色から入っていきますでしょう。着物の場合には、色ではなく柄ですね。つけさげのようなものがはやったり、小紋がはやったり、しぼりがはやったり。呉服屋さんのいいようにこちらは振り回されているわけですよね。

安達 高峰さんは流行に振り回されているという感じではないですね。

高峰 ええ。私は絶対振り回されません。生来がんこなほうですから……。それでなくても、仕事上着るものが必要でしょう。そのうえに目まぐるしく変わられたのではたまらないへんです。

安達 社会心理学では、流行に遅れてしまうと、不安だからという連帯感のようなものがあるからだという。高峰さんのようにご自分がちゃんとある方は、不安がないでしょうけれど、そうでないと、やっぱり何となく……。

高峰　でもおかしなものですね。十人のうち九人が短いスカートをはいていると、自分だけ長いのは、やぼったく見えるものなんですね。流行は繰り返されているのですが、だからといって、今度何年先にはやるのかわからないのに、長いスカートをしまい込んでおくわけにもいかないでしょう。それがわかっていながら、ついつい買ってしまう。やはり女性は主体性がないからかしら。

安達　流行を追いかけたいとは思わないけれど、ちゃんと自分があって、服装だけではなくいろいろな面の流行を消化できるっていう人は好きですね。

高峰　私は服装には自分自身に責任をもちましょう、という考えが一番いいように思います。女優さんというのは、たいていきれいですから、何でも似あいますし、上手に着こなしえるでしょう。私の場合は四歳から映画界に入ったわけですけれど別に美人ではありませんし、そのうち鼻ばかり育ってきてしまって（笑）、それで何を着ても、似合わないものですから、どうしても芝居に一生懸命になりましたね。

すべてひかえめな日本人のファッション

安達　着物は呉服屋さんが持ってきた中から、お選びになるんですか。それともスタコラと……。

高峰　全然満足しないですね。スタコラのほうです。

安達　私も不安でだめ、テクテク型。

高峰　ウインドーに飾ってあるのを見て、いいなと思うと、その着物を買うまでは忘れられないほうでしょう。

安達　そのかわり自分の好みでなかったら、百万円の着物が天からふって来ても見向きもしない。

高峰　それはそうですね。好きなものだと、すり切れるまで着てしまうほうでしょう。悪女の深なさけ。

安達　同じのばかり……。ちょっとでも自分の好きでない着物を着ているときなど、下を向いて歩いちゃう。

高峰　そうですね。女の人は髪がよくゆえないときと、自信のない着物をきて歩くときには、本当につらいものですね、男の人にはわからないかもしれませんけれど。それにしても日本の男の人の服装は、ずいぶん片寄っているように思いますね。たいていの人はチャコールグレーか、紺にきまっているでしょう。もう少し変えて着てみたら、どうかしらと思いますね。

安達　三十以後の男性は鏡ばかり見ているといけないという武士道的な考え方があるんじゃないですか。照れみたいな……。

高峰　そうですね。男の人の中で着るもので楽しむ、という人は殆どいないのではないかしら。休みの日には、赤いセーターを着るとか。

安達　そう、奥さまは楽で良いかも知れませんけれど……。

高峰　グレーの背広と紺の背広があれば一年じゅういい、ということですね。これでは女はおもしろくないですよね。

日本の男の人がそういう気でいるうちは、外国のように昼間は働く服装をしていても、夜はせめてネクタイだけでも取りかえるとか、ダークスーツを着て、一緒に洋服を楽しんで外出する、などという時代は、ちょっときませんね。

安達　高峰さんは渋いものを着ていらっしゃいますけれど、人に派手な印象がシャキッと明るい、みるからに派手というのではなくて、個性。私はそういう感じがとても好きです。

高峰　私は小さいときから、赤とかピンクとか派手な色を着たことがないんですよ。時代劇だと、チョンマゲをつけたりしますけれど、私たちは現代劇が多いですから、映画のスクリーンに写るままの顔で歩いているわけでしょう。そうすると、どうしても目立つんですね。結局、目立たないような服装ということで、紺や、黒や、グレーとかに固まってしまったのです。近ごろ年をとると、地味な色を着ていると醜いですから、これから少し派手にしようと思っているんです。派手というのは、明るいということですけれど。

安達　暗いのは恐い……。

高峰　日本の女の人って、年をとると、ねずみ色や紫色を皆さん着るでしょう。それこそ制服みたいになってしまう。外国人だったら、年をとるほど、真っ赤な洋服を着て、ギラギラ宝石をつけて、だんだん派手になるのが、あたりまえのようになっていますけれど、日本人はもう年をとっているのだからといって、きたならしいものを身につける。本当につまらないと思いますね。

安達　私も二十代のときは、四、五十代で着るような小紋ばかり着ていたんですけれど、このごろになって、そういうのを着ると、陰気になることを思い知らされましたので、ここ一、二年は白っぽいものを選ぶように心がけています。

流行はつくるもの？　つくられるもの？

高峰　流行というのは、時代的風潮できまってくるものなのかしら。それとも業者とか、メーカーによってつくられるものかしら……。

安達　私は必然性のないものがはやる、ということはありえないと思い込んでいるんです。あっても、すぐ消えてしまう。それと経済と関係しているから生産される可能性のないものもだめだと思います。日本はそういう意味ではアメリカ的な消費面もあるし、一方ヨーロッパ的な伝統的、保守的面もあって、それが今は混沌としているような感じがします。流行はつくるものでも、つくられるものでもなくて、いろいろな条件の中で自然に生まれてくるような感じがするんです。

高峰　でもそれを考えてくれる人があるわけでしょう。

安達　メーカーが考えて、一生懸命お金をかけて宣伝したとしても、受け入れるほうに必然性がなかったならば、それは実らない。今は情報が進んでいるからピタリ合う可能性が強い。

高峰　お金がないから、おしゃれなんかできないわ、というのは、過去のことばですね。いまは安く買えて、着捨ての時代でしょう。若い人でもずいぶんじょうずに着ているように思いますね。

安達　十年前と考え方が変わっていますね。自分というものをちゃんとつかんでいる人も多くなった。

高峰　若いお嬢さんは着物はだめですね。ゆかたも着たことのない人が、いきなり振りそでを着ても、形にならない方があたりまえで、どちらかというと、洋服のほうになじんでいるし、見る目が肥えているということでしょうね。でもやはり日本人ですから、着物を着てほしいし、着物に対する常識くらいは、ちょっとでもあってほしいと思いますね。

安達　私は耳が痛いけど、そう思います。

高峰　着物はいまでは夜の集まりとか、結婚式とか、そういうときだけの豪華なものになっているでしょう。普段着をたくさん持っているお嬢さんは、ほとんどいないんではないかしら。踊りのおけいこでもしている人は、仕方なく着るでしょうけれども……。

安達　それから体格が向上していますから、昔とは別の着こなしをあみ出さなければいけませんね……。

高峰　そうですね。大体反物の幅が狭いんではないですか。かもいもこのごろはちょっと高くしなければいけないと思いますね。

安達　昨年のお正月は若い男性の着物がはやったそうですね。私は自分の着物もまだよくわかっていないから、気がつかなかったのですけれども、女性の方はきれいに頭をセットして、振りそで姿、男性はウールの対かなんかを着て、楽しそうに歩いているのが目立ったそうですが、母などは非常におかしいというんですね。

高峰　おかしいですよ。セーターとイブニングの人が一緒に歩いているのと同じことですもの。

執念を貫いて〝魅力〟に変える

安達　女性の美しさというのは一般的な女の美しさなんて、語りようがないし、やはり私の好きな女性像ということになると思います。私はものすごい強烈な個性の人、もちろん仕事をもって、経済能力もあって、すごい傷だらけでも絶対へこたれないような人に、ものすごいあこがれを感じますね。それとは逆に、自分の母親なんかそうですけれども、いつ目が合っても、チカッとくるものが何もない、全部女として受け入れてしまう人。頼りにならないけれど、そういう女性も好きなんです。それから目があったとたんに、ブルブルッとくる、一メートル四方くらいピリピリ。両極端が好き。うらやましいですね。中途半端な人は、自分を見るようでたえられない。

高峰　そうですね。夫婦なんていうのも、やはりそうでしょうね。自分と同じような人と結婚するのであれば、二人で一緒に暮らさなくても、一人いればいいわけでしょう。

安達　松山さんとは対照的ですか。

高峰　対照的ですね。私はいいかげんで、何でもごまかして、人生生きてやろうと思っているの。つまりイイカラカンです。ところが向こうは絶対にごまかさない人なの。

安達　ですけれど、男の人で若いときは、さぞすごい美男子であったろうと思うような人で、五十歳くらいになって、何となく精彩がなく、魅力のない人がいるでしょう。ああいうのを見ると、顔立ちじゃないんだなって、わが身を少し勇気づけたりするんです。

高峰　私、小さいときには、早く三十になりたいと思っていたんですよ。ちょっとすてきな人だと思うと、女の人は三十くらいなのね。やはり女は三十にならなければだめなんだわ、なんて思っているうちに、四十になってしまったわ。

安達　高峰さんは皆からうらやましがられる典型みたいな人で、それ以上はちょっと欲ばりですよ。

でも、欲がなくなったら、魅力があろうはずがないんですけれど……。私なんかなまけ者ですから、お金もあって、これ以上仕事をしなくてもいいなどという環境におかれたらフニャフニャッとなってしまう。やらなければならないことが一ぱいあると勝手に思い込んでいるから、フーフーいってやっていますけれども、それがなくなったら、生きていく自信がないですね。そういう情熱を一生もち続けている人は、うらやましいですね。これが私の人生だ、私の限界だ、なんて思うんではなくて最後まであきらめないで、執念深く欲ばり続けた人は、男女に限らず魅力的だと思います。

高峰　たしかにそうですね。このごろは自分をあまりいじめなさすぎるのではないですか。私、松山によくいわれるんですよ。自分にきびしいからって、人にきびしさを押しつけてはいけないって。やはり自分にきびしいと人がダラッとしているのをみると、腹が立ってくるでしょう。そういうのはいけないらしいですね。自分だけきびしくしていればいいんですけれど、どうしてもしゅうとめみたいなことをいってしまうんです（笑）。

安達　にくまれても、いわなければいられない、というのは、本物だと思いますね。私などは人は人、自分は自分みたいなところがあるんです。七十になっても、いまだ人生に怒っている男性がいるでしょう。そういう人、うらやましい。自分だけきびしくしているというのは、ごまかしのほうに通じる危険があると思うんです。

高峰　文章の短いものでも頼まれて、書くでしょう。そうすると、全部文句ばかり書いてしまうんです。自分でいやになってしまう。いやがらせの年齢なんですね（笑）。

安達　それはすばらしいことだと思います。着物とか、日常の暮らしの中でセンスがあるとか、ないとかいいますけれど、それは人から教えられるものではないように思いますね。

よく刀のナマクラばかり見ていると、だめだとかいいますけれども、子どものときに筋の通ったいいセンスの環境の中で育てられると違って、きゅうに二十になって、金持ちになり、好きなものが何でも買えるようになっても、よほど強烈な個性の人でないかぎり、ユネスコ村的になりやすい。

高峰　食べものでも私はそれでいいわ。ぼくも、という何でもいい主義ですね。そういう人は着るものでも何でも一事が万事ですね。

芸の道に極める人生の幸福

高峰　芸ということですけれど、俳優なんていうのは、最もうまいまね《ヽヽ》だと思いますね。そこへ自分のもっている中身がプラスされるわけです。それが多いか、少ないかで、うまい、へたということになるんではないかしら。絵だってそうでしょう。その絵がただ写真みたいにかいてあるんだったら、写真のほうが安くて、いいわけですよね。やはりその絵にプラス、その作家の人間性が、どういうふうに表現されるか。その作品がいやなものか。下品なものか。上品なものか。強烈なものか。それによって評価する人のほうの個性が、その絵を好きになるわけでしょう。

安達　ええ。

高峰　三年なり五年なり続ければ、ある程度の人まねの引き出しはできるんですよ。引き出しだけで終わってしまう人もいるでしょうけれど。芸に終わりがない、というけれども、まねをする終わりではなくて、その人間が現地点でストップしてしまったか、しなかったかという意味で、きのうより少しでも進歩があれば、当然芸に終わりはないわけです。

安達 こわいなあ……。

高峰 私なんか三十くらいでとまってしまったわ。私はこれが限度で、これ以上は無理だとわかるの。悲しいことですけれど。

安達 女性で自分のそういう動きが冷静に見つめられる、というだけで、たいへんなことじゃないですか……。

高峰 やはり第三者の目を、いつももっていなければ、だめでしょうね。自分自身との妥協が少しでもあったら、進歩はないし自分がダメになってしまう。何の仕事だってそうでしょう。これでいいという安心感のようなものがあったら、すぐにうしろからごめんなさいと追い越されてしまうでしょう。

安達 好都合に人生が終わればいいんですけれども……。生きるということは、たいへんなことなんですね。

生け花でも技術は才能がなくてもできるんです。大工さんの方が正確。だけど、それは形だけのことで、やはり自分の人生観、人間の生命観みたいなものを、私はたまたま「花」の生命を通して、さがすのが目的、どのくらい求め続けることができるか。

高峰 人生の究極みたいなものですね。

安達 私なんかまだ人間の哀しみも、生きることの恐ろしさもわかっていない。やがてくるであろう予知を感じるだけですね。そのとき気前よくお花をやめられればいいけれども、やめたからといって、幸せになれるわけではない。やはり死にもの狂いでさがし続けると思います。

高峰 一見はなやかそうに見えますけれども、きびしいものなのですね。

安達 それはだれでも。女性の幸福も個人個人の人生の目的によって違うでしょう。内助の功を人生の目的にした人は、それに黙々と進んでいく。それはそれで一つの幸せとしてうらやましい。でも一生独身で紅花の研究に励んで博士号をもらった黒田チカ博士がこの間亡くなったけれど、私はご立派だと思う。まわりの人はかわいそうに、結婚もしないで、なんていうかもしれないけれど、本人には幸せな人生だったかもしれない。

高峰 とにかく曲がりなりにも女優という仕事を今までしてきましたが、私たちの仕事は撮影所へ行ったときは、もうフィルムが回るときでしょう。その前の準備、せりふを覚えたり、役作りを考えたりというのは、うちでやらなければならないわけです。

安達　私の仕事もそうですね。実際に生ける時は、まさにフィルムが回った時……。それまでのゴソゴソが……。

高峰　それに家に個人の部屋があって、女中さんがいて自分は一人っきりになって、明日の勉強ができればいいですけれど、なかなかそうはいきませんでしょう。そこへまた飲んだくれて帰ってきたりしたら、夫の面倒も見なければならないし。

安達　おえらいなあ……。

高峰　三か月かかる映画だと、三か月間その人物になっていなければいけないわけでしょう。うちへ帰ってきたからって、ケロケロッと違う人になれったって、そういうわけにいかないし。ですから夫のほうもつまんないだろうと思いますよ。私みたいに三分仕事、七分家庭というふうに割り切ってしまえばいいでしょうけれど。なかなかそうはゆきません。

安達　五分五分でも不可能ですね。

マイホーム主義　日本と外国を比較して

高峰　共かせぎがうまくいかなくなってしまうのは、二人で同じようにくたびれているのに、日曜日にすることといったら、亭主はテレビの前で寝っころがっていて、女房は女性の本能で、買い出しに行ってみたり、洗たくしたり、どちらかといえば、女の方がくたびれてしまって、うまくいかなくなってしまうわけですよ。

安達　そうですね。

高峰　男の人が近ごろマイホーム主義とかいいますけれど、アメリカではみんなやっているんです。アメリカのだんなさまはよく働きますよ。それに、奥さんも日本の奥さんよりはよく働きますね。

安達　むだな所にむだな労力を使っているのかな……。

高峰　だらだらやっている。アメリカの奥様はたいへんですよ。きちんと時間割りみたいにきめてしまって、パッパッと働いている。アメリカの奥様はいばっている、なんていいますけれど、決していばっているのではなくて、だんなさまが外へ出ると、奥様を立てているだけの話ですよ。それしか見ていないから、アメリカの女はいばっている、なんていうんですね。

安達　それでも最近は男性がおかずの買い出しに行ったりしていますね。

高峰　食べものに興味のない男性が行ってるから、見すぼらしく見えるんですね。張り切っていれば、楽しそうに見えますよ。日本の男性は、ごはんを食べるとき、絶対サービスなんかしないでしょう。アメリカでは七面鳥を切るのも、肉を切るのもロースト・ビーフを切るのも男にきまっているんです。子どものころからの習慣なんですね。それからお酒のサービス、カクテルをつくったり、氷を入れて、お水を入れて、ハイボールをつくったりというのは、全部男でしょう。

安達　日本酒にはおしゃくがつきまとっている。江戸時代から営々と尾を引いているんでしょうか。

高峰　根強いですね。日本の男の人は、会社からまっすぐ家へ帰らないで、どうしてもどこかへ寄りたいっていいますね。仕事の神経の高ぶりみたいなものを、うちへ持ち帰るのがいやなのだそうです。でも結局家がつまらないからじゃないかしら。うちへ帰れば、くつろげるんだと思ったら、帰るでしょう。

安達　女の責任かな……。

円満家庭への三つの提案

高峰　この間、婦人雑誌の座談会の折に、若い編集員がブツブツ文句をいうんです。僕は結婚して、まだ半年くらいしかたたないのに、冷蔵庫の中をのぞいたら、きたないので、もっときれいにしなさい、といったら、はいと返事をしたんですって。次の日のぞいたら、またきたないんですって。そのまた次の日のぞいても、またきたないんで、女房がきらいになってしまった、という話なの。その気持ちよくわかりますね。うちへ帰ってもおもしろくない、と。

安達　男性は結婚してから成長する……。

高峰　やっぱりテンポが違うんです。女房は結婚して、何となく安心してしまっている。だんなさんは外で働いて、ピリピリした神経で、うちへ帰ってくる。

安達　仕事をもつという意味だけではなく、女房業だけでも、相当ピリピリして、だんなさんにある一点でテンポを合わせていかないと家庭生活はつまらなくなるでしょうね。

高峰　女房はだんなさんが行ってから、掃除、洗たくをする。スーパーマーケットへ行っても、口を聞くわけでもないし、新聞を見て、テレビを見て、夕飯の仕度でしょう。これで同じ神経になれというのも、またかわいそうですけれど。

安達　責任は……。

高峰　男のほうはもっと女を外へ連れ出してやることですね。自分は外でうまいものを食べて、帰ってきて、なんだ、うちのものはまずい、なんていわないで、三度に一度は一緒にこいといって、食べさせてやる。社用の交際費で自分ばかり飲まないで、自分のお金を使って、女房に食べさせてやる。そうすれば、女房は必ず一生懸命するようになると思いますね。男性にいわせると、女房はもったいない、もったいないといって食べないと怒る。それは喜んでないんじゃなくて喜んでいるんですよ。

安達　もっと自分に欲ばりになって……。

高峰　それから共通の話題をもつこと。きょう会社でこんなことがあったとか、新聞を読んで、何かを話題にして、しゃべってあげる。結婚すると、だんだんしゃべらなくなる。しゃべらなくたって、十年、二十年すればわかるだろう、というけれども、人間はそんなにえらい動物ではないんですよ。それからさわってやる、さわるといっても、別に抱きつくとか、そういう意味ではなく、洋服を着せかけるだけでもいいんです。アメリカ人のようにキスまでしなくてもいいけれども、日本人はさわらなさすぎるんじゃないですか。だんだん淡白になって、口もきかなくなる。両方おもしろくなくなって、ある日突然なんでこんな人と一緒にいなくちゃならないんだろう、なんて思っちゃうのよね。

安達　しゃべれるってことはすばらしい。

高峰　話をする、ということが、一番大事なのではないかしら。うちなんかひどく忙しいでしょう。だから夜中になると、あぐらかいて、お酒飲んで、三時間くらいしゃべるんです。もう習慣なのですね。

安達　日本では四十秒に一組離婚しているらしいですけれども、責任は両方でしょう。全部実行すると、ずいぶん減るんではないでしょうか。

高峰　そうですね。普通のうちがみんなそういうふうになったらいいと思いますね。

――今日はお忙しいところ有難うございました。

（あだち　とうこ・花道家）

（『潮』'69年2月号）

高峰秀子語録

芸に終わりがない、というけれども、まねをする終わりではなくて、その人間が現地点でストップしてしまったか、しなかったかという意味で、きのうより少しでも進歩があれば、当然芸に終わりはないわけです。

◆「装いとうるおい」より

◉増補…………

心をこめてダアビンへ！　年賀状

高峰秀子　Takamine Hideko

新しい年を迎えて、海の彼方遠くいらっしゃる貴女に心からのお目出度うを申し上げます。

貴女のお国の習慣では、クリスマスの方が楽しくて、お祝いの鐘の音を聞きながら炉端でいろいろのこと、新しいお仕事のことや、たのしいあそびのことを考えて、いらしたでしょうね。

私の国では、門松を飾るお正月に、新しい年の多幸であることを、神様においのりします。今年も立派な生活を送りましょう。いいお仕事をしましょうって。

私の国で、あなたの人気は、とても大変です。今年もよいお仕事をなさって下さい。いつもお元気で。さようなら。

（『朝日新聞』'39年1月8日夕刊）

◉増補…………

美しいことばを

高峰秀子 Takamine Hideko

最近、ハワイへ行って、日本人の一世、二世の日本語を聞き、ほんとうの日本語がだんだんに失われつつあるのをとても寂しく思いました。

大正時代に、日本の各地からハワイに集まった人人の中で、言葉は交じわり合い、乱れてゆき、自然に妙な日本語になっていったのでしょう。フランス人は、フランス語ほど美しい言葉はない、という強い誇りを持っていて、外国語を知っていてもわざと使いません。中国で北京《ペキン》語が標準語であるように、日本では東京の言葉が標準語になっています。私たちも、もっと私たちの日本語を大切にしなければいけない、と思いますし、若い皆さんも学生であるうちに、しっかりと美しい日本語を身につけてほしいと思います。このごろ、流行語というのでしょうか「カッコがいい」とか「イカす」とかいう妙な言葉がはやっているのを皆さんもご存じでしょう。でも、こういうのはどこまでも〝ことばの遊び〟であることを知っていてほしいと思います。

そして、学校の勉強の第一課として、まず、皆さんに美しい日本語を守り、話せる日本人になっていただきたい、と私は心から願っています。

（『中学時代三年生』'62年6月号）

◉増補…………

私の日記《でこ》

『馬』新庄ロケーション日記

高峰秀子

Takamine Hideko

×月×日

午前七時起床。手も足も顔も體中《からだじゅう》が冷めたくて顔を洗うのもしぶしぶ。窓から眺める外は何も見えず、ボヤッとした空からはワッサワッサと雪が降っている。フト撮影所の金魚にやるフや石灰でカムフラージする雪を思い出し、大分これは違うわいと思った。八時——皆んなぎゃアぎゃア言いながら、やれモンペがうしろまえ、長靴が入らないと大騒ぎ。でこのいでたちはモンペにチャンチャンコ、毛絲《けいと》のえり巻にショールを頭からかぶりマントを着る、長靴と足袋《たび》に靴下に股引《ももひき》と自分ながら呆れる様にたくさん着こむ——。

皆、ポクポク雪の上を半里程歩くと家《うち》も電信柱も見えなくなってしまった。真白い中にかすかに馬の背程雪が固まった細い道がある、この細い道をふみ外すととんでもなく深い雪の中にめり込んでしまう。やっと目的の柳の木の所へたどりつく、もうへとへとに疲れてしまった。撮影はでこが笹を取りに山へ行く道の所から始まる、四カット程撮って場所替え——でこは田舎家へ行って休む。三時頃「もう帰るよ」とロケマネ氏が呼びに来た。

暖かい所から急に寒い所へ出た故《せい》か體がフラフラして自由が效《き》かない。道をふみはずして深い雪にめり込む、起きる、めり込む——キャー！　なんて声をたててもどうせめり込むんだと口をムッと結んで起きたり転んだりする。道で出逢う人達はぶつかる一寸《ちょっと》前に横の雪の中へブスリと入って、トントンと雪をふみ固め私達の通る迄にこにこして待っている、亦ぶつかった時は相手の體へしがみつく様に捕まって通りぬける、すみませんでもなければさよならでもありがとうでもない、ただニコッと笑うばかり、まるでそうすることが当然のように……でもその質朴なニコリがとても印象的で気持が良い。

やっと宿へたどりついた、長靴が仲々ぬけない、部屋へ帰ってこたつにもぐり込む、あっち、こっちから〝あーあー〟とか〝のびたァ〟〝このたびはァ〟なんて声が聞える。しばらくあたってから山本さんの部屋へ行ってみた。

「今晩ワ本読みあるの……」と云ったら黒澤製作主任氏が今日は疲れたろうから……と云う。部屋へ帰ってもそもそしていたらもう十一時だ。

×月×日

朝起きたら陽が照っている。やれやれ今日は晴れるなと思ってたら又ワンサと降り出した。さあ出発！　亦ぞろぞろ雪の中へ飛び出す。

田舎家《いなかや》を借りていろりにあたった。いかにも旧家らしくふすまも天井もテカテカ光っている。いろりの上には細い木で棚が組んでありその上にわら靴や濡れたケラが乾してある、畳はすすけて茶色に、明り取りの障子は所々破れてチラチラ降る雪が見える。この家《や》の主人か三十五、六の黒いモンペをはいた、頬もおでこも赤く、いが栗坊主で無精髭の生えたおじさんがニコニコしながらはいって来た。

「いろりって良《い》いですネ」

と三国さんが話しかけると、「へへエ」と笑ってふすまに貼ってある「ハトマメ」とか「バンザイ日の丸」とか書いた習字を指さして、

「あれうちの子が一年になって書いたノス」

といかにも嬉しそうに言う、そばへ行って見たら、一ネン　タミコと書いてあり、赤い字で甲上としてあった。

「でこちゃん、お待遠さま」と助監氏の声、仕度をして外へ出る。

粉雪が目や口へ飛込んで大変だ。さて、撮影《しごと》は花風と云う母馬《おやうま》に雪上運動させるシーンである、さあ大変、馬をいじることになった、怖いがこれも仕事だわいと思って元気をつけてみたが、やっぱり怖い、馬に蹴られてひっくりかえる図なんて嬉しくない、しかし仕事の為ならケガ位は本望じゃと一生懸命、自分に元気をつける。いよいよ馬コを引っぱって来た、生れて始めて馬にさわるんだからその怖さと来たら、本当にとんでもないもんである。馬を引いてきたオッサンが、「さ、持ってみな、これおとなしいからおっかねえことはねえっテ」

とたずなをでこへ差出す。近よるとでこの體が急に小さくなった様に馬コは大きい。随分長い顔してやがると負惜みしながら怖る怖るたずなを握る、いくら眺めてもなんと長い顔であることよだ。

「テスト！　テストですよう。用意！　ハイッでこちゃんうごいて……」

と山さんの声がかかった。

「ダーダア、オーラオーラ」とでこが歩き出すと良《い》いあんばいに馬の奴ポクポク歩いてくれる、こりゃ調子が良い、得意になって引っぱってたら深い雪の中へでこはブスッとはまってしまった。ハッと思って顔をあげたら目の前に長い顔がニューッと現われた、キャーッと叫んでたずなを投げだし、穴から出ようとでこはもがいたが仲々出られない、やっとこさ這い出して逃出すと、つっ立っていた馬が慌ててついて来た、そして道をふみ外してブスッと穴へもぐってしまった。馬は出ようと暴れる、四辺《あたり》で見ていた連中もキャアッとかなんとか云って逃げ出す。飛んだ醜体を演じてしまった。これでは本望も何もあったもんじゃない。いやまンず大したもんだて。

今度は二度目、怖る怖る機嫌をとって首を叩いてみた、もう平ちゃらだ、首を叩いても雪を払っても只、くるみ位の眼でジッとでこを見るだけだ。それから二カット程で馬は上がる、とたんにでこはがっかりしてヘタヘタと坐ってしまった。家《うち》の中へ這入っても手がぶるぶるふるえて頭がボーッとして何もわかんない。気がついたらでこはひざに居る豆みたいな小犬に御飯をやっていた、でこは初めてニヤッとした、猫も怖い自分がよくまあと思ったらおかしくなってしまった。

次は雪室《ゆきむろ》の中の撮影だ。お正月で子供等が雪室の中で遊ぶ所である、そこへ豊一と云う弟が御飯だとでこを呼びに来る、そこででこが、

「当りコ、ごめんさりごめん当って悪けりゃ走ってけろ」

と妹や弟の下駄をほうり投げ「一二いのだるまさん、尼コ、ピイとたれた臭いは誰だおらが先の番……」

と歌いながら駈出し子供等のおとし穴にドスンと落っこちるのである。——ハイッ、テスト——

駒下駄をつっかけて勢い良く下駄をほうり投げ駈出したら途中でステンとでこは転んじまった。さてさて困ったでこだ。

「本版！　本版で行きましょう、良《い》いかい、よーいハイッ！」

こん畜生と思い、足をふんばり歌いながら駈出し、おと

し穴へエイッ！　とばかり飛込んだ、なんとなんと深いこと、冷いこと、手足がジーンとしびれて来る。「そら立て地蔵さん地蔵さん」と近所の悪童共が走りよりはやしたてる、でこはしびれた手で雪を投げたり怒ったりするのである。まだ仲々かなと思っていたらOKと声。何くそ！　と口を結んでいるものの眼がジーンとあつくなって来た。家《うち》へ駈込んでいろりにかじりついてるとキャメラの工合が悪いとかフィルムがひっかかったとか騒ぐ声が聞える、今の場面《シーン》だけ撮り直しとなる。ありまあ、ほんとかよ、これも日頃のおこないが悪い為とあきらめよう――。

お風呂に入ってのんびりしてたら山さんが遊びにいらっしゃいと呼んで呉れた。蜜柑をたべながら小唄やら、田植唄やら聞かせてくれた、山さんはさびのある良《い》い声だ。

×月×日

六時半頃起床。今日は横手へ出発だ。ソリのおじさんが乗りな乗りなと聞かないので恥かしかったが箱ゾリへ乗る、みんなが顔をのぞき込むんでテレ臭い、でも向うから来た箱ゾリにいかめしいオッサンが乗っていたんで安心した。

汽車は満員、雪が深いんで一時間半の所が二時間一寸《ちょっと》おくれた、町までてくる。少し歩くと道の両側に市がたっている。魚屋《イサバ》、八百屋、荒物屋等々どこを見ても珍らしい、酒屋の様な家《うち》の屋根を借りてキャメラをすえる。人が集まるので家の中で山さんが芝居をつけ、すぐ本版をやることになる――、本版の最中群集がキャメラを見て笑うんでNGを出した。次は鮭からパンしてで、このバスト――でこ鮭を二匹魚屋から受取る、今度はスムースにゆく、これでOK。宿屋へ戻り食事だ、ここでロケ隊のうち十二名だけが鳴子と云う温泉場まで行く、鳴子温泉と云っても寒い、すぐお湯に飛込むとヌルヌルして湯槽《ゆぶね》の中はすべって転びそう、石鹸で洗ってもなんだかヌルヌルとする、入口のガラス戸を見たらなんとうなぎ湯だって……。山さんは仕事の都合で東京へサ帰ったんで淋しい。亦明日は早くから撮影《しごと》、もう寝べえかな……。

×月×日

今朝も亦、相変らず雪がもたもた降っている、四辺《あたり》は白銀一色だ。今日はこれから三里山奥の鬼首《おにこうべ》温泉へ行く予定。仕度をして待つことしばし、が、馬ゾリが来ない、馬コが食事中とのこと亦々つながってポクポクである。長い橋を渡ると視野が開けて白銀の山々が目の前にせり上がって来た、ふりかえると町の屋根もはるか彼方である。馬ゾリはまだこない、すると本社の木村さんが、「一、二イのだるまさん」と、どなりながら深い雪の中へブスブス入って行く、呆気にとられて見てたらおしまいにブスッと雪の中へのめり込んでしまったので、初めてみんな笑い出した。雪だるまを作ったり、雪の中へ顔をつっこんでデスマスクを作ったり、遠くの電信柱へ雪をぶつけたりする、フト見ると木村さんおしりをこっちへむけてまだ雪の中でもそもそしている、丁度手頃の的《まと》と今度はそっちへ雪が飛ぶ、悪戦苦闘、十一対一では始まらない、ついに降参してしまった。やっと馬車が来た、四人ずつ乗って出発。これで四時間ゆられるんだと聞いてうんざりした。だんだん道が急になり馬コはハア苦しそう、すると馬車のおじさんがおりる、重いからだ。馬はそれがわかるのか時々ふりかえっておじさんを見る。でこはなんだかかわいそうで仕方がなかった。だんだん寒くなって来た、ツララが凄い、遠くの方のスロープでのみみたいなスキーヤーが滑っている。風が出て来て亦降り出した。四辺《あたり》は薄暗く下を見ると凄い凄い川が帯みたい、お家《うち》がマッチ箱の様に点在している。そこで馬車をおりて登りである、キャメラをかつぐ人は苦しそうだ、無理してボストンバッグを持ったんで手がぬけそうだ、みんなカー助だ。

寒いし疲れたしですぐお湯に飛込む、長いこと入ってたのでのびてしまった、體が少しふやけたかも知れない。

×月×日

體中がゾクゾク痛いみたいに寒くて目がさめた。今日は、昨日と反対の殺風景な山道をエッチラオッチラ登る。上がったり下がったりしてるとやっと吹き上げ温泉が見えて来た、湯気がもうもうと立っている、もう少しだなと思ったら口元がくずれて来た。

がけの上のでこからキャメパンして吹き上げ、でこはのぞいて見て目の前のツルにすがりずるずる下り出した。次の枝につかまってもすこし下り様としたらボキッと無責任な音をたてて折れてしまった。シマッタ！　と思うとたん體がずるずるとずり落ちる。

「デコ頑張って、もう少しだよ、頑張ってお呉れ！」

と黒澤さんや釜さんの声が聞える、何糞ッと思って尚も下り出した。――ＯＫ――。

〝こわかったろう〟なんて言ってる、何言ってんの、何だったらもう一度やって見せたろかと言ってやろうと思ったが止めた。二カット程撮って今来た道を歩き出す、でこキャメラを横切って真直に行く、でこ転ぶ起き上がる。雪の

山本嘉次郎監督『馬』(東宝東京、1941)

一杯ついた顔のアップ又歩く転ぶそんなカットを五六カット撮って山を下りた。昨日馬に水をくれた田舎家《や》まで来たらよぼよぼのおばさんが、「姉チャ栗コゆでたから食って呉《ケ》れ」とかち栗を絲に通してゆでたのをでこのひざの上に置いてくれた。でこはわけもなく體中《からだじゅう》が嬉しくなった。

鳴子へ着いたら四辺《あたり》はもう暗くなって居た。やっと撮影もすんだんだ、宿について湯につかる。凍りついた體が少しずつとけて無くなる様な気がする。御飯をたべて八時に東京行きの汽車に乗ることになった。いつもなら嬉しくて飛び跳るんだが、なんとなくこんなに苦労した鳴子や新庄から別れるのが心淋しい。モンペをぬいで、薄い靴下をはき久しぶりにスカートをはく。靴下一枚の足がうっすら寒い。宿を出ると名残り惜む様に亦雪が吹雪いて来た。これで雪ともお別れかとゆっくり雪の道を歩いてみた。駅の売店で名物のこけし人形を買ったら山さんの、

冬の夜や
こけしに似たる娘あり

と云う句を思い出した、みんなに送られて上野行きの汽車にでこは乗った。

(『東宝映画』'44年4月)

◉増補…………

私の生活日記

高峰秀子
Takamine Hideko

×月×日

「雁《がん》」のリハーサル（稽古）を終って久し振りに銀座に出る。新橋の横のA屋にはいって、お餅を一枚注文する。私はお餅はあんまり好きではないのだけれど、お客様にちょっとあべかわや、いそべ巻きにして出すといつも喜こばれるから時々ここで分けてもらうのである。それにここは芸能関係の人が多く集まる喫茶店で、誰かと連絡をとるのにも便利だし、姉妹《きょうだい》がしゃれっ気もない様子で立ち働いているる感じがとてもいい。

昨日《きのう》K社のOさんから電話があったとき、五時には行きますと返事をしたけど、仕事が思ったより早く上がって、五時にはちょっと間があった。しばらく待っていたらOさんから電話があって、やがてあたふたと肥ったOさんが汗をふきふき入って来た。

「相変らず正確なんですね。僕の方が遅れちゃって。」

と大いに恐縮されてしまった。

私は一体に几帳面だと人にも言われ、自分でも誰かと約束するとその時間がとても気になる性分なのだ。だから自分でもよっぽど時間に自信のある時でなければ約束しないし、約束をした以上はきちんと守りたい。暢気《のんき》に約束の時間を遅らせて平気でいる人を不思議にかんじる。これも考えてみれば六つの時から映画の世界で、時間にしばられて育ってきた習性なのかも知れない。反面自分のようにいつも相手の事ばかり気にかけたり、余計な気を使ったりするのがわれながらいじらしくなる。

Oさんに送られて、なんとなく並木通りをA社の方に歩いて行った。

ふりみふらずみの憂うつな空模様だが、雨にぬれたプラタナスは美しい。ただしこのデコボコ道は何とかならないものかしら。文化日本がきいてあきれる。

「自動車がふえたんで東京の街を歩く楽しみがなくなった」

といって嘆いていた人があったけれど、道路がもっと整理されたらいいのになあ、といつも考える。

家に帰ってシャワーを浴びてさっぱりしたら、急に食欲がでてきた。

仕事にはいっている間は食欲がないのにというより気をつけて一定より喰べすぎぬようにしているのだが、終るとたんに食いしんぼうになるのもげんきんなものだと思う。だから仕事の合間にはいつも肥ってしまう。

×月×日

カナリヤのさえずりで眼がさめた。さっき夢うつつに十時を打つのをきいたからもうお午《ひる》近いのだろう。

外は梅雨のような細い雨がシトシト降っている。枕元のラジオのスイッチをひねったら、誰かのシャンソンが流れてきた。私の好きな「枯葉」の曲。

パリでもよく雨が降っていた。雨の中をあてどもなく見知らない街々をさまよい歩いた日の思い出が、つい昨日《きのう》のことのように甦って来る。林芙美子さんも書いてたけど、パリっていうところは一度帰ってくると又行きたくなるから不思議な街だ。

しばらくぼんやりと窓外の雨を眺めていたらD社からの電話で我にかえった。今日はD社の口絵写真とS社のインタビューのある日だった。

思いきって飛びおきて階下に降りてゆく。食堂の壺にさしたジンジャーのにおいでムンムンしている。私は白い花が好きだ。それも匂いのない花は魅力がない。くちなし、ゆり、ジンジャー、沈丁花《じんちょうげ》などを大きな壺にごっそりと無造作に入れておくのが大好き。

仕事のある時は忙しくて家のこと一切気をつけていられないので、暇な時にはちょいちょい花屋に出かけて、腕一ぱいの花を抱えて帰り、うち中に花を活《い》ける。外へ出ても人にみられて落ちつけない私には、家で花にかこまれて生きている時が天国のように平和に思われる。

口絵写真の撮影が手間どり、暗くなってから雑誌社の人達が帰っていった。すっかり疲れてしまった。夜はせめてゆっくりと、新着のジャルダン・ドゥ・モードとマドモアゼル（共にフランスのスタイルブック）をみるのが楽しみだ。

×月×日

電話のベルで目がさめたら、もう十一時近い。いやになっちゃう。お休みというと普段の時の分を寝だめでもするみたいにただただ眠るのが楽しみだ。

おひるにA社の表紙写真の打合せに行かなければならな

いので大急ぎで仕度して出かける。

デザイナーのHさん、Eさんがみえていてバックの色、服の色などを決める。

三時からS社の人が家に来るので、誘われた試写をことわって家にかけ帰る。S社の人がすでに家に来て待っていた。

「今日はあなたの男性観をききに来ました」と云う。どうしてこうもみんな同じ質問なんだろう。

「自分をはっきりもった人、私自身がああでもない、こうでもないと実に迷いの多い性質なので、信念をもって自分の思っていることを実行している人は尊敬します。」

といったら、

「では結婚する気はあるんですか」ときかれた。

私はよく誰からでも「結婚しないのですか」ときかれる。世の中の人ってなんておせっかいなんだろうと思う。私だって好《い》い人、自分が夢中になれるような男性にあったら結婚したいと思うのは当り前だけど、「好《い》なあ」と思う人は大抵結婚しちゃってるし、夢中になれるような人にはなかなか出会わない。

だけど私だって婚期をすぎたような女の子が、一人っきりで暮してるのをみたら、何故結婚しないんだろうって、気がもめるかもしれない。

考えてみると一人で暮していることはたしかに気楽だし、いいなあと思うが、兄弟げんかなんかできる人をみると、とっても羨しくなっちゃう。小さい時から映画の世界に入っていて年中忙しいので自分の生活というものを沁々《しみじみ》考えてみる暇もないような暮し方をしてきたけど、時々とても寂しくなってしまうのは何故だろう。この間「あにいもうと」という森さんや京さん達の映画をみたけど、ふしだらな妹に毒づく森さんがやった兄さんの気持はとてもよくわかるような気がしてほろりとした。兄妹《きょうだい》っていいもんだろうなあと思った。

×月×日

撮影にはいっている間は、帰ってくるとぐったりしてしまって、日記も怠りがちになる。

先日T会館でJ氏のレセプション（招待）に出席したとき、Y先生から「君はあんまり人気を気にかけなさすぎる」と御忠告をうけた。

私だって決して人気を無視しているわけではない。それどころか私のような者を支持して下さる方々があればこそ、自分というものが女優としての生命を支えてゆけるのだといつも有難く思っている。けれども、いわゆる根なし草のようなはかない人気というものだけに、身をゆだねていることは不安でならないのだ。

もっと自分を深くみきわめたい。良い仕事がしたい。そういう慾望が限りなく心の中にふくれてくるにしたがって、外に向ってはだんだん臆病になってくるのは何故だろう。

人の集まるところに顔を出すのも嫌いだし、勝負事にも夢中になれないし、「一体何が楽しいの?」ときかれると、一人で誰にも気がねなしに、誰にも束縛されないで、こうして暮している事、というより他ない。仕事は別として、気のあった友達とおしゃべりしたり、家でひるねしたり、室《へや》の中のものをあっちへ持って行ったり、こっちに変えてみたり、そんな時間が案外私のリクリェーションなのかも知れない。

映画の女優という華やかな虚名につつまれていても、私という人間は案外普通のおかみさんのように、家庭のこまこましたことをするのが好きな性分のようだ。

×月×日

もの凄い暑さだったが、約束だったので、セーターを着せられて写真をとった。十一月の雑誌の表紙ということだったが、汗までうつらないかと心配したくらいだ。終るが早いかバスルームにとびこんでジャアジャア、シャワーを浴びて、オレンジジュースを息もつかずに飲み干した。

夜、梅原龍三郎先生の御宅に招ばれて伺ったら、もうみんな集まっていて、福島慶子夫人や、宮田重雄先生など、いつものにぎやかな話題の多いお歴々が、ソファで談笑していらした。

この暑いのに先生は台所にはいっちゃって奥様の御馳走のお手伝いをしていらした。

「今日は私の方がお手伝いです。」

と奥様が笑われた。

食後はいつものように、楽しいおしゃべりに時間のたつのも忘れてしまった。

ここのお宅はいつ来ても、なんて暖かい雰囲気なんだろうと思う。私が始めて梅原先生にお目にかかったのは、「カルメン故郷に帰る」をとりに軽井沢にいった時だから、もう随分昔になるけど、あの時うけた先生の御家庭の印象はいつまで経ってもちっとも変らない。わざとらしくない、温い思いやりというのか、いつも私を子供のように可愛がって下さる。いつ伺っても心から親しめる楽しい家庭だ。

十二時頃おいとまして帰ってくる。

風も少し出て来たようだ。お濠端《ほりばた》を自動車《くるま》が走ってゆく時、水鳥らしい啼き声が小さくきこえた。

明日から市内ロケがはじまる。又あのドロ絵具のにおいのするホコリと喧騒の火事場のようなセットで、体中の神経を動員しての一カ月半が始まるのだ。何とも言えない気の重さと同時に、何かフツフツと胸の奥から沸き上がって来るものをおぼえる。


(『婦人生活』'53年10月号)

◉増補…………

銀座 パリ

高峰秀子 Takamine Hideko

パリの、モンパルナスを歩いていた時、私は直ぐに日本の浅草を思い出した。ネオンの色も店の飾りも広告も雑然としていて、往来する人びとも丸首のスウエタアや素足にサンダルという下町風の男女ばかりであった。映画館の似顔の看板も、我れ勝ちに大きくデカデカとしていて、ウインドウの前には子供や老人が飽きもせずスチールに見入っていた。通り一ぱいに流れる流行歌をききながら、うるさく明滅するネオンをながめながら、私は、それならパリの銀座はどこに当るかなあ、と思った。フォーブール・サントノレ街、あそこは少し高級すぎて、あんなところは日本にはない、銀座のみゆき通りをフォーブール・サントノレに例えた人がいたが、やはり銀座というならシャンゼリゼか。しかしパリの銀座はいろいろとケタが違うようである。

第一に個性を重んじることが一つ、例えばAというハンドバッグ屋は、たった一つのデザインのハンドバッグしか売っていない、デザインは一つでも色は種々で、手縫いの高価なもの、機械縫いのものから安いのは豚皮に至るまでずらりと揃っている。「良いな、欲しいな、でもどこかで売っているだろうから急いで買っちゃうのは止そう」などと思って歩けども歩けども、もうそのデザインのハンドバッグには二度とおめにかかれないというわけである。日本では余程ゼイタクな品でない限りはあちらにもこちらにも全く同じものを売っていて、「こりゃ良いぞ、掘り出し物だ」などと得意満面、持って歩き出したとたん、向うから来る人が全く同じものを持っていた、なんてうんざりする光景に出会うことがたびたびある。少々インチキ物でも他人の持っていないようなものを持ちたいのが人情ではないだろうか。日本の場合は、目の玉の飛び出るような値段の、それもハクライ品の他はその希望は仲々達せられない。そうかといっていちいち拵《こしら》えさせるほど金もひまもないし、根気もない、そういう女の、アマノジャクな気持ちを知ってか知らずか、パリの店はそれを誇りにしていながらも急所をおさえている感じである。

大きな、一枚ガラスのウインドウの真ン中に香水ビンがたった一つ、宝石をちりばめたローブがたった一着飾られているという店も珍らしくない。それが又、ゴタゴタあれこれと並べ立てるよりも一そう引き立って見えて、小憎らしいより先きに、つい店の中をのぞき込みたい気持ちを起こさせるのである。うんと上等なものを、極く少量に持ちたいという私の理想（大量には持てないから）や、意気込みはあまりに呆気なくかなえられて、かえってはりあいぬけがしてしまうのである。AよりBの方が五千フラン高いとすれば、Bはたしかにそれだけの値うちがあるし、いいものを見てしまえば意地でも悪いのは買いたくない、したがって、パリの物価に天井はない。近頃はシャンゼリゼもアメリカ向けなるデザインや色彩を取り入れて、せいぜい派手に商いをしているとのことだが、それでも歩きまわってみれば、まだまだシックな好ましい品物が足をひき止めて、女の人に何度でも清水の舞台から飛び下りさせる気持ちにさせるパリは、全く罪なところである。

夜のシャンゼリゼでは正面にエトワールをひかえて薄いピンクと薄いブルウと極く少量の色のネオンに統一されていて美しく、何となく品の良いフンイキである。オペラ通りは水色一色、ここは何色と何色、申し合わせてあるのかないのか、とにかくそれを破って自分の店だけが目立つ装飾をほどこすという店は見当らない。調和の美しさ、フランスのもっとも得意とするところだろうが、それを目のあたりにみれば矢張り感心もし、納得もする。灰色一色の街並みにどんよりとした暗い空、美しい発音でペチャクチャさえずりながらゆくパリジェンヌの、赤いスカーフや黄色いボウが点々として美しい。太ったおまわりさんの短かいマントでさえ、何となく小意気にみえるというものである。

全体がそんな具合だから、実に不安のない気分で散歩をしていられる。ウインドウを三〇分のぞいていても、キャフェの椅子を一時間占領していても、そこでものを考え、手紙ぐらいは書けるだけの気持ちの余裕を保っていられるのである。

そこへゆくと我が国のシャンゼリゼなる銀座は、私はただただおっかないのである。いくら税金を納めてもこの東京のメインストリートの道はでこぼこで、スパイクでもはいて歩きたい。あっちこっちにとんがったり出っ張ったりしている看板に、うっかりしてるとぶつかっておでこ位すりむきそうであぶなくて仕様がない。ウインドウをのぞいていれば円タクにピシャン！とはねをひっかけられるし、新しいスカートをはく気にもなれない。それに私は、戦後いろいろ流行したものの中で、この度のマンボ・スタイルほど嫌いなものはないのである。女も男もこっけいや情なさを通りこして気味が悪いだけである。ピンクのシャツに細いズボンの男をみると、私にはどうしても利口な人間には見えない。得々としてのし歩いているそういう連中はさぞいい気持ちであろうが、はたはいやな気持ちである。へップバーンカットをしに美容院へゆく前に、ピンクのYシャツを買う前に、せめて自分に似合うかどうか、鏡と相談するぐらいの知性はあってほしいと思う。日本の若者が全部そうでないとしても、日本人の清潔さや健全さはどこへ忘れてきたのだろう。そんな時いかにも真面目そうなきちんとした若い人たちを見かけると、後から追いかけて行って、「ね、たのみますよ、あなた達、頼りにしてますよ」なんて言ってみたい衝動に駆られるくらいである。八時、九時ともなれば銀座はマンボ族でうずまって、おちおち歩く気もしない。こっちまで何となくせかせかしてきて目のやり場もなく、家が恋しくなって銀座からにげ出す始末である。

それにしても彼らはどんな家の子でどんなお金でこんな服装をし、ひどい言葉使いで相手のどぎもをぬくのだろう。彼らは順応性をとおり越して少しおっちょこちょいじみていはしないか。若さを楽しむのは決して悪いとは思えないが、マンボを踊ったり銀座をのし歩くのでは若さが泣く。大体、流行におし流されてウロウロするのは、中年の若さに自信のなくなった連中にでもまかせておけばいい。若い時は二度ないんだぞ、というのなら、もっと清潔な、もっと健全な、若い能力を存分に駆使出来る遊びや娯楽だってあるはずである。通りすがりに耳にする、はりとばしちゃえ、とか、そうだってよォ、とかいうギャングのような言葉も矢張り流行なのだろうか。流行がすたれば止めてくれるのだろうか。とにかく命が縮まる思いがするばかりである。あこがれの、私たちの、美しくあれかしと思う銀座を、もっと居心地のよいオアシスにしたいものである。銀座はしかめ面をしている。

すっかり銀座のグチをこぼしたが、その銀座にも一つすごいところがある。それは喰べものである。どこの国へ行ったって日本ほど各国の料理喰べ物が揃っているところは珍らしいが、銀座はそれを一堂に集めているところでもある。イタリー風スパゲッティ、印度風カレーライス、フランス料理、ロシア料理、支那料理は軒を並べ、それにもお飽きの方々には、ザルソバからスキヤキ、のり茶漬けまでが御用意してあるというところである。値段は、高いといえばこれも切りがない話だが、私は安くて美味しいものを探すことだと思う。美味しいと思って喰べたおすしも一人前千五百円ときけばビックリするよりアホらしくて、馬鹿にされているんじゃないかと口惜しいし、五千円の定食が器ばかりが高級で、出てくるもの出てくるものが不味《まず》かったらその店に火でもつけてやりたくなる。喰いもののウラミはおそろしい——。百円のカレーライスの少しでも美味しい家をさがす楽しさ、同じ六十円でもこっくりと美味しいコーヒーを呑ませる店を探す楽しさは、要は如何にして安く美味しく、お客を満足させるかに心をくだいているその店の主人の誠にめぐり合うことでもある。少し評判が良くなると店を拡張し、冷房装置やしゃれた額などかけるが、かんじんの料理の味が落ちてしまうという店が往々にしてあるが、銀座を歩く人々は、実に敏感で正直で情容赦もなくそういう店にはさっさと見切りをつけて、次ぎのよりよい店の味をみつけるようである。

シャンゼリゼの支那料理はフランス風に実に薄味で日本人には物足りないし、美味しいフランス料理をタンノウするほど喰べれば一人前五千フランは吹きとんでしまう。セルフ・サーヴィスの一品料理へも、下町のビストロへも行ってみたが、安い物で美味しいのにはぶつからず、とても日本の多種多様さにはとうていかなわない。どこの店でもブドー酒を水代りに安く呑めるぐらいが、私には魅力だった程度である。

衣食足って礼節を知る、という言葉があるが、日本人は衣や住が定まらないので、その場しのぎの快楽だけを追う胃袋ばかりが発達してしまったとみえる。衣もでき、住も足り、皆がもっと心豊かに生活出来るようになれば、そうガツガツせず何を喰べても大差ないと思えてくるのではないだろうか。

早くそういう落ちついた日本が実現されると良いが、それも仲々遠いことのように思えるのは悲しいことである。

（『銀座』英宝社、'56年2月）

◉増補…………

浮気ぬきのおしゃれ

私の服装史

高峰秀子
Takamine Hideko

五つのときから職業婦人

「私の服装史」といえば、ふつう親から着せてもらったお仕着せ時代から始まるのでしょうが、私の場合はすでに五つのときから映画で働いて経済的に独立していましたから、その年の頃から自分で自分の服をととのえていたことになります。いまから考えますと、貧乏という一つの試練が映画の世界に飛びこませたように、服装史についてお話しいたします場合でも、私の生活態度とか、物の考え方にまでふれてこなければ、服装史をひもとくことができないようです。

私が長年働いている映画の世界は、画面に顔をさらすために、ともすると世間の人から公私の区別なしに特殊な色メガネで見られてしまいますが、それがいやなので、地味に地味にという配慮が知らず知らずのうちに体の中にしみこんだばかりか、はっきりと着物の好みに現われてきています。

私が自分の主張を公然と表面にだし始めたのが、文化学院に入学した十二、三歳の頃で、この学校はブルジョアのお嬢さんがきれいに着飾って通う学校でしたから、経済的に競争しきれるものではありませんでした。ただこの時代は学校へ勉強しにいくということがひじょうに楽しみなものでしたから、貧乏が苦になるどころか、制服がないのを幸いにセーラー服を作って通学しました。

普通セーラー服といえば、女学生の代名詞に使われるように、学校によっていろんなきまりがありますが、水兵さんのような白い線を引いた既製服でなしに、当時お茶の水にあった「セーラー服専門店」で飛びきり上等の布地に、

絵・高峰秀子

しゃれたデザインを考えてもらって、それ一着で二年あまりを過ごしたものでした。これが自分なりにできる最高のおしゃれだったのです。もっとも夏の期間はワンピースやブラウスなどは着たようでしたけれども……。

学校のあいまに東宝撮影所にいく時は、紺のスカート（通学の時のスカート）に目のしみるような真っ白いシャツブラウスを組み合わせましたが、公式の場所に出席する場合は、男の子のように赤や黒のネクタイをきりっとしめて胸をはって歩いたものでした。こんな地味な変りばえのしない調子で子供時代を過ごしましたが、そういうなかでもブラウスだけはきちんとプレスして、自分のものとして着こなすことをマスターいたしました。これは貧乏で着るものをたくさん作れませんでしたので、せめてキチンとしたものを着ていようという私の心意気だったわけです。もう一つ、私はお転婆でしたから、人から指図を受けたものを着るのが嫌いで、お金をかけないでおしゃれを工夫することを覚えたのでしょう。

納得いかなければ着ない

現在ではひじょうに頑固になりまして、自分の着物だけは好きな物を着てとおしています。これは撮影の場合も同じで、役割にあった衣裳をあつらえさせてもらっているくらいで、自分の納得のいかないものは、どうしても袖をとおすことができません。しかし、それだけにいったんこれでいいと思ったら浮気はせずに一生を過ごす覚悟でいます。

私が感心している衣裳談義といえば、チャップリンは、気にいった布地が見つかれば、それこそ二十着でも、三十着でも、同じきれで同じスタイルのものを作って毎日着替えて悦にいっているということです。そして「人が見れば一年じゅう同じズボンをはいているように見えるでしょうが、それで結構。人に見せるために洋服着ているんじゃないからかまわない」っていうんです――。この心境にはほとほとほれこみました。

流行とは不思議なもので、ショートスカート時代に一人だけロングスカートをひらひらさせていると、おかしくて見ていられませんから、いくら私が頑固だと申しましてもりにも、流行に無関心でいるというのではないのです。おおまかなりにも、そのシーズンのラインだけは、世間と足並みをそろえているつもりです。ただ色の場合は、誰になんといわれようとチャーコールグレーと黒が基調色（ここ当分は続きそうです）で、色気がないといえば、こんなそっけないことはないかもしれませんが、それは子供のときの紺から始まった、私の色に対する一つの心棒なのです。

一般に私は物をほしがらない性質ですが、お金の使い方の癖といえば、徹底的に納得のいく品物を捜す癖があります。しかし、それには買物をする自由な時間がないものですから、身の回りの物はできるだけ好みを限定しておかなければなりません。靴とハンドバッグは一年じゅう黒と茶ということにきめておくと、出入りの人が注意しておいてくれるので、よほど手間がはぶけます。こうなると、洋服の色はどうしても黒かチャーコールグレーでなければおさまらないように、およそおしゃれとかぜいたくとかいうことにはほど遠いのが現状です。その他のアクセサリーは、それほどつけたいと思いませんし、実際にはあまり似合わないので手を出さないようにしています。いまさら、まがい物のきらきら光るものをつけても始まりませんし、本物は家が建っちゃうような値段ですから、外国の女優さんのように五百万、一千万という宝石を身につけようたって太刀うちのできるものではありません。

最近は、外国映画の影響で、映画衣裳の影響を見のがすことはできませんが、私は映画の役割に合わせて、給料が一万円のオフィスガールの場合は、その範囲内で無理のないような洋服を作るというように、無責任なものを着ないということをモットーにしております。こういうことも女優としての一つの責任にはいると思うのです。このことは私の洋服ダンスをのぞいていただくと、よくおわかりになっていただけると思うんですが、ごく自然に控えめに装うように注意しているので、きらびやかなものを洋服ダンスにぶらぶら下げるようなことは全然いたしておりません。

私のタイプは、どうひいき目に見ても、おかみさんタイプですから、着こなしのむずかしいスーツは自信が持てないのであまり着ません。ワンピースか、ブラウスにスカートといった装いが基本で、いちばん好きなのは黒のジャージーのワンピースです。衿もなんにもつけないで、原型のまま、すぽっと首をだして、スカートはタイトにしたようなおよそ飾りっ気のないもの。そうして真珠のネックレスをかけるのが、気にいっています。ただ黒のジャージーは一度袖をとおすと、すぐ白っぽくなってくるので、同じスタイルのものを数枚用意しておかないと、気楽に外出することができません。まあ特徴といえばこんなことぐらいでしょう。布地は国産でも、輸入ものでも、気にいったものを選びます。ですから私に泣かされるのは、きっと洋服屋さんでしょう。

大嫌いなペラペラ

洋服の寿命ということになりますと、女優という仕事をしている関係上、五年も八年もすり切れるまで着るわけにはいかないので、洗濯屋の門をくぐると払い下げますが、標準寸法の上に地味ときていますから、二十代の人でも、三十代でも、いや五十代の人でも着られますっていわれて自分ながら驚いてしまったほどです。

冬になると、私は寒がりなものですから、コートと同じスカートを一緒に作っておきます。厚手のものはぼてぼてするので、嫌いですから、薄手の肉の薄い布地でプレーンなコートを作ります。スカートの上には、チャーコールグレーか黒のセーターを着て、というのが肩がこらなくて性にあっています。こんどパリにまいりましたときの買物といえば、セーターを補給しただけです。

夏は、冬と反対に薄手の透けるような布地は嫌いで、腰のある布地でプレーンなワンピースが好きです。プリントの洋服もずいぶん着ますが、花柄や派手なものは苦手中の苦手です。なんといってもこの季節は、太陽の直射がきびしいので、黒やチャーコールグレー一点張りでは、肌を汚なく見せますから、なにか他の色で中和させるようにいたします。ことしは白地に黒ときめて、水玉のものとか、格子とかを用意しただけで、浮気はしませんでした。

衣生活は洋服が主ですが、どうしても出席しなければならない公式の場所には最近和服を着るようになりました。夏は原則として着ませんが、冬は暖かいので、外出には、縞とか、絣とか、無地もので、しかも錦紗のようにぺらぺらしないものを着ます。


（『装苑』一九五九年九月号）

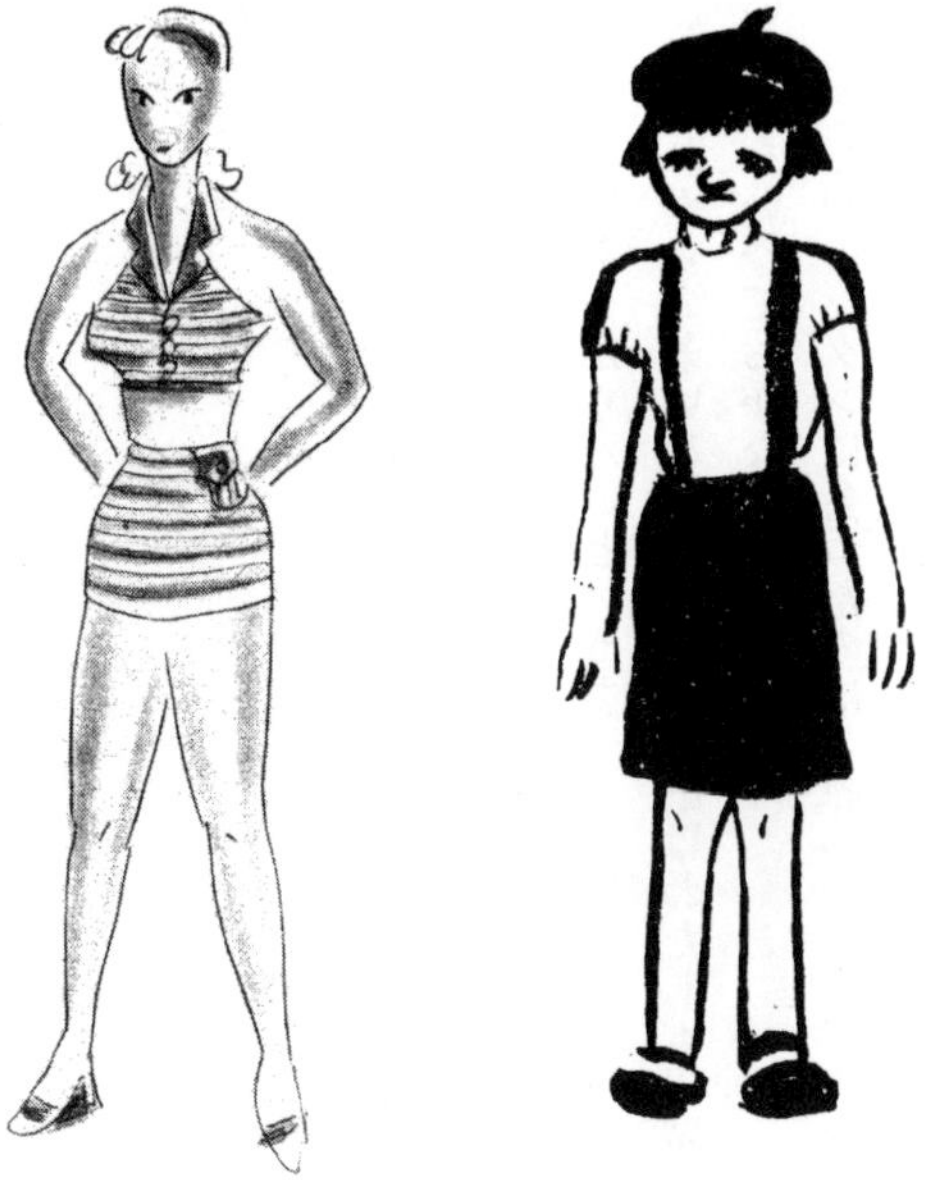

絵・高峰秀子

◉増補…………

モンタン賛歌

高峰秀子
Takamine Hideko

エトワール座にて

わたしみたいに永い間映画界にいると、だんだんキャッチ・フレーズを信用しなくなるの。だって、大体がキャッチ・フレーズってオーバーな表現を使うでしょう。もっともそうしないと、キャッチ・フレーズにならないんだろうけど、それにしても〝映画史上不滅の金字塔〟とか、〝百年にひとりの美女〟だとか……。日本にかぎらず、どこの国でもキャッチ・フレーズってそういうもんらしいけど、イヴ・モンタンにつけた〝世界の恋人〟っていうのだけは、感心しちゃったワ。どこの誰がつけたのか知らないけれど、簡単でしかもモンタンのひととなりにピッタリしてる。考えてみれば、それだけイヴ・モンタンっていうひとが、大きいということになるんでしょうね。〝世界の恋人〟って、キャッチ・フレーズとしては最高に大きい表現だと思うのよ。しかもそれに、実質からみても堂々と釣り合うというのは、なみたいていの貫録じゃない。俳優として立つ以上、モンタンにあやかりたいというファイトでやってほしいわね。これからの若いひとは……、一応はわたしも先輩らしいことをいっておかないとね（笑）。

わたしがモンタンに会ったのは、昨年の二月、パリのエトワール座に彼を訪れたときです。ＮＨＫにたのまれてインタビューに行ったんだけど、わたしが楽屋に行ったときは、まだ彼もいず、楽屋はまっくらだった。そのうち約束の時間になったら、まるで時計の針が動くのを待ってたみたいに、彼がやってきて、自分で楽屋のドアをあけ、電燈をつけてわたしに「どうぞ」っていうの。ぜんぜんケレン味のない、男らしい態度でね。モンタンの楽屋ってどんなだろうと、わたしもせい一杯の好奇心を燃やしていたんだけど、なんと小さなテープレコーダーが、一つポツンと置いてあるだけ。もう、このエトワール座は相当のロングランをやって、ふつう俳優の楽屋なんて、ながく居つくと自然にいろんなものを飾ったり、細かいものを置いたりでゴチャゴチャするものだけど、ここにはなんの飾りもない。おまけに椅子も一つしかなくて、それにわたしをかけさせ、モンタンはいきなり床にペタッと坐ってしまった。なにしろ相手は名だたるモンタンさまだし、わたしもえらく恐縮したんだけど、彼のそんなときの表情って、とても自然なので、ついわたしも好意に甘えてしまって……。なにしろあのとおり背の高い人でしょう。それが長い足を折って床に坐っている恰好は、忘れようと思っても忘れられないわネ。話す態度もぜんぜんテライがなく、とても気持がよかった。

固い大きな掌

インタビューが終って帰るとき、彼は「パリでなにかボクで役立つことがあれば、いつでも電話してください」と電話番号を教えてくれました。そして、とてもやさしい握手をしてくれたけど、その感触はとても逞しく、なにか素朴なしみじみしたものさえ感じました。モンタンの経歴がいろいろ書かれているけど、小さいときからずいぶん苦労してきたらしいわね。お父さんが破産しちゃって。十一歳のときに学校をやめて働きに出たんですってね。マカロニ工場をクビになって、姉さんのやってた美容院を手伝ううちに、美容学校に通って免状とったというのは、いまのモンタンの顔をみてると、ついホントかなと首をかしげちゃうけど、若い頃の彼の写真をみると、あながち美容師が不似合いな顔じゃないわよ。しかし、モンタンのやってきた職業のうちで、なるほどと思うのは、戦争中やっていたという造船所の職工ね。このあと波止場人足をやったり、兵隊さんにとられたりしたというけれど、そういう逞しさは、モンタンの魅力と切っても切り離せないものと思う。筋肉労働のなかで鍛えあげたバックボーンってものが、しみじみ感じられる。モンタンの頼もしさ、モンタンの温かさ、そんなものを若い頃の労働で、すっかり大きくなり、固くなってしまった彼の掌から感じとったの。「青い大きな海」で、舟にのって働くモンタンをみながら、あの固い掌を思い出して、ジーンとなつかしくなっちゃったもんよ。

モンタンはいまでも、自分が歌がうたえなくなったら、手に職をつけてなんでもする気だということをいってるわね。彼のギャランティ（出演料）なんて大変なもんだと思うけど、それでも彼は労働の喜びを忘れていないのね。モンタンの仕事ぶりをみていると、なにか前進につぐ前進、進歩につぐ進歩といった感じをうけるけど、そういう前向きの姿勢というのは、そんな庶民的な健康な感覚のなかから生れてくるものだと思う。そりゃ、これぐらいの理屈は誰でもわかってると思う。しかし、それを実際に生活のなかに持ち込むのは、大変な努力がいるもんですよ。立派な邸《やしき》があり自家用車があり、そして不自由しないだけのお金があって、まわりからチヤホヤされてごらんなさい。庶民の感覚なんて、つい縁遠くなっちゃうものよ。それに溺れないモンタンというひとは、ほんとに意志のつよいひとなんでしょう。

シャンソンの味

フランスはシャンソンの本場。シャンソン歌手の数も大変なものです。シュヴァリエもダミアも現在歌っているそうですし、トレネ、ピアフ、パタシューなど、耳にタコのできるほど名前を聞かされてきたひとたちも健在です。フィリップ・クレイだとかカトリーヌ・ソヴァージュ、イヴェット・ジロー、ジュリエット・グレコ、コラ・ヴォケールなど、戦後のすばらしい歌手でたくさんいます。その道の専門のコーチャン（越路吹雪）なら、もっとハッキリしたハナシができるんだろうけど、しかし、わたしがみても、イヴ・モンタンという歌手は、ユニークな存在のようです。

だいたいフランスでシャンソンといえば、日本で考えているのとは、よほど違った味わいをもっているようなの。向こうでは夜の食事がすむと十時半。シャンソンをききたいといっても、劇場なんかに行ってはダメなんだ。車で夜のパリをピュウと走って。セーヌ河の岸辺につく。すると涼しい風の吹くセーヌに、ぽっかり小さい船が浮かんでる。細い梯子を降りて船の扉をあけると、これが小さなお船のキャフェ。「札束がすべて」というギャング映画で、ナディア・テイラーというやたらに目の大きい女優さんが経営してるような、あんな店だと思えばいいの。お客さんは美人紳士ばかりで、灯りはといえば、樽のテーブルの下に立ったローソクだけ。片隅にはちょっとしたお酒の棚、こわれかけた籐椅子や空箱にナフキンをかけた簡易食卓ですが、お客さんはいっぱい。そして、ここのパトロンらしいひとがお客と話をしていたかと思うと、ふと立ちあがって壁にかけてあった、古びたギターをとり、小さな声でささやくように歌いはじめるの。歌っている曲は、だいたい自分で作曲したものだという話だけど、そのひとのうまいことといったら……。棒でつっかい棒した四角の窓から、月の光りがさしこんで、向う岸の灯りがセーヌにゆらゆら映えて……。船もゆらりゆらりで、こっちはまるで夢み心地になってしまう。これはもう、パリでしか、セーヌでしか味わえないシャンソンだなあ。わたしはふと隅田川のほとりで、こんなキャフェをやったらと思ったけど、まあ、うまく行かないでしょうね。日本人はガツガツお酒をのむし、こんな静かに歌などきいていない。ここでは、みんなが心のなかで一緒に歌っているのです。

モンタンのシャンソン

ハナシがちょっと横道にそれちゃったけど、こんな味が、しかしシャンソンの醍醐味になっているのです。だからなかには、劇場のステージなんかできいては、まるで場違いといったシャンソン歌手もいるわけ。わたしが最初七カ月ばかりパリに遊んでいたとき、ご厄介になっていたお宅の近所にも小さなナイトクラブがあり、黒人のピアノ弾きがポロンポロンと弾いていました。お客は学生が多く、女友達とコカコラを飲みながら歌をきいているもの、一ぱいのお酒をチビチビやっている一人客。そして肥った黒人のオヤジと、これもビヤダルのようなマダムが歌うんだけど、どんなブギを歌っても、なんともいえない哀愁が漂っているの。わたしもそれをききながら、柄になくノスタルジイを味わったものです。プロとアマチュアの違いはあっても、本場のシャンソンの味とは、こんなものだと思う。

しかし、イヴ・モンタンのシャンソンは少しばかり違ってるんです。彼はいままで三回リサイタルをやっています。ことに一九五三年と一九五八年のリサイタルは大成功で、その実況録音盤は日本にも入っていますが、あんな堂々としたリサイタルを、半年もえんえんとロングラン興行できるのは、シャンソン歌手多しといえども、イヴ・モンタンひとりということです。わたしは二度目のフランス滞在が、ちょうど三回目のリサイタル、つまり五八年のリサイタルにぶつかって、昨年エトワール座にイヴ・モンタンを訪れたのも、そのリサイタル公演中のことだったわけ。それはまことに堂々としたもので、場末のキャフェなどできくシャンソンの、うらぶれた感じなど微塵もありませんでした。赤い幕があがると、舞台の奥は黒い幕。そしてステージはガランとしてる。やがておなじみの黒セーター、チャコールグレーのズボンというモンタンが、さっそうと登場してきます。さっそうという意味を誤解されては困るのだけど、よく司会者がタキシード姿で登場して、「レディス・エンド・ジェントルメン」とやる、あんなさっそうじゃない。黒ずくめ、ノータイのぶっきらぼうな彼のユニホームに、いかにもふさわしい自然さがある。そういう一種のムードからくる、男性的なさわやかさなの。

モンタンの舞台

彼は歌い出す。「友人たち」、そして「つまらぬこと」、「ルルーのお祭り」……。レパートリーが進むにつれて、お客の気持ちは大きな一つの塊りになってしまい、それはモンタンと一緒に歌い、そしてモンタンとともに、彼が歌う人生を、あるいは楽しく、あるいは激しく生きるようです。連日、エトワール座は満員になり、そして、きょうはミシェール・モルガンが、あのすばらしい瞳をうるませ、健在なりし頃のジェラール・フィリップが、茶目っ気たっぷりにアンコールを叫ぶのです。およそ、しみじみとした感覚とはほど遠い熱狂が、お客さんの胸を強くゆさぶり、そしてそれは、リサイタルの続くかぎり、なくなることはない……。エトワール座の舞台を、ただひとりで一晩もたせ、それを三カ月、六カ月とつづけてゆくのは、モンタンでなければ不可能といわれているようです。それだけモンタンが、強いパーソナリティをもっているということでしょう。

少なくとも、シャンソン歌手といえば、とかく女性的な男性歌手を想像されがちだった従来の観念を、モンタンは完全に破ったということがいわれています。というと、いかにも力強い、それだけに単純なタイプを考えられそうだけど、もし、そうだったらこれは間違ってる。どうもシャンソンの専門的なことはわからないけれど、シャンソンの歌い手には、現実派とファンテジストという、二つの傾向があるらしい。わたしなりに、エディット・ピアフみたいなひとりは現実派で、モーリス・シュヴァリエみたいなひとはファンテジストだろうと解釈してるけれど、モンタンは、この両方をかね備えている。あのふとい声から、ちょっと想像できない繊細なイメージが吹き込まれるのです。こういう複雑さも、モンタンの歌手としての偉大さを物語るものじゃないかしら。

それから彼は、一晩で二十数曲を精力的に歌うんだけど、そのレパートリーの配列には、なみなみならぬ苦心を払うそうです。「シャンソン・ド・パリ」でなじみの彼の身振りも、いろいろ考察され検討され、そして訂正されて完成したもんだという。勉強家っていうと、少し青臭くなるし、芸の虫というと、なにかジメジメしてしまうけど、そうそう、努力家という言葉はどうかな？　ともかく、こんなところにも、前進、前進というモンタンの主調低音がきこえるようです。

モンタンの映画

日本でモンタンの人気が出てきたのは映画のせいだというけど、これは人気という言葉のアイマイさがちょっと気

アンリ＝ジョルジュ・クルーゾオ監督『恐怖の報酬』(1952) のイヴ・モンタン

になるわね。モンタンの歌をきいて、なんとなく感じとっていたモンタンのよさが、映画で彼の人柄をみて、ああ、そうだったのか、とみんなにわかってきたということなんじゃないかと思うの。

モンタンの真価を発揮したのは、アンリ＝ジョルジュ・クルーゾオ監督の「恐怖の報酬」だそうだけど、日本でもこの作品でモンタンが注目されたんじゃないかしら？　クルーゾオ監督の演出も大変なもんだったけど、モンタンのあの運チャンにも驚いちゃった。なんでも、その前に「夜の門」という映画を撮って、それがあっさり失敗しちゃった。そこでこんどは慎重に構えて、あらかじめジャン・アヌイユのシナリオでじっくり勉強したというハナシがあるわね。一応スターとかになってしまうと、えてしてそんな美談や苦心談が創作されやすいものだけど、これは実際にあったハナシだと、わたしは思うの。モンタンって、そんなひとだし、実際に「恐怖の報酬」というシャシンをみても、なるほど、と思いあたることがあるわ。一種独特の沈んだ雰囲気をもっていて、それがいったん行動に移ると、大変な強烈さを発揮するんだけど、それはモンタンの生地だけで出てきたもんじゃないと思うんだ。そりゃ素のモンタンって相当に男臭いけど、もっとカラッとしたところがあるんじゃない。あの運チャンは、やはりモンタンの計算された演技から出たものだわよ。おっかないニトログリセリンをつんで、険しい山道をノロノロ運転してゆくときの表情ってのは、みてる方がハラハラしちゃう。たしか『文藝春秋』の映画評が、スペンサー・トレーシーの「山」を評して、〝山は顔でのぼるものなり〟と書いてたけれど、そんなら、これは〝トラックは顔で運転するものなり〟よ。ともかく、これはえらい俳優が出たもんだと思っちゃった。「サレムの魔女」のモンタンも、まるで生れながらのベテランみたいに重厚な芝居をしているのに驚いた。これは奥さんのシモーヌ・シニョレと、舞台でもやってたものだということで、やはり、そういう演技の積み重ねがジワジワと迫力を生んでいるようでした。シモーヌ・シニョレといえば、「年上の女」をみて感心したわ。別に彼女をみたかったわけではなく、なんとなく「年上の女」という映画がみたかったわけで、つまり、わたしも年ごろですからね（笑）。でも、結局はシモーヌ・シニョレをみに行ったような結果になっちゃった。映画としても変った映画で、同じような傾向の「恋人たち」に較べて、わたしは「年上の女」の方がずっと好き。「恋人たち」はベニスでみたの。そのときは、お客さんがまったくあの映画をバカにしたわ、口笛なんか吹いちゃって。あちらのひとは案外保守派が多いから……。

なんだか脱線しちゃったけど、しかし、モンタンの人気は、そういう珍らしさで湧いたものじゃないとはいえるでしょう。映画も俳優の評判も同じで、近頃はなんか変ったものが話題を呼んでるようだけど、最後はやはりいいものはいい、ということになると思うのよ。モンタンがフランスでも、ソ連でも、アメリカでも成功したというのは、そういう目先の流行と関係のない、もっと本質的な彼のよさがアッピールしたんだと思う。それを庶民的な感覚といってもいいのだけど、言葉が立派な割にはもう一つピンとこない。結局、昨年の二月エトワール座の楽屋で、別れ際にわたしに握手してくれた、あのモンタンの温かさ、やさしさ、そして固く大きな掌の頼もしさ。そういうものだとわたしは思う。どうもうまく表現できないけれど、五月、モンタンが直接ファンの目の前で歌うとき、案外スラスラとひとびとの胸に流れこむのじゃないかしら。そのときの感動がはやくもわたしの胸を熱くするようです。

（『音楽の友』'60年2月号）

◉増補…………

アルルの雨

高峰秀子　写真と文
Takamine Hideko

小さいころから、人なかへ出る機会の多い仕事をしているせいか、たまに自分の自由になる時間を持てると、自然に、モグラが暗い穴を捜すように、無人のところ、静かな場所へと足がむく。といっても、風景よりも人間の方に興味を持つ性質だから、ただ海や山が見えるところよりも、静かで、しかも「人間の息吹きを感じる場所」がいい。

ヨーロッパ八カ月の旅も、あとでしみじみなつかしく思い出されるところは、やはり、人の姿はみえなくても、歴史の感じられるひなびた街ばかりである。

旅行にはつきもののカメラを、私も人並みに肩からぶらさげていってはみたものの、私の写真技術はひどくお粗末で、なんとなく「写ってる」以上のものではない。カラー・フィルムの高価さにブツブツいいながらも、ずいぶん写した。

この写真は、二枚ともアルルの街である。

十二月のなかごろ、パリの寒さに身も心も萎縮した私たちは、輝く太陽を求めて、宮田重雄氏令息辰也さんの車に便乗させてもらってカンヌへむかった。ところが、あいにく何十年振りかの台風で、ゆけどもゆけども雨、その中を半分意地になってひた走りに走った。ムーランで一泊し、リヨンを過ぎ、ロリオールへ一泊、アビニョンで昼食をしてから、三時間あまりでアルルに着いた。

アルルは霧のような雨の中で、紫色に煙っていた。ローマ時代、西洋でもっとも美しく盛んであったというアルルは、りっぱな教会や古代ローマの円形劇場にその面影をとどめているだけで、いまはヒッソリと息をひそめているような街になっていた。私たちは風化してボロボロになっている石段を、一段一段ふみしめて円形劇場のてっぺんにのぼった。

　下の写真は、円形劇場の正面の石段の途中から、左ページの写真は、ちょうど真裏から見おろした街である。屋根も壁も道も、年輪を経て汚れに汚れ、くすむだけくすんで、そのうえ、数日来の雨に洗われて意外な美しさになっている。その銀色ににぶく光っている道を、一人でゆっくりと歩いてゆくおじさんの、コツコツという足音が、円形劇場のうえに立っている私のところまでひびいてくるほど、街は静かであった。

　しっぽりと雨をふくんで冷えた肩をちぢめながら、私たちは、一軒のカフェに入っていった。薄暗いカフェの中には、あちらに一人、こちらに一人と、おじいさんたちがサンザノのコップやペルノーを前にして、まるで何十年も前

アルルの地図

円形劇場の正面石段から見たアルルの街

からそうしていたように、じっと新聞を広げている。何もかも、はりついたように静かで、ときたま、奥のカウンターでギャルソンと立ち話をしているスカートの長い太ったおかみさん風の女の笑い声がするばかりである。

一杯のコーヒーに元気をとりもどした私たちは、また街へ出て散歩をつづけた。細い坂が多い。屋並みは一様に古びて、いずれも崩壊寸前のようにかたむいている。堅くとざされた分厚いドアには、アルルの特色なのか、下を向いた手が玉をにぎっているドア・ノッカーが、軒並みについていた。一軒だけ開いているドアのシキイのうえに、何かがかがみこんでいる。とみると、三角の黒い肩かけをした

円形劇場の真裏から見おろしたアルルの街

四十年配のおばさんが、石段とドアのシキイをぞうきんでふいているのだった。セッケンで洗ってもふいても、一向にきれいにはなりそうもないそのでこぼこの石段を、ビチャビチャのぞうきんで丹念にこすっている姿には、なにかハッとさせられるものがあった。

荒れるにまかせて、とみえたが、じつは人間のいたわりを受けて、かろうじて立っている家々、古びてつぶれようとするものを支えて、愛して、住みつづけるアルルの人たち。ひいおばあさんが、おばあさんが、お母さんが、代々の女たちが洗いつづけてきた家の床やシキイや石段。「あのおばさんが年取って死んだなら、また娘さんかお嫁さんが洗いつづけるのだろうな」私はなんだか変に感動して、それを見つめていた。

「降ってきたよ、急ごう！」ずっとさきの方を歩いていた男たちの呼び声に、私は元気よく坂道をかけあがっていった。

アルルには、たった二時間ほどしかいなかった。が、私はアルルからたくさんいろんなものをもらってきたような気がしている。しかし、それもアルルの雨が私を一そう感傷的にしたせいなのかもしれない。いずれにしても、アルルはよき街、私の好きな街である。

（『朝日ジャーナル』'60年6月5日号）

◉増補…………

無責任議員お断り

都政インタビュー

高峰秀子 Takamine Hideko

――台所に直結している都政を、家庭の主婦として、どう感じ、どう考えていますか。まず身のまわりのことから。

「いちばん考えたのは去年の水キキンのとき。ひどかったのなんのって、自分が困ったので、初めて都政というものを考えてみたわ。あれで、いったい都政なんていえるんですか。もらい水をしたの、知事がお礼参りにいったの、腹の立つことばかり。どこに政治があるんでしょうね。おそらく主婦という主婦が、あの水キキンで、初めて都政に目がひらけたんじゃないんですか。皮肉なことだけど……」

――水不足の解消が第一というわけですね。

「道路づくりには力を入れているようだけど、いい道をつくるよりもっと先にやることがたくさんあるはずです。とにかく水不足だけは二度と起きないよう手を打ってもらわないと……。

その道路だって人道がない。人が通る道より自動車道路の方が先だっていうの。これ、どういうんですか。デコボコ道路で、主婦が流産したって話を聞きましたが、こんなバカな話があるかしら。なんでもかでも、順序があべこべなんです。つくづく、いやになりますね。ほんとに」

――都議会汚職事件の議員たちについて。

「またか、と思って腹立たしさを通りこした感じ。大体、議員になると、神経がおかしくなるようですね。海外旅行に出かけた議員の中には、後世に残るような笑い話がいくつかあります。満員のレストランにはいり、〝私は日本政府の代表だ〟といって、強引に席をあけさせたという話。バカじゃなかろうか、と思うわ。都議にも、そういう狂った神経の持主がいるから、平気で悪いことをしでかすんじゃないかしら」

――今度の都議選では、どんな人を選びたいと思っていますか。また新しく選ばれる議員への注文を一つ。

「正直のところ、いい人を選ぶのはむずかしいわ。選挙公報をみて、カンや顔だちだけで判断するのは危険だし、とくに〝なりたい人〟は、慎重に見きわめないと……。だから、いやがる人、しり込みする人に出てもらい、一年ぐらいじっくり勉強して、都政に取組んでほしいわ。

今度の議員に望むこと……（ちょっと考えて）やはり、選ばれた責任を感じてほしい。議員はえらいんだ、じゃなくて、えらい目にあうんだ、という気持ちをもちつづけて下さい」

（『朝日新聞』'65年7月15日夕刊）

◉増補…………

お客の見たサービス

高峰秀子 Takamine Hideko

海外旅行を何度かするうちには、いろいろな飛行機に乗ることがあって、外国人の「日航機の評判」といったものも耳にすることがあります。たとえば、こんなふうです。まず、「誠にサービスが良い」にはじまって、「なぜあんなにものを呉れるのだろう」から「サービス過剰で気分が落ちつかない」

こうした言葉からしても、まったく、日本のスチュワーデスは大変だ、とその活躍のさまを思いうかべずにはいられません。つい今さっきまでユニホーム姿でキリキリと動いていたかと思うと、突然ヒラヒラと御所模様もどきの袖をなびかせて、アペリチーフのサービスをしています。と思うと、またもや洋服に着がえて食事を運んでいるのです。せまい機内に十分な更衣室などあるわけもなし、多分、あの小さな洗面所の中で大急ぎで足袋をはき、ウンウンいいながら、ひとりで帯を結んで飛び出してくるのだろうと思うと、気の毒のような気さえします。ときに帯あげがはみ出していたり、着物のすそがほつれていたりすると、かわいそうになってきます。

和服でしとやかにサービスすることに対して、あるフランス人は「日航機は動く芸者ハウスだ」といいました。日本といえば〝フジヤマ、芸者〟のイメージが、和服サービスに直結して「芸者ハウス」となったのでしょう。

それにしても、「サービスが良い」のは、よくないよりもちろん結構なことで、これも日本人スチュワーデスの柔らかい優しい態度が、大いにモノをいっているのだろうと、同性として、ちょっとハナが高いのです。

「なぜ、あんなにものを呉れるのだろう」という感想は、外国人を知れば、ごもっともなことで、こっけいでもあります。なぜなら、外国人は、大した理由もなく、むやみとものの授受をしません。日本人のように人を訪ねるときに手土産を持っていく習慣もありませんし、盆・暮れにはものを届けるといった習慣もありません。ですから飛行機に乗っただけで、メモ帳やハガキや、レター・ペーパーのセットや、立派な扇子までゴッソリともらうのは、有難いのを通りこして気味が悪いのかも知れません。外国の飛行機ですと、せいぜい絵ハガキ二枚とメニューくらいですから、びっくりするのも無理はないのでしょう。

「サービス過剰」というのは、「なぜ、あんなにものを……」という点も多少は結びつくことかも知れませんし、あるいは少々へそ曲がりの人のいうことかも知れません。けれども、私には、こんな経験があります。いつでしたか、心地よく、うつらうつらと眠っているとき、「おすしを召しあがりませんか」と何度か声をかけられ、起こされてしまったことがありました。私ばかりでなく、ふだん忙しくしていて、せめて飛行機の中ぐらいは落ちついて本を読んだり、考えたり、眠ったりしたいという人もあるでしょう。スチュワーデス嬢が、せっかく心をこめていってくれた言葉でも、かえってそれが「過剰」に思えることもあるでしょう。

それにしても、一台の飛行機には、何十人という毛色の変わった人種が乗り合わせるわけですから、個々によってその感想がちがうのは当たり前で、乗客全部に満足を与えようとなさる航空会社は、さぞ頭が痛いことだろうと思います。

とはいえ、日本人の乗客には、ときどきびっくりするほどお行儀を知らない人がいます。たとえば、座席に中腰になってステテコ姿になったり、靴下から下着まで脱いで着更えをしたりして、まるで汽車の寝台車と間違えているのではないかと思うオジサンなどがいます。また、馴れない昼酒に酔って（空の上では、お酒のまわりも早いのです）奇声を発する人もいます。団体旅行者にはことにそうした人が多く、機内を右往左往して、他人の迷惑などなんのその、といった有様です。

しかし、飛行機の中は、それこそ一つの動く社会なのですから、無礼や非常識が許されてよいはずがありません。これは、外人がいるから、などという理由ではなく、外国でも、空の上でも、日本国内でも、みっともないことは、やはりみっともない恥ずかしいことだからです。

こうしたことでも、サービスとは乗客の我がままにも目をつぶって我慢することではなくて、ヘンな乗客には自信を持って注意する正しい指導力を養って欲しいものだと思います。

また、アメリカやヨーロッパなどで、ときどき、飛行機の大事故が起こっています。それにつけても、お客のひとりとして飛行機に乗る以上は、〝一に安全、二に安全、三に安全〟ただそれだけを欲します。枝葉のサービスは、すぐ目に見えるだけに問題になりがちですが、青い目から見ても、黒い目から見ても、沈着な飛行士と安全な運転こそが、乗客にとってはいちばん有難いサービスだと思います。

（『世界に伸びるみんなの翼』日本航空、'65年7月）

◉増補…………

ジャバっとかけてハフハフ食べるバラコ飯

高峰秀子　Takamine Hideko

わたしは北海道の生まれで、もう四つの時に出て来ちゃったんですけど、それが影響あるのかな、やっぱり北海道のものなら何でも好き。中でもシャケね。うちでは、なにかというとお弁当持って出かけるの。子供のお弁当みたいだけど、それにシャケと卵が絶対欠かせないの。

知人も北海道に多くてね、次から次へとシャケを送ってくれる。とてもうれしいわ。シャケに関して、とりわけわたしが好きなのが、バラコ。イクラってのは、バラコの塩漬け。だから、つまりイクラの生ね。

バラコをとるのは、また難しいのね。シャケのお腹の中からズズズッって出てくるのを、生ぬるーいお湯かお茶の中で、はがしていくの。やわらかくて、ヘタするとすぐつぶれちゃう。

そーっとほぐして、それをお酒とおしょう油に漬けるの。で、熱ーいご飯にかけて食べる。これは北海道の人の特権ね。シャケを丸ごと送ってもらうならともかく、バラコだけなんて運べないもの。

それにしても、熱いどんぶり飯にバラコをジャバってかけて、ハフハフ言って食べる、あのおいしさったらないわよ。酒の肴にもいいの。柚子を刻み込んだり、大根おろしを添えたりしてね。

イカそうめんだって、北海道式は、どんぶりにたっぷりイカを入れてショウガ汁としょう油かけて、本当におそばのようにズルズルズルーって食べるものなんですよ。

東京のは、ほんの一口ちょこっと出されるけど、あんな上品なものじゃないの。グワーッてかき込んで食べる北海道式のが、一番おいしいの。

北海道の人たち、特に漁師の人たちが羨しいわね。どっちも東京の人の口には、はいらないの。東京で手に入れようとするならお寿司屋さんくらいかなァ。

きのうもらった銀ジャケには、こんな大きなバラコがベローンって入ってたわよ。うん、お蔭でまた当分楽しめそうだわ。

（『旅』'82年12月号）

◉増補／対談…………

映画『稲妻』をめぐって

高峰秀子 Takamine Hideko
成瀬巳喜男 Naruse Mikio

これも縁

―― 今晩はお忙しいところ大変ありがとう存じます。早速ですが今度の『稲妻』について色々お話しいただきたいんです。ところで林芙美子先生とは、何か……？

成瀬 いいえ、なんにも。ただ林さんのものが非常に好きですすし、大体僕の傾向に合うものですから取り上げたのです。でも林さんとしては別に代表的な作品ではない訳です。今度大映で僕の意図するものを自由にやらしてくれると云うことでやる気になりました。

―― 高峰さんはフランスから帰って、今度で三回目の作品ですね。

高峰 いいえ、二度目です。『東京のえくぼ』は出たうちに入りません。

成瀬 私は高峰さんと一緒に仕事するのは二度目ですね。

高峰 よっぽどバスガールの顔をしているらしいんですよ。この前もバスガールでしょう（笑）（『稲妻』で高峰さんの役はバスガール）。

成瀬 この前のは全然バスの中の話みたいなもので、切符を切ったり、説明を入れたりなんかするんですよ。

―― 何という映画ですか。

成瀬 井伏鱒二さんの「おこまさん」というのです（映画名は『秀子の車掌さん』）。

高峰 でも今度のはちょっとヒネくれてるけどね、あれは素直な娘の役だった。

成瀬 それだけ大人になって来た訳かな（笑）。

―― 都内のロケが多いのでしょう。

成瀬 大分広くやります。ただ林さんの小説の色を出すとすると原作は古いんです。昭和十年頃のものですが、大体あの人の感じのものは、今のペンキ塗りのバラックではだめですからね。結局焼け残りの下谷とか根津、あの辺り、人形町界隈、それから深川、そういった下町的な色の出る所を選んでますけれども。

―― でも時代的にはやはり現在にしてるということですね。

高峰　セリフでも「パチンコ」とか、そういうのが随分ありますね。

――五銭が十円になっちゃったり……。

成瀬　保険金の額が何百円とかで騒いでいる頃ですから（笑）。

高峰　百円かな？

成瀬　ただ林さんの小説は、どうも洋装より着物で出て来るという感じの方が多いからね。

高峰　ハンテンでもひっかけて（笑）、ですか。

成瀬　まあ下町情緒ですね。この間ちょうど深川の八幡様のお祭りがあったけれども、あれなんか取り入れると……。

高峰　どうして撮らなかったのかなと思って……。

成瀬　私の前作『めし』にも入っているし『おかあさん』にも入ってます。私はお祭りの場面が好きでね（笑）。今度のにも出そうとは思ったが、あんまりお祭りだらけではね。

――高峰さんは東京でお育ちになられた訳ですね。

高峰　生れたのは北海道ですけど。

成瀬　高峰さんが蒲田へ入ったのは幾つだったのかしら。

高峰　五つからです。

成瀬　何年かしら。

――昭和六、七年でしょう。

成瀬　もっと前だね――。だんだん言っておると年が出てくる（笑）。

高峰　まだ年をいわれて困る位でもないけれども（笑）。

成瀬　僕もまだ子供だったんじゃないかな。僕は助手だったけど僕の所へ出たことがないんじゃないかと思うんだ。

高峰　そうですね。私は男の子の役が多かったから男の子で出たかしら。

それは名優

――『稲妻』の撮影の方はもう大部進行なさいましたか？

成瀬　まだ四分の一くらい。序の口ですからこれからが大変です。

高峰　私なんかまだ何にも解らない。探り探りやってるの。

成瀬　終る頃に解る（笑）。なかなかその役になり切る迄の時間はかかるんじゃないかな。例えばセットなんかも馴れて来ると、自分の部屋みたいに感じられる。本当はそれが一番いいんですけど。

高峰　でも今度の映画ではイヤラしい家庭の娘役ですが私の役はそういうものから抜け切ろうとする娘なんです。

――それは大変な役ですね。

高峰　難しいんですよ、とっても。難しいと思うとスゴク難しい……（笑）。

――相当性格の激しい役ですね？

成瀬　そうですね。家族の中で他の人達が、勝手なことをやっているのを見ている娘の話ですから。けれども、実際にああいう生活に入り込んじゃったら、その中から抜け出そうというような人は少ないでしょうね。

高峰　少ないでしょうね。我儘になって飛び出すのはあってもね。

――実際問題として普通の家庭の女の人は大体は環境に支配されてしまいますからね。

成瀬　この映画の場合の姉妹《きょうだい》は職業を持ってないし、教育もないし、結局男に頼ることの方が多いわけですが、末娘だけが女学校を出て、職業を持っているわけです。

―― 今度のロケは街頭が多いんですか？

成瀬 街の中ですから、夏は暑くて敵わん。

高峰 その上に反射板《レフ》掛けるのでね。

成瀬 普通だと日蔭へ入るけれども、映画だと夏でも日向へ出ますからね。

高峰 ライトの光は幾ら強くても目で好きなことが出来るでしょう。でもロケーションだと太陽の光では目が開けられない。とてもツライですね。

―― 撮影で目がお疲れになるでしょう？

高峰 私なんか疲れたのを通り越して感じないけれども、小さい時カーボンで始終やられたでしょう。あれで悪くなったんでしょうね。

成瀬 絹代さんは夜寝る時に、アメリカから買って来たとかって、何か目を冷やす物があるんだって。

高峰 それで冷やしたまま寝ちゃうの？

成瀬 一時間位冷やすんだから、当てているうちに眠くなる。だからそのまま寝ちゃうわけでしょう。翌朝は眠そうな目でなしに、普通になっている。

高峰 それはいいですね。そんないい物があるってなんだろう。

―― 今度御一緒の村田（知英子）さんや三浦（光子）さんとは前にお撮りになったことありますか？

高峰 三浦さんとは、松竹で獅子文六さんの『おばあさん』という映画がありました。それでちょっと御一緒だったと思うんですけど。村田さんとは新東宝の『花ひらく』で私が妹役をやりました。

―― やっぱりやり馴れた人の方がやりいいですか？

高峰 そんなこと考えてるほど余裕はないですよ。自分のことばっかり一生懸命で……（笑）。

成瀬 それはやっぱりつきあってる人の方が楽だね。相手のイキが解るし。

―― 完成はいつ頃ですか？

成瀬 完成は九月の二十日頃ですが、出るのは十月の九日と言うから、第二週かな？

―― 大映としては珍しい文芸物の大作ですね。

成瀬 よくやらしてくれたね（笑）。

高峰 ほんとに……（笑）。

―― 相当のインテリ観衆というのが対象になりますね？

成瀬 そうでもないね。普通の家庭、いわゆる庶民階級の割に下の方を扱ってますから。

―― この前の先生の『おかあさん』なんか相当難しいようですけれども、割と普通の娘さん達も喜んで見てましたね。

成瀬 そうですね。割に身近に感じられるものだったら、誰にでも解るんじゃないでしょうか。

高峰 映画によってお客さんの解釈が違うだけで、『綴方教室』なんかでも、地方でやるのと日劇でやるのとは解る所が全然違う。地方へ行くとお客さんは身につまされて悲しくなっちゃうけれども、銀座のお客さんはおかしいんですね。見馴れないし、「あんなことやってる」ってわけで笑ってしまうらしい。

―― 体験している人と眺めている人で

は大変違いますからね。表現が簡単でも身近な素材については、観衆は相当理解できるわけですね。

成瀬　まあ僕も何か夢の如きものを撮ってみたいんだけどね（笑）。

――　先生のお仕事には日本的リアリズムというのが大変多いですね。

高峰　それに近いですね（笑）。

成瀬　最近年を取って来て、そういう傾向になっちゃったけれども（笑）。

高峰　だけどあたし心配だなあ、私の役あんな三枚目でいいんですか？（笑）「普通普通」と言うけれども、少々普通じゃないのね。

成瀬　少しヌケてるんじゃない？（笑）

高峰　蒲団持ってこっちに来る時なんて、なんでしょう、あたし……（笑）。あれチットモ意識していなんですよ。どうしてもああいうふうになっちゃうの？

成瀬　つまり他の場合は、例えば恋人の前でああいうことしたらそれはおかしいかもしれない。しかし、あれはあの時の気分だから。

高峰　自分では『カルメン』の時のようなクセが出るとは思わないんだけれども、エライ三枚目になっちゃった、と思っているの。

――　地味な場面が多いんですか？

成瀬　まあそうですね。お芝居になっていないようなのが多い。

高峰　芝居はやはりいいんですよ。下手でもチョンでも、何か芝居すればいいんです。芝居じゃなくて何気ないっていうのが一番難しい。

成瀬　それが出来る人は随分名優だ。

高峰　黙ってジッとしていて、ドンドン写されても見ていられる人は、よほど利口な人かよほどの馬鹿か……。

成瀬　それは芝居の場合でも同じでしょう。

高峰　カメラってこわいのよ。

恥しくない映画に

――　徹夜をおやりになりますか。

成瀬　やるようなことになりますね。撮影のお終《しま》いにはどうしても。

――　各社とも徹夜で随分やってますね。

成瀬　昔からそうですからね。演技する人にとっては一番こたえるね。細かく言えば、夜おそくなるとそれこそ痩せて来るんですよ。顔がムクんだり……。

高峰　声が変っちゃうし……。

成瀬　あらゆる条件で、映画をこしらえるにはやはり日本はまだ悪いですね。設備とか、時間的な仕上げの問題といったものからも出るんでしょうけれども。

――　服装やセットなんかでも、特別に珍しい物はありませんね。

成瀬　いつもながらの物でね。衣裳なんてのは殆ど有り合せで。

高峰　私の衣裳代金全部で二万円……（笑）。ブラウスとスカート位ですけど。

成瀬　オマケに夏ですから、何もない。季節が今と同じですから、やりにくい面もある。男っていうと開襟で皆同じになっちゃう。

高峰　変化がないんですね、大して。

――　高峰さんはバス・ガールになるんで、観光バスを一日見学なさったとか……？

高峰　ええ、ちょっと乗りました。

――　大分勉強になりましたか？

高峰　私、地方のはあまり乗ったことないんですが、東京のは箱根とかああいう所のと比べるとアクセントが違うんですね。バス・ガールの名所案内口調みたいなものは殆どないんです。自然に話しかけるような、あの新しい感じがいいんじゃないかと思うんですよ。

成瀬　けれども、やはり取澄ました職業的な声が出て来るわけでしょう。

高峰　そう、声そのものが違うから。やっぱり家へ帰ったら豹変したっていいんですね。ああいう人があのまま帰って来て、あの口調でやられたらとっても……（笑）。

――恋人というのは？

高峰　ないんです。ただ違う環境の人がいるって程度ですね。

成瀬　あれは肉身よりもう少しいい感じのそういうものの対象に出て来るんです。

――ラブ・ロマンス的なものは全然……

成瀬　ええ、ありませんね。

高峰　非常に有難い。恋は大ッ嫌い（笑）。

成瀬　映画の恋愛は何か空々しくなる所が多いね。

高峰　絶対うまく行かない。大ッ嫌い（笑）。

――一番中心になる狙いは？

成瀬　難しいですなそれは（笑）。みんな外れちゃうんで……（笑）。狙いは如何なる場合でもあるんだけれども、あまり言いたくないんだ。映画というものは出来上がる迄はなかなか解らないものなんですね、つないでみてアリャアリャということになってしまうし（笑）。

高峰　結果を見なければ結論は出ないのね。新人の監督さんがトンデモない作品を作るのも仕方がないわ、先生でもそうだけど（笑）。

成瀬　撮影所での試写なんて大変ですね。ドキドキしますよ（笑）。

――今でもそうですか。

成瀬　（笑）いつ迄経っても、この仕事をしている限り、そういう不安はありますね。

――そうでなければ本当の芸術家じゃないんですけれど。

成瀬　何か宣告受けるみたいなね、一人で内緒に見ちゃうわけに行かないし（笑）。自分が最初狙ったものというのは試写室で完全に解ります。大抵「失敗した」と思うけど……。

高峰　そうね、年中ガッカリしている（笑）。

――この秋、一番期待出来る作品ですから。

成瀬　どういうことになりますか（笑）。

高峰　心配だわ、あたし。

――各社とも相当張り切っている作品はあるようですが、純粋の文学作品というのは？

成瀬　この秋は小津さんの『お茶漬の味』と木村（恵吾）さん（『美女と盗賊』）あたり。

――「菜穂子」をお撮りになるのは？

高峰　「菜穂子」（「風立ちぬ」）は十一月。

成瀬　この秋には色々出るでしょうが、そういうのに匹敵出来るようなものになればいいけれども。

――ではどうも色々有難う存じました。

（『富士』'52年11月号）

●増補／対談…………

パリ、楽しかった……

高峰秀子 Takamine Hideko
木下恵介 Kinoshita Keisuke

さびしかったパリの日

木下　パリから帰って来たっていうと待っているほうじゃ何か勉強してきたと思って期待しているでしょう。しかし勉強しに行った感じある？

高峰　ない、全然――あのね、わたしより先に帰った人が東京へ帰ったらある新聞記者が来て「高峰さん何している？」ときくから何もしないでブラブラしているって答えると、実に馬鹿にしたような、ホッとしたような、いい気味《きび》のような顔したっていう手紙くれたんです。それとってもよく感じ出てると思った。

木下　パリへ行ったぐらいで勉強できると思っていたらおかしいですね。

高峰　パリへ行って急に声がよくなった、オペラがうまくなったなんて飛んでもない。パリへ行ったら、お芝居がうまくなるっているんだったら誰でも行きますよ。

木下　そう、そう。パリへ行って絵がうまくなるというのなら、パリの郵便屋が一番うまくなるよ、一番歩き廻っているから――。

高峰　ほんとですね。わたし『朝の波紋』に出たら、パリへ行ってきてカンが鈍くなったとずいぶん書かれましたよ。

木下　だって、あんたを鈍感だと思う人は一ぺん秀ちゃんと話してみるとわかるよ。パリへ行って何かパリが鼻についていないと、まちがいのように思うんだね。パリから帰った人を見る目が、パリを意識しすぎるね。

高峰　踊る東京のパリ祭、踊らぬパリのパリ祭って出てたでしょ。そんなものですよ。

木下　僕なんかは、知らない所へ行って、自分というものがどんな人間かということを感じようと思って行った――。それだけだ。

高峰　わたしはただ半年くらい遊んでこようという、それだけといえばそれだけでしたけれど、なかなかそれは悲愴なものですよ。わたしたちの人気は、特別の芸を持っているからというわけじゃないでしょう。半年いなきゃ忘れられてしまう。だから忘れられても仕様がないと思って行ったんです。もし忘れられたくなければ下手でもチョンでも出ていればいいのよ。女優というものはキチッとした芸があっての自分じゃないし、そういうこと面倒臭くなって、帰ってきてお座敷かからなくてもいいと思って行ったんですよ。向うへ行って箔つけてひとはな咲かせようという気持ちは微塵もない。それは帰ってきてからのわたしの仕事見て下さればわかると思います。出ていないでしょう、やりたいものないの。とにかく、いつまでも待っちゃったの。

木下　秀ちゃんは何も箔つける意味でパリへ行く理由はないさ。女優としてそういうところへいっていたもの。

高峰　そんなこともないけれど――。

木下　とにかく、自分はなんのためにこんな苦労するのか、わざわざこんなに金使って何のため苦労しているのかと、男の僕だって思うのに、よく秀ちゃんいたなァと思って、身につまされて感心したよ。

高峰　そうね。わたしなんかおよそ誰ともつき合わないで独りだったから、気楽といえば気楽でしたけど、でもよく、独りで雨の降る日帰りがけにベソをかいたこともありましたよ、さびしくて――。

パリは気楽なところ

木下　僕は秀ちゃんが帰ったあと半年いたでしょう。その間、いろんな女の人がパリに来ましたし、いま行っている人もあるでしょう。そういう人が言ってることを綜合すると、高峰秀子はえらかったということに尽きますね。

高峰　ワァー、たいへん。

木下　ほんと。というのはあさましい奴がパリに出かけてくる。さあわたしは洋裁師だから、わたしは美容師だから何を勉強しよう、と、あさましくあせるから。まったく醜い。あのあせり方は見られない。

高峰　これだけお金使って行っているからという気もあるでしょうね。

木下　だから、はじめから金の慾のかたまりで、つまり資本主義で行ったんだね。パリへ来たということで、日本にいる洋裁師や美容師よりはるかにえらくなったと思っている人ずいぶんいますよ。何もしていないくせに、――そういうのが目先にぶら下っているので向うの人に嫌われるのだな。

高峰　そうですね。

木下　僕などわがままな方だが、一介の人間にされて、誰にもパリでは木下恵介など通りはしない。まったく気楽なものだね。

高峰　ブラブラ歩きながら、くたびれたらベンチに腰かけて、アイスクリーム買ってなめて、またブラブラ歩いて――振返る人はいますけれど、それは眼が黒いから――あんた香港から来たか？　ってきくんですよ。珍しいからでしょう。

木下　その眼が、東洋の人にしてもきれいすぎるから――。

高峰　またそういう――（ちょっとにらむ）。

木下　だって、僕などどこ歩いたって振返らぬ。眼の中に入れないぜ。パリって気楽なところだと思った。

高峰　でも、フランスという国は旅行者に何か売ることで、半分生きているような国でしょう。教会なんかで何か見るんだってお金がいるんですからね。結局旅行者に物を売り、愛想のよい言葉をかける、そういうことを小さい時から教えこまれているようなところです。

自分からわたしは女優ですと一言もいったことなかったの。最初ソルボンヌの学生とまちがえられていたの。ところが写真が新聞に出たのですね。すると洋服屋さんなどに行ってもマドモアゼルといってすぐ切抜を持ってくるの。東洋の女優でしょうといって。いままで二千円の洋服持ってきてたのが、二万円、五万円、全部いいもの持ってきますよ。二千円の洋服なんて絶対持ってこない。そういう手ごころ、やっぱりどこの国も同じだと思ってねェ。

向うのデシナの撮影所の人のところへわたしの友だちが挨拶に行ったので、くっついて行ったのです。その時東洋の女優さんが来たというので、売ってやれば喜ぶ――これはどこだってそうでしょう。女優というのは顔を拡めることが目的で、私はそうは思わないけれどそういうふうに思ったんでしょう。それで全部の新聞社に電話かけた。さあわたしの下宿へは朝から晩まで電話がきた。わたしはフランス語わからないから、「ノン、ノン」、おばあちゃんはしまいにヒステリー起して、受話器外しておいたくらいなんですの。わたしは、とてもそういって下さるのは嬉しいが、もしそういう目的で来たら何分よろしくお願しますけれど、こんどはほんとうのヴァカンス（休養）に来たのだから放っておいて下さいと言ったのです。やっぱり向うの人は日本の人とちがうのですね。僕もあんたの立場に立ったらいやな思いするだろう、よくわかったといって秘書を呼んでマドモアゼル・タカミネは、もうヴァカンスに出たからいないといって、それから来なくなりましたよ。わたしのいないということがそういうふうに皆に理解され、すぐピンとくるのですね。とても感激しちゃった。それからはとても気楽になった。

木下　高峰さんもうすこしいるとよかったと思ったね。いっしょに歩きたかったよ。

高峰　わたし先生を待っていたから帰りが遅れ、アメリカで監獄に入れられたんですよ。

フランス料理はまずい

木下　僕は着いたときゆで卵ばかり食べていたよ。高峰さんは食べものうまいと思った？

高峰　思わなかった。

木下　チーズだけはうまかった。

高峰　チーズはおいしかったけれど、わたし飲めませんしね。それに女中でも、料理を自慢するのね。あんまり自慢すると、なんだこんなものっていいたくなる。

木下　フランス料理というのは、一品だけ食べればおいしいね。他のものと食べるとみんなチーズと同じようにプーンと鼻にきてね。

高峰　うん、わたしメニューがわかんないから同じものばっかり食べてた。

木下　まったくわからないなァ。あのメニューで、僕は大失敗したよ。僕の食うものはいつもトマトだとか――。
高峰　うん、赤カブとか。
木下　モンパルナスのクーポーへ行った時だ。何とかサーモンとある。サーモンは英語と同じだからわかる、それを頼んだね。僕は鮭の燻製か何かくると思っていた。そうしたら僕の大嫌いな鮭の卵がきちゃった。
高峰　（大笑）高かったでしょう。
木下　高いよ。それお皿一杯きたよ、弱ったね。嫌いだというのも変だから、隙を狙ってナフキンの上に落して丸めて棄てちゃった。
高峰　アラアラ……。
木下　以来わからぬものは食べなかった。
高峰　そうね、こっちみたいに、入ってから何かうまそうなものないかなというように、みる見本がないのですものね。向うの人は、メニューも値段もみんな知っていて入る、そういう点経済的にはっきりしていますね。
木下　そうね、勘定書持ってきても、日本人は合計だけ見て払うけれど、向うの人はこれはいくら、これはちょっと高いとか――。
高峰　うん、こんなもの頼まないとかね。
木下　一応抗議を出してから、ちゃんと自分で合計し払っておりますよ。日本人はすぐ払うでしょう。
高峰　そう、鷹揚ぶっているのね。内心はくやしいのに……。日本では八百屋のおかみさんでも暗算でしょう、あっちの人は勘定が下手だから書くんですよ、一々鉛筆で。わたしもやっぱりケチだからフランス語しゃべれなくても数だけは憶えちゃった。

天国の美しさをみる

高峰　パリでいちばん印象に残っているのは宗教の力ですね。ステンドグラスね、色のついた、ああいう教会芸術みたいなものを見るとおっそろしいものだと思った。宗教の力で親子三代も四代もかかって築き上げたものでしょう、びっくりしましたね。
木下　ノートルダムは八十年もかかったでしょう。
高峰　うん、あんなものの起りね、もっと知らないといけないと思った。同時に日本のことも、あまりにも知らないと思って帰って大仏やいろんなものを見て歩きたいと思ったけれど……。
木下　宗教の力ってすごいね、ほんとうに。ぼくは日本でも首にぶら下げてもいいような宗教の何か欲しいと思った。十字架などぶら下げたくなる。帰りの船の中でサイゴンの兵隊だけれど、その広い胸のところに小さいメダルぶらさげているんだよ。なかなかイキなものだな。親代々長男がつけてゆくんだそうだ。子供のころ、聖体拝礼とか何とかフランスに儀式があるね、そのとき首にかけたメダルでしょうね。あれを親代々かけているんでしょう。十字架を首にぶらさげていても美しいね、飾りとして。
高峰　サンシャペルね、きれいですね。あれだけは口に言ってもわかりませんね。なんていうのかなァ、ただガラスに色つけてモザイックみたいな、人が一枚々々を焼いて、鉛か何かつけて行って……人の力みたいなものをワッと重く感ずるのですよ。口でいってもわかンない、何というか、天国のような全部いっしょの美しさね。
木下 きれいだなァ。あの教会形式は天国を求めて上へ上へと延びたんでしょう、尖塔というものは。僕はマチスの作ったバシスという教会に行った、とてもきれいだな。だけど不思議な気がしたのはあそこは尼さんばっかりで、尼さんの前にはコーヒー皿みたいなお皿があって金を入れなければならぬ、五十フラン、百フランのお札を入れなければならぬ。そして絵はがきを売っているが、マチスがデザインし、アンリ・マチスとサインしただけのものが千フランくらいもする。教会の敬虔さを金儲けの種に使っています。
高峰 だからいまのフランスというものが信じられない。何かそういう表面だけ敬ってお腹の中で何考えているかわからないという薄気味わるさがある。全部がお金儲けるために、信仰の力でそれを行っているみたい。
木下 このお金の取り方がうまいね。
高峰 うまい。
木下 マチスのサインをもらって高く売るなんてこと、まず女の考えたことかと思って、いかにも金儲けのうまいのにびっくりした。
高峰 そう。

観て来てよかったもの

木下 僕が観た舞台でよかったのは、秀ちゃんはいなかったけれど五月のパリ芸術祭にアメリカからきたニューヨークシティ・バレエ、あれはすごかったですね。番組がとてもものすごく、日本みたいに『白鳥の湖』を一つ通してやるというのでなく、一晩に三つくらいの作品をやる。バレエってあんな美しいものかとはじめて思ったね。オペラも向うではじめて観て興味をもった。僕は演出者としてみると『ラ・ボエーム』に感心した。隙のない演出しているのだ。
高峰 衣裳がきれいですね。
木下 衣裳もきれいだがバレエなんかするのは姿も顔もきれい――。
高峰 きれいですね、男も。
木下 舞台で美しいものを見せようという芸術家ははじめから顔のいい人、姿のいい人がバレエなんかでも勉強すべきで、ちっとも美しくない人が舞台で踊ろうという野心いだくことはまちがいだ。
高峰 ほんとうですね。
木下 いくらきれいに踊っても顔見ればウンザリするでしょう。芸で見せようということは無理ですよ。
高峰 ええ、バレエなんかはね。
木下 鼻が低かったり口が大き過ぎたり――やっぱり顔がいい人でなくちゃ――。オペラなんかでも相当きれいです。
高峰 きれいですね。
木下 あのね、ニューヨークシティ・バレエで感心したのは、蜘蛛というの、すごいですよ。雌《めす》の蜘蛛が雄の蜘蛛と関係しては食い殺すバレエですけれど……。エロチックは通り越して興奮ですね。あの蜘蛛は――あんなことを舞台で堂々とやっちゃうのだから――僕はタメイキが出ちゃった。すごいなァ秀ちゃん、実に。
高峰 そうですか。
木下 それはもうね、抱き合う、からみ合う、のっかる、たいへんなんだ。それは芸術家の芸術だという自信があればそんなことやれるのね。日本映画などで接吻もこんなにしてはしつっこいから、このへんで止《や》めておこうかなんていうのとはちがうね。自信があれば美しい、やっても——。

高峰　うん。

木下　それを芸術家でない人が堂々とやられちゃかないませんが。

高峰　ほんと（笑）。

木下　だって日本の映画をつくづく思うのだけれど、つまり未亡人をくどくとするでしょう、それでその未亡人とまあ関係つけたとするでしょう。ところが、そこまで全然動かないできれいに動こうとすると、途中でフッと映画を切っちゃうでしょう。

高峰　うん。

木下　また一方ではきれいな恋愛で、手を握ったというところで切っちゃうでしょう。そうすると外国で見た場合、どっちも関係したんだかしないんだか、まるで二人の間はわかりませんね。僕はカンヌの映画祭でそれをつくづく思った。

高峰　そうオ。

木下　さっぱりわかりませんよ。この女はまだきれいなんだか、この女とはどこまで関係つけたか判断がつきませんよ。それは日本人が観れば、この女優さんはそんなことしっこないと思うからわかるし、そんなことしっこない女優さんは、そんな役やれないでしょうしね。外人にはわからないね。

高峰　日本人の想像力と、のぞき見根性というものをあてにして、つくってあるような写真が多いのね。

木下　そう。これから先は極っているだろうといったって外人はわからない。兎に角苦労したけど、行って来てよかったと思ったね。

銀座はきたない

高峰　帰ってくると、やっぱりパリはいいなァと思いますね。

木下　僕驚いたのは、パリも立派だけれど、日本の銀座も溌溂として陽気で自由で、あんないいところないと思っていたが、帰ってきたらきたないこときたないこと、グーもスーもいえない。帰るまえは、毎日でも銀座歩いてやりたいと思っていたが、いまは自動車でスーと通るだけで、歩きたくない。

高峰　わたし帰りにアメリカ廻ってきたでしょう。アメリカはちょうどクリスマスの売出しでクリスマス・ツリーがたくさんあって、何ですか、うたうでしょう。あれが町じゅう聞えてとてもよかった。だけど日本へ帰ってきたらお歳暮の大売出しでたいへんな人と、パチンコで——。

木下　パリのクリスマスはつまらなさに涙が出たな。クリスマスは日本がいちばん盛大だな。とにかく人も通っていないし自動車も通っていない。みんなどっか、うちへ招待されるんだか、するんだかどっかへ入っちゃうんですよ。街なんてシーンとしている。せめてノートルダムの鐘聴こうと思ってゆくでしょう。あれは何たる音、きたない音がした。本願寺の割れ鐘を叩いたような（笑）。パリの教会できれいな音聴いたことない。

高峰　ないですね。

木下　港に着いて横浜から東京、東京から辻堂の家《うち》へ、その間いなかのどっか走っているでしょう。そうするとその中から何だかシナの人がフッと顔出しそうな気がする。

高峰　うん。

木下　決して日本人が顔出しそうに思わない。僕の通ってきたのがシンガポール、サイゴン、香港でしょう。日本へ着いてシナへ着いたような、景色見たって全然ちがわない、サイゴンのいなか、インドのいなかとちっともちがわないということね。

高峰　それはほんとですね。パリで日本人と会ってもちっとも日本の国の人と会ったような気がしない。羽田に着いても、何だか中国かどこかちがう国へ行ってちがう人種がワァといって取り巻いているようで、ピンとこない。変ですね、キザでも何でもない。

木下　自分の頭の中に描いている日本とちがうんですね。

高峰　ちがいますね。

木下　日本はこうだったと自分の頭の中でつくったのとちがっちゃっている。イメージをつくるんですかね、これはおっかないことだ。だからここに一晩いて、また明日船に乗るような気がした。つくづく銀座はきたないね。あのきたなさに気づかないのか、それを川まで埋めてそこに商店街建てて――。

高峰　建物が高いもの低いもので凸凹でそこへもってきてわれ勝ちにでかい看板を人の迷惑も考えないでゴタゴタたて、歩いている人はマチマチな着物、何が何だかわからない。

木下　ゴチャゴチャね。だってパリは貴婦人も貧しい人も冬になると全部が黒だからね、きれいですよやっぱり。それからね、きょう自動車に乗って新富町の方まで行ったんですよ、日本という国は戦争で疲れ果ててこんなきたない国になったという不甲斐なさね、つくづく感じましたね。昔はこれほどではなかったと思いますね。あのきたなさ、戦争でこんなにまできたなくなったということ忘れてすこし生活に贅沢しすぎるのではないですか――贅沢のできる人がですよ、貧しい人はもちろんいますけれどね。突拍子なくね。だってパリではどんな一流の店に入ってもぼられるのでないかと持ったお金の程度を心配する不安はないですね。日本じゃうっかり入ったらとてつもなく取られるでしょう。そういうとこないね、フランスは。日本などうっかりバアに入っちゃったらえらい目にあう。女給が半分お金をせびり取って原始的です。外国はどこ歩いても、ああいうことないね。外国から来る人はびっくりすると思うなァ、日本はなんて恐しい国だと――。

（『婦人公論』'52年9月号）

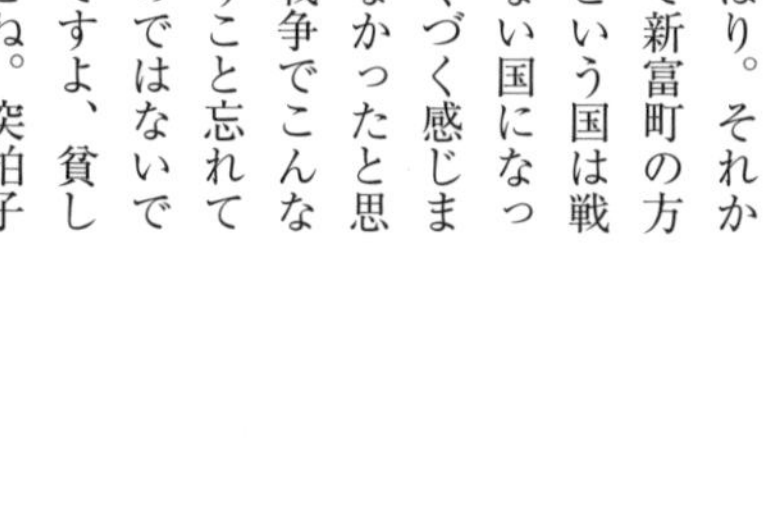

絵・高峰秀子

高峰秀子 フィルモグラフィ

●1929年（昭和4）

1『母』
松竹蒲田　監督＝野村芳亭
原作＝鶴見祐輔／脚色＝柳井隆雄／潤色＝野田高梧／撮影＝小田浜太郎
出演＝島田嘉七、川田芳子、奈良真養、八雲恵美子

詩人立原道造が日記に「高峰秀子は可愛い。」と記す。斎藤明美『高峰秀子 解体新書』（PHP）にこのDVDが付されている。

●1930年（昭和5）

2『レヴューの姉妹』
松竹蒲田　監督＝島津保次郎
原作・脚色＝村上徳三郎／撮影＝桑原昂
出演＝八雲恵美子、筑波雪子、岩田祐吉、島田嘉七

3『大東京の一角』
松竹蒲田　監督・潤色＝五所平之助
原作・脚色＝伏見晁／撮影＝三浦光男
出演＝斎藤達雄、新井淳、吉川満子、関時男

4『麗人』
松竹蒲田　監督＝島津保次郎
原作＝佐藤紅緑／脚色＝村上徳三郎／撮影＝桑原昂
出演＝栗島すみ子、八雲恵美子、鈴木歌子、伊達里子

5『父』
松竹蒲田　監督＝佐々木恒次郎
原作＝菊池寛／脚色＝小田喬／撮影＝猪飼助太郎
出演＝武田春郎、鈴木歌子、八雲恵美子、菅原秀雄

6『姉妹篇　母』
松竹蒲田　監督・原作＝野村芳亭
脚色＝柳井隆雄／潤色＝野田高梧／撮影＝小田浜太郎
出演＝川田芳子、藤田陽子、高田稔、八雲恵美子

●1931年（昭和6）

7『私のパパさんママが好き』
松竹蒲田　監督＝野村員彦
原作・脚色＝伏見晁／撮影＝高橋與吉
出演＝斎藤達雄、伊達里子、青木富夫、若水照子

8『美はしき愛』
松竹蒲田　監督＝西尾佳雄
原作＝水島あやめ／脚色＝松崎博臣／撮影＝小田浜太郎
出演＝高尾光子、藤田陽子、河村黎吉、早見照代

9『愛よ人類と共にあれ　前後篇』
松竹蒲田　監督＝島津保次郎
原作・脚色＝村上徳三郎／撮影＝桑原昂、長井信一
出演＝上山草人、岡田時彦、鈴木伝明、田中絹代

10『暴風雨の薔薇』
松竹蒲田　監督＝野村芳亭
原作＝吉屋信子／脚色＝野田高梧、水島あやめ／撮影＝長井信一、小田浜太郎
出演＝八雲恵美子、若水絹子、山内光、結城一朗

11『女はいつの世にも』
松竹蒲田　監督＝佐々木恒次郎
原作・脚色＝吉田百助／撮影＝野村昊
出演＝結城一朗、鹿島俊策、川崎弘子、新井淳

12『姉妹　前後篇』
松竹蒲田　監督＝池田義信
原作＝菊池寛／脚色＝小田喬／撮影＝浜村義康
出演＝栗島すみ子、田中絹代、武田春郎、葛城文子

13『一太郎やあい』
松竹蒲田　監督＝野村芳亭
原作＝三石文一／脚色＝久米芳太郎／撮影＝長井信一
出演＝磯野秋雄、菅原秀雄、鈴木歌子、河村黎吉

14『東京の合唱（コーラス）』
松竹蒲田　監督＝小津安二郎
原案＝北村小松／脚色・潤色＝野田高梧／撮影＝茂原英雄
出演＝岡田時彦、八雲恵美子、菅原秀雄、斎藤達雄
『キネマ旬報』ベスト・テン第3位

15『麗人の微笑』
松竹蒲田　監督＝野村芳亭
原案＝朱美都風／脚色＝北村小松／撮影＝長井信一
出演＝岩田祐吉、八雲恵美子、泉博子、結城一朗

●1932年（昭和7）

16『情熱』
松竹蒲田　監督＝清水宏
原作・脚色＝湯原海彦／撮影＝佐々木太郎
出演＝日守新一、花岡菊子、山内光、藤野秀夫

17『七つの海　後篇　貞操篇』
松竹蒲田　監督＝清水宏
原作＝牧逸馬／脚色＝野田高梧／撮影＝佐々木太郎、野村昊
出演＝岩田祐吉、若水絹子、川崎弘子、武田春郎

18『江戸ごのみ両国双紙』
松竹下加茂　監督＝井上金太郎
原作＝真山青果／脚色＝水門王吉／撮影＝片岡清
出演＝林長二郎、坪井哲、浦波須磨子、飯塚敏子

19『陽気なお嬢さん』
松竹蒲田　監督＝重宗務
原作・脚色＝荒牧芳郎／撮影＝野村昊
出演＝伊達里子、武田春郎、鈴木歌子、城多二郎

20『天国に結ぶ恋』
松竹蒲田　監督＝五所平之助
脚本＝伏見晁／撮影＝小原譲治
出演＝竹内良一、藤野秀夫、川崎弘子、武田春郎

21『不如帰』
松竹蒲田　監督＝五所平之助
原作＝徳冨蘆花／脚色＝北村小松／撮影＝小原譲治
出演＝林長二郎、川崎弘子、葛城文子、藤野秀夫

22『鼠小僧次郎吉　解決篇』
松竹下加茂　監督＝秋山耕作
原作＝大佛次郎／脚色＝木村富士夫／撮影＝片岡清
出演＝林長二郎、尾上栄五郎、堀正夫、飯塚敏子

●**1933年**（昭和8）

23『十九の春』
松竹蒲田　監督＝五所平之助
原作・脚色＝伏見晁／撮影＝小原譲治
出演＝伏見信子、兵藤静江、山内光、村瀬幸子

24『与太者と脚線美』
松竹蒲田　監督＝野村浩将
原作・脚色＝柳井隆雄／撮影＝高橋與吉
出演＝磯野秋雄、阿部正三郎、三井秀男、水久保澄子

25『頬を寄すれば』
松竹蒲田　監督＝島津保次郎
原作・脚色＝北村小松／撮影＝桑原昂
出演＝志賀靖郎、及川道子、岡譲二、斎藤達雄
　高峰初のオールトーキー作

26『与太者と海水浴』
松竹蒲田　監督＝野村浩将
原作・脚色＝柳井隆雄／撮影＝高橋與吉
出演＝磯野秋雄、三井秀男、阿部正三郎、光川京子

27『理想の良人』
松竹蒲田　監督＝重宗務
原作＝吉屋信子／脚色＝柳井隆雄／撮影＝野村昊
出演＝藤野秀夫、八雲理恵子、河村黎吉、城多二郎

28『ラッパと娘』
松竹蒲田　監督＝島津保次郎
原作・脚色＝北村小松／撮影＝桑原昂
出演＝江川宇礼雄、大日方伝、大塚君代、岩田祐吉

29『初恋の春』
松竹蒲田　監督・原作＝野村芳亭
脚色＝柳井隆雄／撮影＝水谷至宏
出演＝藤野秀夫、川崎弘子、逢初夢子、伏見信子

●**1934年**（昭和9）

30『女と生まれたからにゃ』
松竹蒲田　監督＝五所平之助
原作・脚色＝伏見晁／撮影＝小原譲治
出演＝飯田蝶子、斎藤達雄、水久保澄子、坂本武

31『東洋の母』
松竹蒲田　監督＝清水宏
脚本＝蒲田脚本部／総指揮＝城戸四郎／撮影＝佐々木太郎、野村昊
出演＝岩田祐吉、岡譲二、藤井貢、川崎弘子

32『ぬき足さし足　非常時商売』
松竹蒲田　監督・原作・脚色＝吉村公三郎
撮影＝小倉金弥
出演＝高山義郎、山口勇、宮島健一

33『日本女性の歌』
松竹蒲田　監督＝池田義信
構成＝野田高梧／脚色＝斎藤良輔／撮影＝浜村義康
出演＝栗島すみ子、葛城文子、竹内良一、坂本武

34『その夜の女』
松竹蒲田　監督・原作・脚色＝島津保次郎　撮影＝桑原昂
出演＝田中絹代、村瀬幸子、坂本武、松井潤子

●**1935年**（昭和10）

35『母の愛』
松竹蒲田　監督＝池田義信
原作＝蒲田脚本部／脚色＝陶山密／撮影＝浜村義康
出演＝川田芳子、栗島すみ子、小桜葉子、飯田蝶子

36『永久の愛（ラムール・エテルネル）』
松竹蒲田　監督＝池田義信
原案指揮＝城戸四郎／脚色＝斎藤良輔／撮影＝浜村義康
出演＝栗島すみ子、田中絹代、藤野秀夫、葛城文子

●**1936年**（昭和11）

37『新道　前篇　朱実の巻』
松竹大船　監督・脚色＝五所平之助
原作＝菊池寛／脚色＝野田高梧／撮影＝小原譲治
出演＝田中絹代、川崎弘子、斎藤達雄、吉川満子

38『新道　後篇　良太の巻』
松竹大船
スタッフ・キャスト前篇に同じ

●**1937年**（昭和12）

39『花嫁かるた』

松竹大船　監督・原作・脚色＝島津保次郎
撮影＝生方敏夫
出演＝上原謙、桑野通子、上山草人、高杉早苗

40『花籠の歌』
松竹大船　監督・改作＝五所平之助
原作＝岩崎文隆／脚色＝野田高梧／撮影＝茂原英雄、斎藤正夫
出演＝河村黎吉、田中絹代、岡村文子、谷麗光

41『良人の貞操　前篇　春来れば』
P・C・L　監督・脚色＝山本嘉次郎
原作＝吉屋信子／脚色＝木村千依男／撮影＝三浦光雄
出演＝入江たか子、千葉早智子、高田稔、関口喜美子

42『良人の貞操　後篇　秋ふたたび』
P・C・L
スタッフ・キャスト前篇に同じ

43『江戸ッ子健ちゃん』
P・C・L　監督＝岡田敬
原作＝横山隆一／脚色＝山本嘉次郎／撮影＝吉野馨治
出演＝榎本鍈一、柳田貞一、如月寛多、ナカムラメイコ

44『見世物王国』
P・C・L　監督＝松井稔
原作＝古川緑波／脚色＝阪田英一／撮影＝三村明
出演＝小島洋々、清川虹子、岸井明、藤原釜足

45『白薔薇は咲けど』
P・C・L　監督＝伏見修
原作＝西條八十／脚色＝東坊城恭長／台詞＝田中千禾夫／撮影＝三浦光雄
出演＝入江たか子、堤真佐子、北村季佐江、梅園龍子

46『お嬢さん』
P・C・L　監督＝山本薩夫
原作＝吉屋信子／脚色＝永見隆二／撮影＝三村明
出演＝霧立のぼる、清川玉枝、嵯峨善兵、北沢彪

47『南風の丘』
P・C・L　監督＝松井稔
原作・脚色＝古賀文二／撮影＝宮島義勇
出演＝高田稔、小島洋々、江戸川蘭子、小杉義男

48『雷親爺』
東宝東京　監督＝矢倉茂雄
原作・脚色＝伊馬鵜平、阪田英一／撮影＝宮島義勇
出演＝徳川夢声、佐伯秀男、大川平八郎、榊田敬治

●1938年（昭和13）

49『花束の夢』
東宝東京　監督＝松井稔
脚本＝伊馬鵜平、永見隆二／撮影＝立花幹也
出演＝佐伯秀男、神田千鶴子、姫宮接子、汐見洋

50『新柳桜』
東宝東京　監督・脚色＝荻原耐
原作＝久米正雄／脚色＝上坂新／撮影＝立花幹也
出演＝霧立のぼる、佐伯秀男、中村栄二、伊藤智子

51『綴方教室』
東宝東京　監督＝山本嘉次郎
原作＝豊田正子／脚色＝木村千依男／撮影＝三村明／製作主任＝黒澤明
出演＝清川虹子、徳川夢声、滝沢修、赤木蘭子
製作主任に黒澤明。『キネマ旬報』ベスト・テン第5位。

52『虹立つ丘』
東宝東京　監督＝大谷俊夫
原作＝北條秀司、岸井良緒／脚色＝阪田英一／撮影＝唐沢弘光
出演＝岸井明、神田千鶴子、御橋公、村瀬幸子

53『チョコレートと兵隊』
東宝東京　監督＝佐藤武
原作＝小林勝／脚色＝鈴木紀子／撮影＝吉野馨治
出演＝藤原釜足、沢村貞子、小高まさる、霧立のぼる

●1939年（昭和14）

54『美はしき出発』
東宝東京　監督・脚本＝山本薩夫
脚本＝永見隆二／撮影＝宮島義勇
出演＝水町庸子、三木利夫、原節子、清川荘司

55『娘の願ひは唯一つ』
東宝東京　監督＝斎藤寅次郎
原作＝曾我廼家五郎／脚色＝小国英雄／撮影＝友成達雄
出演＝渡辺篤、清川虹子、澤井三郎、沢村貞子

56『ロッパの頬白先生』
東宝東京　監督＝阿部豊
原作＝内田百閒／脚色＝八田尚之／撮影＝三浦光雄
出演＝古川緑波、水町庸子、神田千鶴子、堤真佐子

57『忠臣蔵　前・後篇』
東宝東京　監督＝滝沢英輔（前）、山本嘉次郎（後）
脚本＝三村伸太郎／撮影＝安本淳（前）、唐沢弘光（後）
出演＝大河内傳次郎、長谷川一夫、榎本健一、古川緑波

58『樋口一葉』
東宝東京　監督＝並木鏡太郎
原作・脚色＝八住利雄／撮影＝町井春美
出演＝山田五十鈴、水町庸子、堤真佐子、高田稔

59『われらが教官』

東宝東京　監督＝今井正
原作・脚色＝八田尚之／撮影＝三浦光雄
出演＝丸山定夫、水町庸子、月田一郎、汐見洋

60『その前夜』
前進座・東宝提携　監督＝萩原遼
原作＝山中貞雄／脚色＝梶原金八／撮影＝河崎喜久三
出演＝河原崎長十郎、中村翫右衛門、山田五十鈴、瀬川菊乃丞

61『花つみ日記』
東宝京都　監督＝石田民三
原作＝吉屋信子／脚色＝鈴木紀子／撮影＝山崎一雄
出演＝清水美佐子、葦原邦子、進藤英太郎、伊達里子

62『新篇丹下左膳　隻眼の巻』
東宝東京　監督＝中川信夫
原作＝川口松太郎／脚色＝貴船八郎／撮影＝安本淳
出演＝大河内傳次郎、山田五十鈴、黒川弥太郎、御橋公

●1940年（昭和15）

63『新篇丹下左膳　恋車の巻』
東宝東京　監督＝萩原遼
原作＝川口松太郎／脚色＝貴船八郎／撮影＝安本淳
主要キャストは「隻眼の巻」と同じ

64『秀子の応援団長』
南旺映画　監督＝千葉泰樹
脚本＝高田保、山崎謙太／撮影＝中井朝一
出演＝小杉義男、沢村貞子、灰田勝彦、千田是也

65『そよ風父と共に』
東宝京都　監督＝山本薩夫
脚本＝成瀬巳喜男／撮影＝山崎一雄
出演＝藤原釜足、三條利喜江、伊藤薫、丸山定夫

66『姉の出征』
東宝京都　監督・脚色＝近藤勝彦
原作・脚色＝真壁博／撮影＝河崎喜久三
出演＝小杉義男、英百合子、山根寿子、伊藤薫

67『釣鐘草』
東宝東京　演出＝石田民三
原作＝吉屋信子／脚色＝八住利雄／撮影＝唐沢弘光
出演＝小高たかし、沢村貞子、高堂国典、御橋公

68『孫悟空　前・後篇』
東宝東京　監督・脚本＝山本嘉次郎
撮影＝三村明／特殊技術撮影＝円谷英二
出演＝榎本健一、岸井明、金井俊夫、柳田貞一

●1941年（昭和16）

69『昨日消えた男』
東宝東京　監督＝マキノ正博
脚本＝小国英雄／撮影＝伊藤武夫
出演＝長谷川一夫、山田五十鈴、徳川夢声、江川宇礼雄

70『馬』
東宝東京　監督・脚本＝山本嘉次郎
撮影＝唐沢弘光、三村明、鈴木博、伊藤武夫／製作主任＝黒澤明
出演＝竹久千恵子、藤原鶏太、二葉かほる、平田武
『キネマ旬報』ベスト・テン第2位

71『阿波の踊子』
東宝京都　監督＝マキノ正博
原作＝山上伊太郎／脚本＝観世光太／撮影＝立花幹也
出演＝長谷川一夫、黒川弥太郎、月田一郎、瀬川路三郎

72『女学生記』
東京発声　監督＝村田武雄
原作＝細川武子／脚色＝鈴木紀子／撮影＝吉田勝亮
出演＝谷間小百合、矢口陽子、河野糸子、御橋公

73『秀子の車掌さん』
南旺映画　監督・脚色＝成瀬巳喜男
原作＝井伏鱒二／撮影＝東健
出演＝藤原鶏太、夏川大二郎、勝見庸太郎、清川玉枝
成瀬巳喜男との初コンビ作

●1942年（昭和17）

74『武蔵坊弁慶』
東宝東京　監督＝渡辺邦男
原作・脚色＝比佐芳武／撮影＝友成達雄
出演＝岡譲二、山田五十鈴、小高まさる、黒川弥太郎

75『希望の青空』
東宝　監督・脚本＝山本嘉次郎
脚本＝山崎謙太、小国英雄／撮影＝鈴木博
出演＝山本礼三郎、大日方伝、月田一郎、池部良

76『待って居た男』
東宝　監督＝マキノ正博
原作・脚色＝小国英雄／撮影＝山崎一雄
出演＝長谷川一夫、山田五十鈴、山本礼三郎、大川平八郎

77『南から帰った人』
東宝　監督＝斎藤寅次郎
原作＝菊田一夫／脚色＝小国英雄／撮影＝友成達雄
出演＝古川緑波、渡辺篤、千葉早智子、入江たか子

78『婦系図』
東宝　監督＝マキノ正博
原作＝泉鏡花／脚色＝小国英雄／校閲＝久保田万

太郎
出演＝長谷川一夫、山田五十鈴、古川緑波、山本礼三郎

79『水滸伝』
東宝　監督＝岡田敬
脚本＝岸松雄／撮影＝平野好美／特殊撮影＝円谷英二
出演＝榎本健一、英百合子、佐伯秀男、嵯峨善兵

80『続婦系図』
東宝
スタッフ・キャスト正篇に同じ

●1943年（昭和18）

81『阿片戦争』
東宝　監督＝マキノ正博
原案＝松崎啓次／脚本＝小国英雄／撮影＝小原譲治／特殊技術＝円谷英二
出演＝市川猿之助、河津清三郎、青山杉作、鈴木伝明

82『愛の世界　山猫とみの話』
東宝　監督＝青柳信雄
原作＝佐藤春夫、坪田譲治、富沢有為男／脚色＝如月敏、黒川慎／撮影＝伊藤武夫／特殊撮影＝円谷英二
出演＝里見藍子、菅井一郎、進藤英太郎、加藤博司

83『ハナ子さん』
東宝　監督＝マキノ正博
原作＝杉浦幸雄／脚色＝山崎謙太、小森静男／撮影＝木塚誠一
出演＝轟夕起子、山本礼三郎、英百合子、山根寿子

84『兵六夢物語』
東宝　監督＝青柳信雄
原作＝獅子文六／脚色＝如月敏、志村敏夫／撮影＝伊藤武夫／特殊技術＝円谷英二
出演＝榎本健一、黒川弥太郎、霧立のぼる、柳田貞一

85『若き日の歓び』
東宝　監督＝佐藤武
脚本＝木村千依男、宮島龍吉／撮影＝中井朝一
出演＝原節子、轟夕起子、矢口陽子、高津慶子

●1944年（昭和19）

86『おばあさん』
松竹大船　監督＝原研吉
原作＝獅子文六／脚色＝野田高梧、武井韶平／撮影＝武富善男
出演＝飯田蝶子、佐分利信、桑野通子、細川俊夫

87『三尺左吾平』
東宝　監督＝石田民三
脚本＝三村伸太郎／撮影＝友成達雄
出演＝榎本健一、黒川弥太郎、伊藤智子、横山運平

88『四つの結婚』
東宝　監督＝青柳信雄
原作＝太宰治／脚色＝八木隆一郎、如月敏／撮影＝河村清衛
出演＝清川荘司、入江たか子、山田五十鈴、山根寿子

●1945年（昭和20）

89『勝利の日まで』
東宝　監督＝成瀬巳喜男
脚本＝サトウ・ハチロー／撮影＝立花幹也、木塚誠一／特殊技術＝円谷英二
出演＝山田五十鈴、市丸、徳川夢声、古川緑波

90『北の三人』
東宝　監督＝佐伯清
脚本＝山形雄策／撮影＝中井朝一
出演＝原節子、山根寿子、藤田進、佐分利信

●1946年（昭和21）

91『陽気な女』
東宝　監督＝佐伯清
脚本＝山形雄策／撮影＝中井朝一
出演＝灰田勝彦、轟夕起子、岸井明、菅井一郎

92『浦島太郎の後裔』
東宝　監督＝成瀬巳喜男
脚本＝八木隆一郎／撮影＝山崎一雄、岡崎三千雄／特殊技術＝円谷英二
出演＝藤田進、中村伸郎、杉村春子、三津田健

93『明日を創る人々』
東宝　監督・脚本＝山本嘉次郎、黒澤明、関川秀雄
脚本＝山形雄策／撮影＝三浦光雄、伊藤武夫、完倉泰一
出演＝藤田進、薄田研二、森雅之、竹久千恵子

94『或る夜の殿様』
東宝　監督＝衣笠貞之助
脚本＝小国英雄／撮影＝河崎喜久三／特殊効果＝円谷英二
出演＝大河内傳次郎、長谷川一夫、進藤英太郎、飯田蝶子
　第一回毎日映画コンクール作品賞

95『東宝ショウボート』
東宝　監督・脚本＝谷口千吉
撮影＝三村明
出演＝原節子、岸井明、入江たか子、灰田勝彦

●1947年（昭和22）

96『東宝千一夜』
東宝　監督＝市川崑
構成＝中村福／撮影＝三村明
出演＝山根寿子、藤田進、田中春男、清川荘司

97『大江戸の鬼』
新東宝　監督＝萩原遼

脚本＝三村伸太郎／撮影＝安本淳
出演＝大河内傳次郎、長谷川一夫、黒川弥太郎、上山草人

98『見たり聞いたりためしたり』
新東宝　監督＝斎藤寅次郎
原作＝サトウ・ハチロー／脚色＝山下與志一／撮影＝山中進
出演＝灰田勝彦、野上千鶴子、田中春男、清川玉枝

99『愛よ星と共に』
新東宝　監督＝阿部豊
脚本＝八田尚之／撮影＝小原譲治
出演＝横山運平、浦辺粂子、池部良、藤田進

100『幸福への招待』
新東宝　監督＝千葉泰樹
原作・脚色＝八木隆一郎／撮影＝河崎喜久三
出演＝大河内傳次郎、入江たか子、河津清三郎、花井蘭子
『キネマ旬報』ベスト・テン第10位

●1948年（昭和23）

101『愛情診断書』
新東宝　監督・脚本＝渡辺邦男
脚本＝岸松雄／撮影＝友成達雄
出演＝大河内傳次郎、伊達里子、黒川弥太郎、藤田進

102『花ひらく―真知子より―』
新東宝　監督＝市川崑
原作＝野上弥生子／脚色＝八住利雄／撮影＝小原譲治
出演＝吉川満子、藤田進、上原謙、三村秀子

103『三百六十五夜　東京篇』
新東宝　監督＝市川崑
原作＝小島政二郎／脚色＝館岡謙之助／撮影＝三村明
出演＝上原謙、山根寿子、堀雄二、野上千鶴子

104『三百六十五夜　大阪篇』
新東宝
スタッフ・キャスト東京篇に同じ

105『虹を抱く処女』
新東宝　監督＝佐伯清
脚本＝八田尚之／撮影＝小原譲治
出演＝上原謙、若原雅夫、宇野重吉、田中春男

●1949年（昭和24）

106『春の戯れ』
新東宝・映画芸術協会提携　監督・脚本＝山本嘉次郎
撮影＝山崎一雄
出演＝徳川夢声、宇野重吉、飯田蝶子、三島雅夫

107『グッドバイ』
新東宝　監督＝島耕二
原作＝太宰治／脚色＝小国英雄／撮影＝三村明
出演＝若原雅夫、清川玉枝、森雅之、江川宇礼雄

108『銀座カンカン娘』
新東宝　監督＝島耕二
脚本＝中田晴康、山本嘉次郎／撮影＝三村明
出演＝灰田勝彦、古今亭志ん生、浦辺粂子、笠置シヅ子

●1950年（昭和25）

109『処女宝』
新東宝　監督＝島耕二
原作＝菊池寛／脚本＝野村浩将／撮影＝三村明
出演＝上原謙、高杉早苗、汐見洋、吉川満子

110『細雪』
新東宝　監督＝阿部豊
原作＝谷崎潤一郎／脚色＝八住利雄／特殊撮影＝上村貞夫
出演＝花井蘭子、轟夕起子、山根寿子、伊志井寛
『キネマ旬報』ベスト・テン第9位

111『宗方姉妹』
新東宝　監督・脚本＝小津安二郎
原作＝大佛次郎／脚本＝野田高梧／撮影＝小原譲治
出演＝田中絹代、上原謙、高杉早苗、笠智衆

112『戦火を越えて』
第一協団・太泉提携　監督＝関川秀雄
原作＝菊田一夫／構成＝八木保太郎／脚本＝棚田吾郎／撮影＝藤井静
出演＝山村聰、河津清三郎、菅井一郎、岸旗江

113『佐々木小次郎』
東宝・森田プロ　監督・脚本＝稲垣浩
原作・脚本＝村上元三／脚本＝松浦健郎／撮影＝安本淳
出演＝大谷友右衛門、山根寿子、清川荘司、月形龍之介

●1951年（昭和26）

114『女の水鏡』
松竹大船　監督＝原研吉
原作＝舟橋聖一／脚本＝斎藤良輔、鈴木兵吾／撮影＝森田俊保
出演＝柳永二郎、佐分利信、佐野周二、奈良真養

115『カルメン故郷に帰る』
松竹大船　監督・脚本＝木下惠介
企画＝日本映画監督協会／撮影＝楠田浩之
出演＝小林トシ子、坂本武、磯野秋雄、佐野周二
　日本初のカラー劇映画。別に撮影された白黒版も封切。助監督に松山善三も参加。『キネマ旬報』ベスト・テン第4位。

116『我が家は楽し』
松竹大船　監督＝中村登
原案・脚本＝田中澄江／脚本＝柳井隆雄／撮影＝厚田雄春
出演＝笠智衆、山田五十鈴、岸恵子、佐田啓二

117『続佐々木小次郎』
森田プロ・東宝
スタッフ・主要キャストは正篇に同じ

●1952年（昭和27）

118『朝の波紋』
新東宝・スタジオ8プロ提携　監督＝五所平之助
原作＝高見順／脚本＝館岡謙之助／撮影＝三浦光雄
出演＝池部良、岡田英次、香川京子、三宅邦子
　フランスからの帰国第一作。

119『東京のえくぼ』
三ツ木プロ・新東宝提携　監督＝松林宗恵
脚本＝小国英雄／撮影＝小原譲治
出演＝上原謙、丹阿弥谷津子、柳屋金語楼、清川虹子

120『稲妻』
大映東京　監督＝成瀬巳喜男
原作＝林芙美子／脚本＝田中澄江／撮影＝峰重義
出演＝三浦光子、村田知英子、丸山修、浦辺粂子
　『キネマ旬報』ベスト・テン第2位

121『カルメン純情す』
松竹大船　監督・脚本＝木下惠介
撮影＝楠田浩之
出演＝若原雅夫、淡島千景、小林トシ子、斎藤達雄
　『キネマ旬報』ベスト・テン第5位

●1953年（昭和28）

122『女といふ城　マリの巻』
新東宝　監督＝阿部豊
原作＝小島政二郎／脚本＝館岡謙之助／撮影＝横山実
出演＝高島忠夫、上原謙、乙羽信子、鳥羽陽之助

123『女といふ城　夕子の巻』
新東宝
スタッフ・キャスト「マリの巻」に同じ

124『煙突の見える場所』
新東宝・スタジオ8プロ提携　監督＝五所平之助
原作＝椎名麟三／脚色＝小国英雄／撮影＝三浦光雄
出演＝上原謙、田中絹代、芥川比呂志、関千恵子
　『キネマ旬報』ベスト・テン第4位

125『明日はどっちだ』
新東宝・スタジオ8プロ提携　監督＝長谷部慶治
原作＝永井龍男／脚色＝長谷川公之／演出補導＝五所平之助／撮影＝鈴木博
出演＝舟橋元、三井弘次、柳永二郎、香川京子

126『雁』
大映東京　監督＝豊田四郎
原作＝森鷗外／脚本＝成沢昌茂／撮影＝三浦光雄
出演＝田中栄三、小田切みき、東野英治郎、浦辺粂子
　『キネマ旬報』ベスト・テン第8位

●1954年（昭和29）

127『第二の接吻』
滝村プロ　監督＝清水宏
原作＝菊池寛／脚色＝成沢昌茂／撮影＝三村明
出演＝三浦光子、青山杉作、東山千栄子、池部良

128『女の園』
松竹大船　監督・脚本＝木下惠介
原作＝阿部知二／撮影＝楠田浩之
出演＝東山千栄子、毛利菊枝、高峰三枝子、田村高廣
　『キネマ旬報』ベスト・テン第2位

129『二十四の瞳』
松竹大船　監督・脚色＝木下惠介
原作＝壺井栄／撮影＝楠田浩之
出演＝月丘夢路、小林トシ子、田村高廣、笠智衆
　『キネマ旬報』ベスト・テン第1位

130『この広い空のどこかに』
松竹大船　監督＝小林正樹
脚本＝楠田芳子／潤色＝松山善太／撮影＝森田俊保
出演＝佐田啓二、久我美子、石浜朗、浦辺粂子

●1955年（昭和30）

131『浮雲』
東宝　監督＝成瀬巳喜男
原作＝林芙美子／脚色＝水木洋子／撮影＝玉井正夫
出演＝森雅之、中北千枝子、山形勲、岡田茉莉子
　『キネマ旬報』ベスト・テン第1位。女優賞・高峰、男優賞・森。

132『渡り鳥いつ帰る』
東京映画　監督＝久松静児
原作＝永井荷風／構成＝久保田万太郎／脚本＝八住利雄／撮影＝高橋通夫、玉井正夫
出演＝森繁久彌、久慈あさみ、桂木洋子、淡路恵子

133『遠い雲』
松竹大船　監督・脚本＝木下惠介
脚本＝松山善三／撮影＝楠田浩之
出演＝佐田啓二、高橋貞二、田村高廣、中川弘子、小林トシ子

134『くちづけ　第三話・女同志』
東宝　監督＝成瀬巳喜男
原作＝石坂洋次郎／脚色＝松山善三／撮影＝山崎一雄
出演＝上原謙、中村メイ子、小林桂樹、伊豆肇

●1956年（昭和31）

135『新・平家物語　義仲をめぐる三人の女』
大映京都　監督・脚色＝衣笠貞之助
原作＝吉川英治／脚色＝成沢昌茂、辻久一／撮影＝杉山公平

出演＝長谷川一夫、京マチ子、山本富士子、大河内傳次郎

136『子供の眼』
松竹大船　監督＝川頭義郎
原作＝佐多稲子／脚色＝松山善三／撮影＝楠田浩之
出演＝高峰三枝子、芥川比呂志、設楽幸嗣、丹阿弥谷津子

137『妻の心』
東宝　監督＝成瀬巳喜男
脚本＝井手俊郎／撮影＝玉井正夫
出演＝三好栄子、千秋実、小林桂樹、根岸明美

138『流れる』
東宝　監督＝成瀬巳喜男
原作＝幸田文／脚色＝田中澄江、井手俊郎／撮影＝玉井正夫
出演＝田中絹代、山田五十鈴、杉村春子、栗島すみ子、岡田茉莉子
『キネマ旬報』ベスト・テン第8位

●1957年（昭和32）

139『空ゆかば』
松竹大船　監督・脚色＝堀内真直
原作＝阿川弘之／脚色＝高橋治／撮影＝小原治夫
出演＝田村高廣、田浦正巳、渡辺文雄、大木実

140『あらくれ』
東宝　監督＝成瀬巳喜男
原作＝徳田秋声／脚色＝水木洋子／撮影＝玉井正夫
出演＝上原謙、森雅之、加東大介、東野英治郎

141『喜びも悲しみも幾歳月』
松竹大船　監督・原作・脚色＝木下恵介
撮影＝楠田浩之／特殊撮影＝川上景司
出演＝佐田啓二、有沢正子、中村賀津雄、桂木洋子
『キネマ旬報』ベスト・テン第3位

142『風前の灯』
松竹大船　監督・脚本＝木下恵介
撮影＝楠田浩之
出演＝田村秋子、佐田啓二、小林トシ子、有沢正子

●1958年（昭和33）

143『張込み』
松竹大船　監督＝野村芳太郎
原作＝松本清張／脚本＝橋本忍／撮影＝井上晴二
出演＝大木実、宮口精二、菅井きん、清水将夫
『キネマ旬報』ベスト・テン第8位

144『無法松の一生』
東宝　監督・脚本＝稲垣浩
原作＝岩下俊作／脚本＝伊丹万作／撮影＝山田一夫
出演＝三船敏郎、芥川比呂志、笠智衆、飯田蝶子
『キネマ旬報』ベスト・テン第7位

●1960年（昭和35）

145『女が階段を上る時』
東宝　監督＝成瀬巳喜男
脚本＝菊島隆三／撮影＝玉井正夫
出演＝森雅之、団令子、仲代達矢、加東大介、中村鴈治郎

146『娘・妻・母』
東宝　監督＝成瀬巳喜男
脚本＝井手俊郎、松山善三／撮影＝安本淳
出演＝三益愛子、森雅之、松岡高史、団令子

147『笛吹川』
松竹大船　監督・脚本＝木下恵介
原作＝深沢七郎／撮影＝楠田浩之
出演＝加藤嘉、山岡久乃、小林トシ子、田村高廣
『キネマ旬報』ベスト・テン第4位

●1961年（昭和36）

148『名もなく貧しく美しく』
東京映画　監督・脚本＝松山善三
撮影＝玉井正夫
出演＝小林桂樹、原泉、草笛光子、沼田曜一
松山善三第一回監督作。『キネマ旬報』ベスト・テン第5位

149『人間の條件　完結篇』
文芸プロダクションにんじんくらぶ　監督・脚色＝小林正樹
原作＝五味川純平／脚色＝松山善三、稲垣公一／撮影＝宮島義勇
出演＝仲代達矢、新珠三千代、諸角啓二郎、川津祐介
『キネマ旬報』ベスト・テン第4位

150『妻として女として』
東宝　監督＝成瀬巳喜男
脚本＝井手俊郎、松山善三／撮影＝安本淳
出演＝森雅之、淡島千景、星由里子、大沢健三郎

151『永遠の人』
松竹大船　監督・脚本＝木下恵介
撮影＝楠田浩之
出演＝佐田啓二、仲代達矢、乙羽信子、石浜朗
『キネマ旬報』ベスト・テン第3位

●1962年（昭和37）

152『女の座』
東宝　監督＝成瀬巳喜男
脚本＝井手俊郎、松山善三／撮影＝安本淳
出演＝笠智衆、杉村春子、草笛光子、司葉子

153『山河あり』
松竹大船　監督・脚本＝松山善三
脚本＝久板栄二郎／撮影＝楠田浩之
出演＝田村高廣、ミッキー・カーチス、小林桂樹、久我美子

154『二人で歩いた幾春秋』

松竹大船　監督・脚本＝木下恵介
原作＝河野道工／撮影＝楠田浩之
出演＝佐田啓二、山本豊三、久我美子、倍賞千恵子

155『放浪記』
宝塚映画　監督＝成瀬巳喜男
原作＝林芙美子、菊田一夫／脚本＝井手俊郎、田中澄江／撮影＝安本淳
出演＝田中絹代、加東大介、仲谷昇、宝田明

156『ぶらりぶらぶら物語』
東京映画　監督・脚本＝松山善三
撮影＝村井博
出演＝小林桂樹、金子吉延、坂部尚子、三木のり平

●1963年（昭和38）

157『女の歴史』
東宝　監督＝成瀬巳喜男
脚本＝笠原良三／撮影＝安本淳
出演＝宝田明、賀原夏子、仲代達矢、星由里子

●1964年（昭和39）

158『乱れる』
東宝　監督＝成瀬巳喜男
脚本＝松山善三／撮影＝安本淳
出演＝三益愛子、加山雄三、草笛光子、白川由美

159『われ一粒の麦なれど』
東京映画　監督・脚本＝松山善三
撮影＝村井博
出演＝小林桂樹、大辻伺郎、水谷良重、大村崑

●1965年（昭和40）

160『六條ゆきやま紬』
東京映画　監督・脚本＝松山善三
撮影＝岡崎宏三
出演＝神山繁、毛利菊枝、フランキー堺、小林桂樹

●1966年（昭和41）

161『ひき逃げ』
東宝　監督＝成瀬巳喜男
脚本＝松山善三／撮影＝西垣六郎
出演＝司葉子、小沢栄太郎、加東大介、中山仁

●1967年（昭和42）

162『父と子　続・名もなく貧しく美しく』
東京映画　監督・脚本＝松山善三
撮影＝岡崎宏三
出演＝小林桂樹、北大路欣也、原泉、加東大介

163『華岡青洲の妻』
大映京都　監督＝増村保造
原作＝有吉佐和子／脚色＝新藤兼人／撮影＝小林節雄
出演＝市川雷蔵、若尾文子、伊藤雄之助、渡辺美佐子
『キネマ旬報』ベスト・テン第5位

●1969年（昭和44）

164『鬼の棲む館』
大映京都　監督＝三隅研次
原作＝谷崎潤一郎／脚色＝新藤兼人／撮影＝宮川一夫
出演＝勝新太郎、新珠三千代、佐藤慶、五味竜太郎

●1973年（昭和48）

165『恍惚の人』
芸苑社　監督＝豊田四郎
原作＝有吉佐和子／脚本＝松山善三／撮影＝岡崎宏三
出演＝森繁久彌、田村高廣、乙羽信子、浦辺粂子
『キネマ旬報』ベスト・テン第5位

●1976年（昭和51）

166『スリランカの愛と別れ』
東宝・俳優座映画放送提携　監督・原作・脚本＝木下恵介
撮影＝中井朝一
出演＝北大路欣也、栗原小巻、小林桂樹、津島恵子

167『ふたりのイーダ』
ふたりのイーダ・プロダクション　監督・脚本＝松山善三
原作＝松谷みよ子／脚本協力＝山田洋次／撮影＝中山芳久
出演＝倍賞千恵子、土屋健一、原口祐子、山口崇

●1977年（昭和52）

168『泣きながら笑う日』
「泣きながら笑う日」制作プロダクション　監督・脚本＝松山善三
撮影＝石原興
出演＝坂本九、大谷直子、上村和也、緒方拳

●1979年（昭和54）

169『衝動殺人　息子よ』
松竹大船・東京放送提携　監督・脚本＝木下恵介
原作＝佐藤秀郎／脚本＝砂田量爾／撮影＝岡崎宏三
出演＝若山富三郎、田中健、尾藤イサオ、大竹しのぶ
『キネマ旬報』ベスト・テン第5位

出演記録に残るもののみを掲載。本地陽彦氏作成の資料などを参照させていただいた。（文責編集部）

◉高峰秀子 著作一覧

『巴里ひとりある記』（映画世界社、'53・2／創芸社、'55・6／河出新書、'56・9／新潮社、'11・11／河出文庫、'15・6）
『まいまいつぶろ』（映画世界社、'55・6／河出新書、'56・5／新潮社、'11・11／河出文庫、'15・4）
『私のインタヴュー』（中央公論社、'58・1／新潮社、'12・6／河出文庫、'15・11）
『瓶の中』（文化出版局、'72・11／河出書房新社、'14・4）
『わたしの渡世日記　上』（朝日新聞社、'76・2／朝日文庫、'80・9／文春文庫、'98・3／新潮文庫、'12・1）
『わたしの渡世日記　下』（朝日新聞社、'76・5／朝日文庫、'80・9／文春文庫、'98・3／新潮文庫、'12・1）
『いっぴきの虫』（潮出版社、'78・10／角川文庫、'83・8／文春文庫、'11・10）
『つづりかた巴里』（潮出版社、'79・7／角川文庫、'83・11／中公文庫、'14・10）
『いいもの見つけた』（潮出版社、'79・11／集英社文庫、'86・2／中公文庫、'15・10）
『旅は道づれガンダーラ』松山善三　共著（潮出版社、'79・5／中公文庫、'92・10／改版：中公文庫、'12・1）
『旅は道づれツタンカーメン』松山善三　共著（潮出版社、'80・6／中公文庫、'94・1／改版：中公文庫、'12・3）
『秀子のピッコロモンド　小さな世界』（アオイ・ギャラリー、'81・1）
『典子は、今』松山善三　共著（潮出版社、'81・10）
『旅は道づれアロハ・オエ』松山善三　共著（潮出版社、'82・12／改題：『旅は道づれアロハ・ハワイ』中公文庫、'93・6／改版：中公文庫、'11・11）
『台所のオーケストラ』（潮出版社、'82・6／文春文庫、'00・11／新潮文庫、'12・7）
『コットンが好き』（潮出版社、'83・10／文春文庫、'03・1）
『人情話松太郎』（潮出版社、'85・2／ちくま文庫、'90・5／文春文庫、'04・1）
『あの道・この道』瀬木慎一　共著（美術公論社、'85・7／河出書房新社、'14・11）
『旅は道づれ雪月花』松山善三　共著（文化出版局、'86・6／ハースト婦人画報社、'12・3／中公文庫、'16・11）
『雨彦・秀子のさわやか人生案内』青木雨彦　共著（三笠書房、'87・10　＊）
『私の梅原龍三郎』（潮出版社、'87・2／文春文庫、'97・10）
『おいしい人間』（潮出版社、'92・5／文春文庫、'04・7）
『忍ばずの女』（潮出版社、'94・10／中公文庫、'12・5）
『にんげん蚤の市』（文藝春秋、'97・1／文春文庫、'00・1／清流出版、'09・7／新潮文庫、'13・1／河出文庫、'18・2）
『にんげんのおへそ』（文藝春秋、'98・5／文春文庫、'01・10／新潮文庫、'12・1）
『にんげん住所録』（文藝春秋、'02・7／文春文庫、'05・7）
『高峰秀子暮しの流儀』松山善三・斎藤明美　共著（新潮社とんぼの本、'12・1）
『高峰秀子のレシピ：『台所のオーケストラ』より』（ハースト婦人画報社、'12・6／新装版：ＰＨＰ研究所、'15・9）
『旅日記ヨーロッパ二人三脚』（新潮社、'13・3／ちくま文庫、'16・6）
『高峰秀子かく語りき』斎藤明美　編・解説（文藝春秋、'15・6）
『高峰秀子の人生相談』（河出書房新社、'15・7　＊印から、高峰秀子担当部分をまとめたもの）
『私のごひいき』（河出書房新社、'17・1）
『コーちゃんと真夜中のブランデー』（河出書房新社、'17・3）
『高峰秀子と十二人の男たち』（河出書房新社、'17・6）
『ダンナの骨壺』（河出書房新社、'17・11）
『高峰秀子と十二人の女たち』（河出書房新社、'18・2）
『あぁ、くたびれた。』（河出書房新社、'18・7）
『類型的なものは好きじゃないんですよ』（河出書房新社、'19・3）
『高峰秀子の反骨』（河出書房新社、'20・4）
『高峰秀子　おしゃれの流儀』斎藤明美　共著（筑摩書房、'20・4）

高峰秀子略年譜 1924－2010

●1924年（大正13）0歳
三月二十七日、北海道函館市に生まれる。本名・平山秀子。福井県から渡道しカフェ・劇場などを経営する土地の有力者となった平山力松の長男・錦司と妻イソの長女（兄弟は兄三人と弟ひとり）。

●1928年（昭和3）4歳
母イソ、肺結核で死亡。父の実妹・志げ夫妻にもらわれる。志げは高峰の養父ともなる夫の荻野市治とともに活動弁士をしていたこともあった。市治はこの頃は旅回り一座の興行ブローカーであった。

●1929年（昭和4）5歳
養父・荻野市治に連れられて松竹キネマ蒲田撮影所を見学した日が、『母』の子役審査日にあたり、同作監督の野村芳亭の目にとまり入社、ヒロイン役の川田芳子の娘役としてデビュー。芸名は、養母の活動弁士時代の名前。

●1930年（昭和5）6歳
『母』の大ヒットで重要な子役の評価が定着。北蒲田に転居。

●1931年（昭和6）7歳
蒲田の小学校へ転校するが、撮影のためほとんど通えず。この頃、中耳炎にかかり片方の耳しか聞こえなくなる。

●1932年（昭和7）8歳
新派公演『新補　松風村雨』などに出演。重宗務監督『陽気なお嬢さん』で初の音響版（音楽・効果音のみのサウンド版）に出演。

●1933年（昭和8）9歳
島津保次郎監督『頬を寄すれば』で初のトーキー出演、蒲田撮影所入所間もない木下惠介が初仕事で撮影助手につく。養女であることを隠していた志げとの間にわだかまりが生じる。

●1934年（昭和9）10歳
「赤城の子守唄」が大ヒットした歌手の東海林太郎の実演ステージに共演した縁で、東海林に養女に請われ、志げとともに大崎の東海林の新居に移る。西品川の三木尋常小学校に転校。函館の大火で実家焼失。

●1936年（昭和11）12歳
蒲田撮影所が大船に移る。東海林家を出て大森に移る。撮影所では大幹部の田中絹代にかわいがられ、田中邸にも泊まり込む間柄となる。破産して上京してきた祖父の一家九人を、六十円余の月給と明治製菓などからの広告収入で養うことになる。明治製菓の広告写真は、後の映画プロデューサーで東宝副社長になる藤本眞澄が撮影した。

●1937年（昭和12）13歳
藤本の仲介で、月給百円と撮影所近くの成城の家付き、女学校進学を条件に、後に東宝映画に発展するP・C・Lに移籍する。撮影所で喜劇役者のブーちゃんこと岸井明から「デコ」の愛称をたまわる。御茶の水の文化学院に入学。

●1938年（昭和13）14歳
学校へ通えなくなり、やがて退学。この頃から映画の深さを感じるようになる。末の兄隆三が居候となる。豊田正子のベストセラー原作『綴方教室』（山本嘉次郎監督）に出演、高く評価される。

成瀬巳喜男監督『秀子の車掌さん』（南旺映画、1941）

●1940年（昭和15）16歳
転居先に市川崑が下宿する。千葉泰樹監督『秀子の応援団長』が、共演の歌手灰田勝彦と歌った「燦めく星座」とともにヒット。豊田四郎監督『小島の春』で共演した杉村春子の演技に感銘を受け、演技と真剣に向きあう契機となる。発声を学ぶつもりでオペラの奥田良三、長門美保のレッスンを二年近く受ける。この頃、上映の合間のアトラクションステージでさかんに歌う。山本嘉次郎監督『馬』の東北ロケ中に乾性肋膜と盲腸炎で倒れ、帰京し入院。

●1941年（昭和16）17歳

足かけ三年を費やした『馬』封切り、製作主任だった黒澤明にほのかな恋心を抱くが、周囲に反対され終わる。ポリドールよりレコード『森の水車』発売。『秀子の車掌さん』で成瀬巳喜男監督作初出演。

●1944年（昭和19）20歳
各地の軍隊慰問に行き、野外ステージや格納庫の中で歌う。

●1945年（昭和20）21歳
未完に終わった山本嘉次郎監督『アメリカようそろ』の館山ロケ中に終戦を迎える。

●1946年（昭和21）22歳
進駐軍に接収されたアーニー・パイル劇場（東京宝塚劇場）で、米軍兵士のためのバラエティーショーに歌手として出演。阿部豊監督『破戒』長野ロケ中に東宝ストライキが起こり製作中止となる。衣笠貞之助監督『或る夜の殿様』が毎日コンクールの日本映画賞を受賞。東宝ストで従業員にも分裂が起こり、大河内傳次郎らと「十人の旗の会」を結成。

●1947年（昭和22）23歳
新たに発足した新東宝の専属となる。「高峰秀子後援会」発足、機関誌『DEKO』発刊。

●1949年（昭和24）25歳
木下惠介『破れ太鼓』（松竹）へ新東宝のプロデューサーが勝手に出演契約したことから問題がこじれ出演を辞退、この事件後、木下は高峰のために脚本を書くことを約束する。島耕二監督『銀座カンカン娘』の主題歌をビクターより発売、大ヒット。素人画家の集まり「チャーチル会」の結成に参加、顧問に梅原龍三郎をかつぎだす。この頃、成城に初めて家を購入。

●1950年（昭和25）26歳
小津安二郎監督『宗方姉妹』を最後に新東宝を離れフリーとなる。

●1951年（昭和26）27歳
木下惠介の約束の脚本、日本初のカラー映画『カルメン故郷に帰る』に出演、木下作品への初出演となる。同作は、日本映画文化賞、毎日映画コンクール脚本賞などを受賞、NHK映画ベストテン第一位に。六月十四日、フランスへ旅立つ、仏文学者・渡辺一夫が留学時代に下宿していたアパートに暮らす。

●1952年（昭和27）28歳
アメリカ経由で帰国。成瀬巳喜男監督『稲妻』がブルーリボン作品賞、同監督賞を受賞。

●1953年（昭和28）29歳
初めての著書、フランス滞在紀行『巴里ひとりある記』（映画世界社）刊行。

●1954年（昭和29）30歳
壺井栄のベストセラー原作『二十四の瞳』に大石先生役で主演、同監督『女の園』、小林正樹監督『この広い空のどこかに』などとともに演技力が評価され、ブルーリボン賞主演女優賞、毎日映画コンクール主演女優賞、映画世界社賞女優演技賞、日本映画功労賞女優賞、産経国民映画賞女優賞などを受賞。『二十四の瞳』はハリウッド外人記者協会による世界映画祭でも最高点を獲得。

●1955年（昭和30）31歳
成瀬巳喜男監督『浮雲』（森雅之共演）で、この年から始まったキネマ旬報賞女優賞を受賞、毎日映画コンクール主演女優賞は二年連続受賞、香港で開催された第三回アジア映画祭（旧東南アジア映画祭）女優賞受賞。三月二十六日、木下惠介組の助監督・松山善三と結婚。第二著作『まいまいつぶろ』（映画世界社）刊。

●1956年（昭和31）32歳
『二十四の瞳』の舞台・小豆島に作られた記念碑の除幕式に参列。

●1957年（昭和32）33歳
『婦人公論』に一年間「私のインタヴュー」連載、後に単行本に。成瀬巳喜男監督『あらくれ』、木下惠介監督『喜びも悲しみも幾年月』（佐田啓二共演）の演技で毎日映画コンクール主演女優賞（三回目）、NHK映画ベストテン主演女優賞を受賞。後者では国民映画賞主演女優賞、東京映愛連ミリオン・パール女優賞を受賞。

●1958年（昭和33）34歳
ニューヨークの日本映画見本市出席のため渡米。ヴェネツィア国際映画祭出席のため渡欧、稲垣浩監督『無法松の一生』（三船敏郎共演）がグランプリ受賞。ハリウッド外人記者協会の世界映画祭で「世界で一番人気のスター」に選出される。

●1959年（昭和34）35歳

伊、仏、西、西独各国の視察旅行より帰国。デビューより二十五年間続いた映画出演が途絶える。

●1961年（昭和36）37歳
夫・松山善三の第一回監督作『名もなく貧しく美しく』（小林桂樹共演）で聾者を演じ、第三回サンフランシスコ映画祭主演女優賞受賞。同作と木下惠介監督『永遠の人』で毎日映画コンクール主演女優賞（四回目）。松山は、『名もなく貧しく美しく』と脚本作『二人の息子』（千葉泰樹監督）により第12回ブルーリボン賞脚本賞と第16回毎日映画コンクール脚本賞を受賞。松山の『山河あり』でハワイ・ロケへ。

●1962年（昭和37）38歳
『名もなく貧しく美しく』で文部省芸術選奨受賞。

●1963年（昭和38）39歳
中国旅行。成瀬巳喜男監督『女の歴史』に出演、以降、映画出演が減る。小津安二郎監督死去。

●1964年（昭和39）40歳
成瀬巳喜男監督『乱れる』（加山雄三共演）で第17回ロカルノ映画祭最優秀女優賞受賞。同作で松山善三が第11回アジア映画祭脚本賞受賞。松山善三監督『われ一粒の麦なれど』で第19回芸術祭賞奨励賞受賞。佐田啓二死去。

●1966年（昭和41）42歳
成瀬巳喜男との最後の作品となる『ひき逃げ』（松山善三オリジナル脚本）で、同監督出演数は十七本となった。

●1867年（昭和42）43歳
新橋演舞場での川口松太郎作・演出の新派公演『桜山おせん』で衣裳考証を担当する。

●1968年（昭和43）44歳
TBSの東芝日曜劇場『浮かれ猫』『簪マチコ』『君は今どこにいるの』でテレビドラマ初出演。フジテレビの連続ドラマ『おしくらまんじゅう』出演。

●1969年（昭和44）45歳
成瀬巳喜男死去。NETテレビドラマ『霰』出演。

●1970年（昭和45）46歳
フジテレビ『小川宏ショー』の「高峰秀子対談」司会としてレギュラー出演。

●1971年（昭和46）47歳
TBS東芝日曜劇場『一筆啓上致します』出演。

●1972年（昭和47）48歳
日航の招待旅行でメキシコ行き、同行の有吉佐和子が現地で高熱で倒れ看病する。東芝テレビ劇場『ささやくなら愛を』出演。エッセイ集『瓶の中』（文化出版局）上梓。東海林太郎死去。

●1973年（昭和48）49歳
文化庁による映画産業振興助成の「優秀映画製作奨励金制度」が設けられ、豊田四郎監督『恍惚の人』（原作・有吉佐和子、共演・森繁久彌）がその一本に選出される。日本テレビ連続ドラマ『さされもさら』出演。森雅之死去。

●1974年（昭和49）50歳
『カルメン故郷に帰る』のロケ中に梅原龍三郎の描いた「高峰秀子像」を国立近代美術館に収め、褒賞条例により紺綬褒章と木杯が贈られる。少女期の恩人。山本嘉次郎監督死去。

●1975年（昭和50）51歳
映画産業団体連合会より永年勤続功労章授章。『週刊朝日』誌上に「女優・高峰秀子の50年　わたしの渡世日記」の連載が始まる。東芝日曜劇場『台所のおと』、日本テレビの連続ドラマ『微笑』出演。紺綬褒章受章。

●1976年（昭和51）52歳
『わたしの渡世日記』上下巻（朝日新聞社）が第24回日本エッセイスト・クラブ賞受賞。NETの2時間ドラマ『落日燃ゆ』出演。

●1977年（昭和52）53歳
豊田四郎監督、阿部豊監督、田中絹代死去。

●1978年（昭和53）54歳
各界著名人との交友録『いっぴきの虫』（潮出版社）上梓。アフガニスタン、パキスタン旅行。養母・志げ、心臓麻痺で死去。

●1979年（昭和54）55歳
アフガニスタン、パキスタン旅行記を松山善三との初めての著書『旅は道づれガンダーラ』（潮出版社）として上梓。木下惠介監督『衝動殺人息子よ』（若山富三郎共演）に八千草薫に代わり出演、撮影途中で女優廃業を宣言、本作で同監督作出演は十三本となる（『カルメン故郷に帰る』のモノクロ版含む）。同作で、日本アカデミー賞優秀主演女優賞受賞。藤本眞澄死去。

●**1980年**（昭和55）56歳
NTV木曜ゴールデンドラマ『生きるなり』出演。稲垣浩監督死去。

●**1981年**（昭和56）57歳
松山善三監督『典子は、今』でスタッフとして主演の辻典子の演技指導に当たる。以降、エッセイストとして活躍する。五所平之助監督死去。

●**1982年**（昭和57）58歳
衣笠貞之助監督、灰田勝彦死去。

●**1985年**（昭和60）61歳
千葉泰樹監督死去。

●**1987年**（昭和62）63歳
梅原龍三郎との思い出を綴った『私の梅原龍三郎』（潮出版社）を上梓。

●**1990年**（平成2）66歳
三階建ての教会建築の家を壊して、夫婦の終の住処として現在の小さな家を新築。家財を十分の一にするなど、準備から、壊して建てるまで、二年間をかけた。

●**1994年**（平成6年）70歳
TBS系の2時間ドラマ『忍ばずの女』（鴨下信一演出、大原麗子主演）で、初めて脚本を書く。第4回日本映画批評家大賞ゴールデン・グローリー賞受賞。

●**1996年**（平成8）72歳
日本アカデミー賞会長功労賞受賞。

●**1997年**（平成9）73歳
三船敏郎死去。

●**1998年**（平成10）74歳
木下惠介監督、黒澤明監督死去。

●**1999年**（平成11）75歳
初の戯曲『忍ばずの女』（石井ふく子演出、竹下景子主演）が明治座で公演される。

●**2000年**（平成12）76歳
三十年以上、毎夏冬、夫婦で通い続けたホノルルの家を処分。以後、ハワイに行かなくなる。『キネマ旬報』が発表した「20世紀の映画スター」読者選出の日本女優部門で第一位に選ばれる。

●**2002年**（平成14）78歳
二十六作目となる自著『にんげん住所録』刊行を機に執筆活動をやめ、完全なる隠遁生活に入る。日々、「今が一番幸せ」が口をつくようになる。

●**2004年**（平成16）80歳
梅原龍三郎、堂本印象、宮本三郎など、画壇の名匠が描いた高峰の肖像、全十一点を世田谷美術館に寄贈。

●**2008年**（平成20）84歳
映画の裏方さんを顕彰するための財団法人設立を考案、自ら「一本のクギを讃える会」と命名する。

●**2009年**（平成21）85歳
知り合って二十年になる、もと『週刊文春』記者・斎藤明美を夫婦の養女とする。

●**2010年**（平成22）86歳
十二月二十八日、夫と娘に見守られて永眠。享年八十六。

＊一九九九年までは、主に本地陽彦氏作成の年譜を参照させていただき、それ以降は斎藤明美氏に補っていただいた。（文責編集部）

＊本書は、二〇一六年六月刊の『文藝別冊・高峰秀子』の増補新版です。今回の増補以外で、高峰秀子の各対談は、佐藤忠男氏とのものを除き、『高峰秀子と十二人の男たち』『高峰秀子と十二人の女たち』に、エッセイは、「あぁ、くたびれた。」は同名エッセイ集に、他は『コーちゃんと真夜中のブランデー』に、それぞれ収録されています（いずれも小社刊）。

〈増補新版〉没後10年

高峰秀子　女優・妻・エッセイスト

二〇二〇年六月二〇日　初版印刷
二〇二〇年六月三〇日　初版発行

発行者――小野寺優
発行所――株式会社河出書房新社
〒一五一-〇〇五一
東京都渋谷区千駄ヶ谷二-三二-二
電話　〇三-三四〇四-一二〇一（営業）
〇三-三四〇四-八六一一（編集）
http://www.kawade.co.jp/

本文組版――有限会社マーリンクレイン
印刷・製本――大日本印刷株式会社

Printed in Japan
ISBN978-4-309-02891-0